中国经济 2017

寻找经济"新大陆"

王德培 著

中国友谊出版公司

图书在版编目（CIP）数据

中国经济.2017 / 王德培著. -- 北京：中国友谊出版公司, 2016.12
　ISBN 978-7-5057-3911-6

Ⅰ.①中… Ⅱ.①王… Ⅲ.①中国经济—研究 Ⅳ.①F12

中国版本图书馆CIP数据核字(2016)第268240号

书名	中国经济2017
作者	王德培
出版	中国友谊出版公司
策划	杭州蓝狮子文化创意股份有限公司
发行	杭州飞阅图书有限公司
经销	新华书店
制版	杭州真凯文化艺术有限公司
印刷	杭州钱江彩色印务有限公司
规格	710×1000毫米　16开 16.75印张　250千字
版次	2016年12月第1版
印次	2016年12月第1次印刷
书号	ISBN 978-7-5057-3911-6
定价	48.00元
地址	北京市朝阳区西坝河南里17号楼
邮编	100028
电话	（010）64668676

目 录

前　言　中国经济为什么超复杂

▶经济形势篇

第一章　挺过2016，突围2017
当下形势：进二步，退一步 / 003
决定形势的纵横坐标：生产方式、交换方式 / 006
局面确定之后，经济就是决定因素 / 010
政策效应递减 / 013

第二章　寻找中国人的新大陆
资本出走的必然与异样 / 019
中国的问题在外部，中国的未来在世界 / 022
中国人的新大陆 / 026
高净值群体海外置业 / 030

第三章　全球过剩前景
产能过剩、资本过剩、模式过剩 / 037
戳破资产泡沫 / 041
用资产配置"消泡" / 045
全球泡沫破灭恐怖前景 / 048

第四章　中国进入战略碰撞期

从战略机遇期进入战略碰撞期 / 052

欧盟向何处去 / 055

世界大三角格局 / 059

世界紧张注视"中美" / 062

中美之争是模式之争 / 065

▷▶金融投资篇

第五章　利率与汇率

加息不决定金融形势 / 071

汇率乱局 / 074

汇率为何复杂 / 077

谁的麻烦？ / 080

黄金之"锚"变了 / 085

第六章　从闯关到收敛

金融大整肃 / 089

"一行三会"架得住吗？ / 093

金融治乱循环 / 097

杠杆的问题在支点？ / 102

投资理财向何处去 / 107

第七章　股市2017：反省与展望

"股灾"总账并未清算 / 112

股市"魂归故里" / 115

3000到4000点的雷区 / 118

散户的"命" / 121

第八章　2017楼市风向

楼市"奇葩" / 126

楼市博弈与变局 / 131

房地产税虚实 / 134

▷▶行业篇

第九章　寒冬里的制造业

制造业寒冬的时代宿命 / 141

中国制造业极端：大溃败与大突破 / 143

制造业"爆炸"，中国突围方向 / 147

第十章　科技泡沫？

VR的真与假 / 151

机器人的机遇与风险 / 156

区块链是互联网本质深化 / 163

网红经济的未来空间 / 167

第十一章　电影产业井喷趋势

电影市场大爆发 / 171

影视回归生活本质 / 175

第十二章　体育产业要火了

点燃体育产业之火 / 180

足球被顶在杠头上 / 184

第十三章　医疗技术的革命时代

医药的矛盾与突破 / 189

被倒逼的医改 / 193
精准医疗 / 196

▷▶社会篇

第十四章　企业动向
企业战略迷航 / 203
问鼎世界的三大台阶 / 207
三元经济与三类企业 / 210
国企改革新态势 / 214
社会化企业崛起 / 218
家族企业两次创业 / 222

第十五章　中国面临双陷阱
"汤勺阶级"与"低垂的果实" / 226
双陷阱：中等收入、中产阶级？ / 228
中国中产患上忧郁症 / 232
世界青年在愤怒？——就业经济 / 236
就业的未来模式重塑社会 / 240

第十六章　城市格局大洗牌
区域经济变局的幕后推手 / 244
城市将迎来个性化浪潮 / 250
特色小镇 / 254
开发区的问题与出路 / 257

前言

中国经济为什么超复杂

中国经济的复杂性已成事实。泥陷"冰火两重天"的复杂经济让人如坠云雾。一边是GDP(国内生产总值)滑坡刹不住,工业和民间投资增速继续回落;另一边则是娱乐、旅游等消费红红火火,对经济增长的贡献率高达73.4%,两极分化,令人费解。除此之外,社会的复杂更是扑朔迷离:有的贫穷如非洲,有的富饶如欧美;有冷漠的"路人甲",也有热情的"西城大妈"……不仅让美国的"'中国问题专家'直呼中国真复杂,不敢自认'中国通'",就连自上而下的国人都坦言"中国很复杂,三言两语说不清"。为此,父母打小就谆谆告诫"社会很复杂,做人要懂得八面玲珑,多一个心眼多十倍机会"。可见,中国经济超复杂早已成为社会共识。

毋庸置疑,中国经济超复杂是政治、经济、社会、文化等方方面面"包抄合围"的综合结果,但仔细梳理,不难发现,它又呈现以下特征:1.中国拥有世界上所有的矛盾,并且拥有世界上没有而中国独有的矛盾。"后发赶超"的雄心壮志,借势WTO(世界贸易组织）的东风，让中国在兼容并蓄和超速行进中不仅收获了各种盛赞，也将世界所有的矛盾"一股脑儿"压缩进自己的"集装箱"内。美国的民族矛盾、英国的阶层矛盾也都能在中国觅得身影。而在"先富论""猫论""发展是硬道理"等顶层设计的造势下，又孵化出中国独有的矛盾，如土地拆迁的矛盾、城乡二元结构矛盾、仇富仇官矛盾等等，中国在矛盾的旋涡中乏于脱身。2. 纵跨几代人的复杂性依然未解。既有计划经济时期效率低下的矛盾，又有非均衡国策背景下的区域差距、城乡差距的矛盾，还有20余年城镇化累积的人地矛盾，纵然"强人政治"也解不开这迷局。更何况，恰如在资本时代，投机意识、利益观念加重了"强者愈强，弱者恒弱"的两极失衡，时代的重叠也让中国"积病"未除又添新病，根治愈发艰难。3. 中国是囊括方方面面复杂的矛盾综合体。时代与社会的急转型，让众多矛盾的两极性交杂在一起，熔铸出超复杂的中国矛盾体：一面是反腐、打黑重拳出击，一面又是暴力执法怨声载道；一面是经济朝着市场经济走，一面又是社会发展貌似回潮；一面是舆论自由愈加开放，一面又是左右意识纷争愈发激烈。喜与忧交织，危与机同在，犹如"滚雪球"般越滚越大，最终滚出了中国这个什么都有的复杂综合体。

而当中国经济超复杂的社会现实撞上了学派争鸣，一场激烈的舆论攻防战又硝烟四起，各有阵地，你来我往，大有三观不合、鸡同鸭讲的架势。一边是鹰派讥讽复杂中国是机制揠苗助长捏造的"怪胎"。为了超英赶美突破"包围定律"，政府"举国体制"大摆"王炸"棋局，抬高城市压低农村、拉扯工业轻视农业、重金融轻实业，将天平无限倾斜于经济，以致矛盾累加，内部骚乱一片。而另一边则是鸽派怒斥复杂中国是阴谋论者的夸大其词。"阴谋论者不为解释别人，只为抬高自己"，中国文化的特殊性、舆论场的多元化本就注定了中国的复杂本性，阴谋论者无非是借复杂来妖魔化中国。"黄祸论""中国威胁论""中国崩溃论"一点风吹草动，便被阴谋论者捕风捉影，无限放大，唯恐天下不乱。很显然，二者都以自己的是非判断为前提：揠苗助长是错的，所以制造了复杂；

阴谋论是错的，所以捏造了复杂。但主观上的是非标准说明不了复杂的由来，反而将简单的问题越描越复杂。

事实上，中国的问题并不复杂，回归客观时势，将找到清晰的逻辑：首先，中国是超级大国，超级大的历史惯性是"复杂中国"的扰动因子。无论是总面积、总人口还是经济总量，中国都堪称综合大国。但社会的各种构成要素愈多、变量愈多，不确定因素也愈多。加之利益结构的变革、区域的巨大差异性，又增添了社会整合的"阻滞因子"，编织出一个硕大的复杂中国。中国超级大的经济版图，既锻造出城乡不平衡的"二元社会"，也切割出东中西部"三个世界"。中国拥有超级大的人口规模：欧盟26国共4亿多人口（英国除外），但中国是它的3倍多；经济合作与发展组织（OECD）30个国家共12亿人，仍比中国小。超级大的人口规模造成了意识形态的复杂化、政治思潮的多元化以及价值观的碎片化，再受官媒、网媒等多条发声路径的舆论干扰，社会的复杂态势瞬间聚拢、传播，无限放大了中国复杂的事实。此外，超速发展的成就也素描出了一个混合的"大"字：企业大、规模大、产量大、城市大，但"家大业大，百业难调"，也深深刻上了时代的"问题"烙印，低端过剩与高端稀缺间的矛盾、民企与国企间的矛盾、计划经济与市场经济的矛盾等大爆发，又迫使中国的复杂进一步"版本升级"，欲破还难。

再者，从纵向逻辑来看，中国两类历史的重叠，决定了中国社会的超复杂现实。中国历史被时代划割成两段，一段是改革前5000多年的文明史、建国史，一段是30多年的改革史。传统与现代、落后与先进、工业文明与农业文明互相杂交，从"社会人"到"经济人"，中国遭遇"3000年未有之大变局"，资社之争、派系之争、市场机制与政府机制的矛盾，都侧面印证了中国复杂的必然性。

1. 前段超长的历史。世界上几乎没有几个国家有中国这样悠久的历史，"不要说5000年的文明进化史很复杂，就是60多年的建国史也很复杂；不要说一部中国近代史很复杂，就是一部抗战史同样复杂"。正因如此，中等收入陷阱国外避免了而国内避不了，民族问题、边界问题、地区问题等国外都比中国简单得多，正是因为其历史短暂，没有遭受遗留问题的荼毒。2. 后段超短的历史。30年的超常和超速发展，在证伪西方理论的同时，也将西方300年所经历的痛苦、挫折和阵痛全盘吸收，"行动上的巨人，精神上的侏儒"催生出的是经济腾飞与各类复杂的矛盾"等量齐飞"。

其三，横向比较，枯木逢春后，各种改革变量齐上阵，成为中国无法承受之重。国内的改革开放遇上了国外"和平与发展"的主流大势，又托了全球产业转移的洪福，巨大的社会能量瞬间被激活，工业化、城市化、市场化等各种"舶来式"改革风起云涌，到了中国却走了样。如欧美渐进式的城市化"生态与发展并行不悖"，而"没有最快，只有更快"的中国城市化不仅打造出了"千城一面"，更引发了资源、环境、拆迁等一系列连锁矛盾。伴随GDP的颓势、红利的消失，各类引经据典、有理有据，张口根据××理论，闭口××指标参数严重过高，复杂中国即将"爆缸"的论调此起彼伏。但好在中国自有其非典型性："打左灯往右拐"、以"政府+市场"的"二人转"左平右衡，反而将各种经典元素在中国的集中爆发化繁就简，才造就了中国经济的崛起。

以此观之，中国的超复杂又真的不复杂。当年国内弥漫中国崩溃论，笔者就提出中国进入起飞期，就是因为在超复杂的表象中看到中国崛起的"5+1"（即工业经济、城市化、市场规模、国民禀赋、战略纵深+改革空间）。因此，相较于混乱且以主观臆断为前提的经典理论，中国更需要理论创新。更何况，"钥匙挂在问题上"，原因就隐藏着破题的密码。既然中国的超复杂是历史"积病"的积劳成疾，是改革操之过急后的乱象叠加，也是超大国体背后的"众口难调"，鉴此，破解中国经济超复杂的局势不仅将在于正视历史、扬长避短，还将在于用公平的改革收敛人心。一旦人心归一、改革落地，再借势中国超级大的体量优势，"众力合围"复杂难题也将迎刃而解。届时，中国各个群体、各个阶层乃至各个区块，在历经勾兑、调整归位后，中国社会也将实现良性平衡。

经济形势篇

第一章 挺过2016，突围2017

> 一定意义上，历史的进步是"退"出来的。当下的"倒退"将以"反动"的方式推动人类前进。

当下形势：进二步，退一步

不和谐的气氛和逆流在全球涌动、扩散

民粹主义崛起。如幽灵般在全世界游荡的民粹主义如今正借由金融危机的残局，再次甚嚣尘上。首当其冲的就是欧洲。在难民问题挤对下，一些欧洲国家放弃其长期宣扬的平等、博爱原则，站到了"普世价值"的对立面，比如，捷克和斯洛伐克拒绝接受难民、德国的排外仇外情绪不断上升、荷兰某些政治人物把难民涌入视为"伊斯兰入侵"等。与此相对应，民粹主义政党在大多数西方民主国家的支持率正急剧上升。即便中国，在闹得沸沸扬扬的"兰蔻何韵诗事件""洪素珠事件"中亦可一窥民粹主义正在煽动香港和内地、台湾和大陆民众之间的对立情绪，也折射了世界范围内日益升级的族群间、种群间的对立和分裂。

民族主义发酵。作为民粹主义某种程度的体现，民族主义情绪不断升腾，特别是欧洲，民族主义情绪蔓延，苏格兰独立公投、德国和奥地利等国家右翼民粹主义政党已经在州政府里联合执政等，都是其现实体现。

国家主义强化。不可否认，国家的作用依然不可偏废，国家主义也从未消亡，不过，在本世纪大约前十年里，国家主义有所淡化，国家间更多表现出沟通、合作、互惠互利的特征，而不是传统意义上的与"对抗""你死我活"紧密关联。然而，随着经济危机把各国搞得焦头烂额，传统国家主义卷土重来，除了贸易保护主义再次盛行，国家间的关系也大有剑拔弩张之势，比如，美驱逐舰与两航母逼近俄门口、中俄"联航"钓鱼岛等。此外，以英国为首的脱欧情绪在欧盟多国蔓延，也反映了国家主义对一体化的挑战。

孤立主义抬头。作为20世纪曾一度盛行于美国的外交思想和政策主张，随着第二次世界大战后美国成为超级大国，已经被扔进历史的故纸堆，如今在民粹主义、民族主义、国家主义情绪的推动下"死灰复燃"，以特朗普为代表的民粹、民族主义者就放言，美国就应该退回国内，聚焦本土利益，而不是去管国际上的闲事。

以上种种与金融危机前开放、自由、合作、融合的全球化氛围日益背道而驰，是反全球化、反世界化、反社会化的。那么，为什么在全球化如火如荼地推进二三十来年，已经将世界紧密地联接在一起后，却突然出现上述逆流？直接诱因就是金融危机爆发后，全球经济增长衰退，发展空间逼仄，社会民生矛盾尖锐化。根本上则是全球市场化拉大了国家间发展的落差以及各国内部不同阶层、群体间的鸿沟，激化各国内外矛盾。自由市场经济资源优化配置的必然结果就是丛林法则、马太效应，在自由市场经济下，各国内部贫富分化日趋严重，而自由市场经济纵横全球，更是通过放大国家间发展的落差对此推波助澜。根据三元经济理论，以美国为主的消费国和以中、德为主的生产国在全球化中受益最多，且因为产业结构较为完整，处于产业链前端，遭受经济危机的冲击相对较小，而以俄罗斯、中东石油国等为主的资源国虽然在金融危机前赚得盆满钵满、富得流油，却在危机后被狂剪羊毛。

不过，既然美国和德国都是全球化受益国，为何反而反全球化情绪高涨？根源就在于，如今资本金融和技术已经成为自由市场经济中的优势资源，全球市场化配置的结果就是财富以前所未有的速度和规模向掌握金融和技术资源的人手中集中，这在美国体现得尤为明显，99%和1%的断裂、对立就是其导致的恶果。此外，欧美打破中东固有秩序，更让被剪羊毛的中东雪上加霜，由此产生的负能量一定程度上正在不断"反噬"欧美，难民危机、恐怖主义的威胁等，就让欧美民众寝食难安。在这种背景下，越来越多的民众把怨气指向别国以及其他族群、种群，甚至把板子打在全球化的头上。

在"退步"中为改革蓄力

事实上，经济危机本身就意味着原来的生产、生活、消费方式走不下去了，全球都面临变革，但是迄今为止，各国在推动变革上的努力极其有限，谁都不愿意承担改革的苦痛和可能的变数，反而转身向全球化的反方向踏步后退。然而，不管是中国还是全球其他国家，"逃"的空间是有限度的，没有变革，只会不可避免地让越来越多的人卷入到民粹等社会逆流中，让这股逆流愈滚愈大。

不过，从历史发展的内在逻辑来看，当下的退步并不是简单意义上的开倒车，回到过去，而有其内在的合理性和积极意义。一定意义上，历史的进步是退出来的。换句话说，人类的发展进程本来就是螺旋式上升、波浪式前进的，简而言之，历史进程的"进二步、退一步"符合人类社会发展的一般规律。过去二三十年，全球化迅猛发展，但全球化的根基或者底部并未夯实，这种全球化更多表现为资本、市场的全球化，而全球化的思想并未同步跟进，世界对全球化的正负效应还缺乏相应的准备。说得形象一点，全球化的肉体走得太快，但灵魂并没有跟上来。因此，民粹主义、民族主义等在某种程度上可谓是对上一轮全球化过程中产生的种种问题和弊端的反弹，这种退步中是保留进化成分的。

这与中国从计划经济向市场经济切换过程中的"反复"有异曲同工之处。1992年中国明确否定计划经济，走市场经济道路，但随着市场经济的大门轰然大开，过度放任导致投机倒把盛行等一系列市场扭曲的问题出现，社会开始出现对市场经济质疑的情绪，民粹主义应运而起，虽然这些负面情绪是以反对市场经济的面目呈现，但却以"反动"的方式起到了纠偏的效果，推动了中国市场经济的进步。同样道理，当下出现的倒退也将推动全球重新审视和处理国家间、种族、种群间的对立问题，着手改革，逐步修正过往发展中的偏差，在各种利益间重新寻求平衡和勾兑。而这也将为全球新一轮的融合和发展奠定基础，提供更强的动力。具体到中国，当下改革某种程度上的退步、"呆滞"也符合历史发展的"进二退一"原则，中国正处于退一步的当口，这也是中国消化过去36年改革正负能量的过程。这也意味着，中国的改革依然处于问题倒逼模式，还无法靠顶层设计来推动改革进程。不过，今天的"退"也将为下一波改革积累能量，是新一轮改革曲线启航的前夜。

决定形势的纵横坐标：生产方式、交换方式

经济形势走坏诱发全球政治冲突

全球经济现状愈加羸弱。美国经济体陷入长期"新平庸"，非农生产力环比年率（衡量单位工人每小时产出的指标）连续三季度下跌，创下1979年以来最长跌势；零售销售意外停滞，海运在旺季意外低迷……经济基本面再趋恶化，甚至还存在"总统候选人将会把美国搞破产"的危险。欧洲经济放缓与内部危机叠

加,前景灰暗,英国"脱欧",英镑遭到重创,因不确定性加大国内投资下滑,经济"凶多吉少";原与德国一起并称为"欧元区经济火车头"的法国自身经济停滞不前,一度沦为"欧洲新病夫";意大利领导人可能心急如焚,连地下经济(毒品、走私)都入编为"正规军",GDP增速仍跌回到十四年前。各国被焦头烂额的国内事务缠身,由此变得敏感、偏激甚至脆弱,所以外交行为排他性增强,如此一来,经济风险进一步转化为地缘政治风险,大国间的战略互疑愈加浓重,东欧、中东、东海、南海、东北亚等地缘冲突加速升级。全球形势焦灼一片。

不难发现,经济形势走坏是政治冲突的诱因,鉴此,各国都已绑在了救经济的战车上。概括起来,手段大致有:1. 政策。危急时刻,政策频频出手。日本首相安倍晋三2012年年底上台后,遂寄望于量化宽松、扩大财政支出和结构改革"三支箭"能把日本经济拉出通缩泥潭,但在国际油价维持低位、英国"脱欧"威胁持续的背景下,日元作为避险货币的特点凸显,日元对美元汇率走高,抵消了量化宽松的效果。税收受制于整体经济景气度,支撑结构改革的28.1万亿日元经济刺激计划也无果而终。"旧三支箭"无法拯救日本经济,安倍抛出"新三支箭"(量化、质化、负利率),但"新三支箭"共同指向的负利率进一步削弱了本土银行业利润、加剧无意义的汇率战,负面效应远大于正面效应。"安倍经济学"到了"无箭可施"的尴尬境地。2. 改革。政策无济于事,改革派上用场。中国"市场起决定作用"的体制改革导致政府去投资化,却在短期内打压了GDP。经济再平衡即将经济增长的支柱由外需转为内需的机制改革,却撞上了消费外流的枪口。催生企业效率的国企改革、金融改革本意是赋予中国经济新的承重墙,结果却在收与放之间骑虎难下。3. 创新。相较于改革,创新因微改、渐进、无痛而更易推进,因此各地都把创新打造为经济前行的新动力。不过,一阵风地涌向新能源、新材料、生物医药等新产业,并未触摸到创新的实质。各国在严峻的经济形势面前迷了途。

两大坐标决定经济形势走向

而实际上,经济形势有其内在的改变逻辑。就眼下来看,决定形势的有两大坐标。一是智能化的生产方式。生产方式的物质内容是生产力,而智能化代表着当今时代最先进的社会生产力。生产工具是时代符号式的标志,随着机器人轰隆隆的响声,随着人机协作站上风口,人类社会迎来了期待已久的拐点,因此说智能化是时代的产物。智能化生产既能够对资源过度消耗、环境严重污染等经济社会结构失衡做出纠偏,适应绿色、循环、低耗的新型生产关系;又能够颠覆工业化时代的标准化消费方式,适应消费者满意度越来越高的个性化、定制化的新型消费关系,必将释放强劲的生产效率和经济活力。

二是互联网的交换方式。交换构成社会生产关系(生产、分配、交换、消费)的关键环节,而互联网搭建当今时代最先进的社会交换关系。这是基于:1. 互联网交换的内容无所不包。上至天文地理,下至人间百态,中达商业科技。互联网俨然成为人类的第二世界,真实世界的每一样东西都在这个虚拟世界中有地址、有标志、有连接、有交换。2. 互联网交换的主体全覆盖。互联网开放、包容,每一个人都能主宰这个"自媒体"平台,实现平等、自由交换。借助这种全面社会化的交换,"个人至上"的意识还能够转变为"个人与集体和谐"的社会意识。3. 互联网交换超越一切时空局限。互联网共享、去中介,形成了没有围墙、全球速递、一触即达的交易圈。相对于划区域的物物交换、商品交换,互联网辐射全球、全民占有、全维度、全方向的交换方式,更能激起汹涌澎湃的物流、信息流、资金流,就此意义,互联网交换的繁荣将拉动生产,从而构成推动生产力发展的一股新力量。尤其是经济下行的当前形势,解放互联网将如同当年解放市场经济一样带来经济新动能,缔结二次思想解放之效。

综上,智能化的生产方式和互联网的交换方式组成决定形势的纵横坐标。这两大坐标线相互呼应。智能化的生产方式属于先进生产力范畴,绿色、循环的生产关系及个性化的消费关系都是建立在智能化这种性质和水平的生产力基础之上的；互联网的交换方式则属于先进生产关系范畴，它能够充分调动生产力中的积极因素，能动地促进生产力的发展。这两条坐标线又会各自发生改变。互联网经历了电脑联网、移动互联、普遍的物联网、自中心化四大发展阶段，已融化到各行各业的血液里。现今，以"电脑+人脑"为门路，在国家之间、地区之间、个人之间，已产生大融合、大平台、大贸易、大流通的新格局。而第四次工业革命的智能化从主导第三次工业革命的信息技术中延伸而来，最初的物联网技术让所有装置都埋上了电子开关，推动了自动化；后在大数据、云计算的支撑下，智能化兼容了数字化、可视化，并向"智慧工厂"转型。上海、青岛且出现了集自动化采购、数字化车间、智慧物流于一体的全产业链智能交互体系。两条坐标线都在向外拉长。依两条坐标线画出的纵横线还会交叉。互联网推动智能化，一定社会的互联网发展程度和智能化发展水平相叠加，即"先进社会生产力+先进社会生产关系"，二者融合，呈现出共振效应与复合影响力。深圳的"互联网+智能化"使之单位面积产出连续保持全国第一。

　　进一步深入分析，决定形势的两大坐标及其相互呼应、各自拉长、相互交叉的特征趋势将为一个国家和地区如何走出经济困境指明方向。互联网是计算机三维技术、模拟技术、传感技术、人机界面技术生成的逼真的虚拟世界；智能化是信息技术发展到后半场的必然产物。二者的产生是客观的、时代性的，二者的作用也是客观的、有效的。不管政府有没有意识到这两种力量，它们都存在那里。最明智的莫过于迎合时代新趋势，在互联网、智能化的巧妙嫁接上抢占先机。不难预见，那些领悟到智能化生产方式与互联网交换方式关系的精髓、触碰到二者发展的最前端、灵活凝聚二者合力的国家或地区将有望率先摆脱形势困扰。进而，借助智能化和互联网扭转形势，又将成为新一轮国家和地区博弈的起点。智能化的生产方式和互联网的交换方式构成决定形势的纵横坐标，同时也将成为国家和地区实力此消彼长的两大杠杆。对这两大杠杆运用较好、玩转"信息+智能"时代的国家和地区将在新一轮洗牌中占据有利位置。

因此可以说，在由智能化、互联网纵横坐标轴组成的坐标图中的定位，也是一个国家和地区在国家格局、区域格局中的定位。具体来讲：1. 用网络化分布式设施、智能化生产系统、集成化的价值网络改造传统产业，契合工业4.0的深度内涵。2. 将"互联网+"与各行各业深入融合，填平各个环节的效率洼地。3. 使"+互联网"成为一种生活方式，消遁于无形之中。这样的国家和地区既能对实体经济提供有力催化剂，又能为社会安装无处不在的效率提升器，或将在充满机遇和竞争的国家格局、区域格局中担当主角。

局面确定之后，经济就是决定因素

尽管政治动作"抢先一步"，但政治局面确定之后，经济就是决定因素。这是基于：

一、政治活动本身就是为了经济。1. 经济是政治的基础。经济基础好比汽车的发动机、轴承车轮等动力装置，而称之上层建筑的政治则可比方向盘。没有好的动力装置，方向盘抓得再稳，车也跑不了高速。可见，经济是政治之本。2. 政治是直接为经济服务的。很多国家制定一系列行政法规，鼓励或限制某一行业的发展，就是经济性很强的政治行为。中国的一句俗语"经济建设是当今最大的政治"也生动说明了政治以经济为中心、围绕着经济展开活动。3. 政治活动的最终目的是为了实现或维护一定阶级的根本经济利益。2014年10月6日《人民日报》中有如下语句：翻开35年波澜壮阔的改革画卷，大写的"人民"二字跃然纸上——改革为了人民，改革依靠人民，改革成果由人民共享。此番政治家的话语揭示了"检验改革成功与否的标准不是看GDP，不是看财政收支，而是看民富与民有"。国家政治生活的根本目的就是民众的经济利益。

二、先前开展的政治活动必然反作用于经济。1. 铲除"租金"释放投资效率。中国投资总量并不少，但投资效率却在下降，原因即在于投资过程中的"租金成本"；而今，简政放权、推行负面清单，把属于市场主体的自主权交给市场。微观经济主体不仅不再被"包租婆"大收其租，还被赋权，由此焕发新活力。2. 清除贪腐为经济补台。腐败分子攫取资源，对经济形成"漏斗效应"；反腐的深度恰恰可以作为衡量以往市场歪曲程度的坐标，并带来秩序的重建。巴西经济增速曾经堪称奇迹，阿根廷也曾经是令人艳羡的富裕之国，但由于没有能力解决权贵的轻松富裕之路，从本质上讲，权贵富裕阶层已构成这些国家经济的天然做空者。3. 制度建设夯实经济的堤防。制度、规范是经济推进的基础和保障。不仅运动反腐而且制度反腐，才能防止"新一轮的权贵迅速占据旧权贵留出的空隙，以更贪婪之胃席卷市场财富"，确保经济长久健康发展；同样，树立和落实"显规则"，才能规避"企业的利润护城河来自于潜规则，不必在管理上、产品上大费周章，以致企业的竞争力大打折扣"。"显规则"等"制度红利"最终将兑现成"经济红利"。

基于以上，政局确立之后经济成为决定因素，各级政府也将为经济更多地挥笔着墨。"政治对经济施加作用+政府更好地发挥对经济的作用"两因素叠加，使得拐点期的经济呈现以下特征：1. 权力经济变规则经济。行政主导型市场经济中，地方政府公司化、"诸侯经济"盛行，造成产能过剩愈演愈烈，资源被低效者消耗，进一步加剧经济隐患。而今斩断政府直接经营经济之手，市场向前深化，"显规则"落地，市场深化与政府打造的竞争平台，提供的游戏规则共同开启规则经济，在游戏规则的制约下，经济运作成本一步步降到最低，各经济变量之间搭配默契。2. "甲方经济"变"乙方经济"。在审批经济中，政府是最大甲方，对企业掌握着生杀予夺的主动权，企业依附于政府才能迅速"上位"。而今企业成市场主角，政府功能回归到"公共"界限内，就资源配置而言，政府变小了，企业变大了，企业的权限、地位、作为明显升级，不仅主导自身经营，甚至还主动与政府"勾兑"思路、鞭策官员等。3. 平民经济渐行渐近。过去钱权套利者、垄断者绞杀市场，构成经济的巨大出血点。而今整治权钱交易、肃清市场秩序、经济向平民放权堵住了这一"出血点"，也顺势孕育了平民经济的新力量，行业准入趋向放松，大众致富的机会公平，民间资本激情澎湃，民间经济发春潮涌。

进一步分析，拐点期经济呈现出的上述规律和特征必将落地、化为具体的经济亮点，正是这些具体的经济亮点，或将是中国经济乃至中国政局稳定的决定力量。而现实涌现的诸多苗头已依稀透露出经济亮点所在：1. 各式创业层出不穷。"乙方经济"下，企业主动权变大，能够自由尝鲜。北京、深圳已成创业家的心头至爱城市，大批年轻人蜷身在车库中、小办公室里，每天忙于把创意变成现实。眼下互联网创业潮已经淹没了商业领域，接下来是服务领域、金融领域，遍及人想得到的任何有市场价值的地方。如果拥有技术与品牌嗅觉，可以建立小而美的创业公司；如果拥有资源整合能力，说不定能整成大而全的商业帝国。2. 企业致力于创新竞争。规则经济的硬约束下，企业家将撇开各种与公平竞争无关的雕虫小技、恩怨情仇、无为内斗，以自己全部智慧和热情去创新，在创新中求得发展、赢得尊重。3. "微商""微模式"风起。平民经济为微商打开成长的广阔天空，小百货、小食店、小旅店、专业店、个体户、小商贩等遍地开花；微业态小巧灵活，天然是经营模式、商业模式创新的肥田沃土，口袋购物主打个性化、精准推送，越来越多的小C微商傍着微信这棵大树迅速地开疆拓土。星星之火正在燎原，即将席卷全国、撑起中国经济的一片天。

政策效应递减

××经济学不管用

面对前所未有的经济下行压力，供给经济学闪亮登场。之所以对××经济学（或××新政）寄予厚望，从历史上的罗斯福新政、里根经济学到如今的奥巴马新政、安倍经济学来看，主要还是因为经济陷入困局难以为继，所以寄希望于政治人物振臂一呼实现毕其功于一役的突破。然而，从实施效果看，要么缓解了短痛却埋下了长期隐患，要么断臂求生引发社会不稳定，要么干脆不管用，甚至适得其反。中国也曾着力微刺激、去杠杆、调结构，但在日益严峻的经济形势下，实质走上了货币宽松和财政刺激的老路，2015年末M2余额139.2万亿，同比增长13.5%，是经济增速的近两倍；2016年1月份新增贷款2.5万亿竟是"4万亿时期"最高月贷款额的近三倍。

之所以这些"口水经济学"不管用，原因在于回避了两个关键。

一是回避现实。从全球范围看，世界经济处于后危机时代，同时又面临大变局时代，互联网改变了生产、交易和生活方式，第三次工业革命重新格式化工业经济，新经济登堂入室，传统的增长方式与消费方式已难以为继，传统的政经模式无法适应新的要素配置、科技革命和环保诉求。就中国而言，被产能过剩、消费不振、创新不足、金融空转等问题困扰，而政策却在市场经济原教旨与计划经济原教旨的撕扯中愈发混乱。

二是回避未来。看不清未来的走向与趋势，无法用未来引领今天。一方面，以工业4.0、第六产业、数字经济、原材料革命、体验经济、生物经济、生命经济等为代表的7+X新经济在当下异军突起，但经济管理者们还沉浸在传统经济运行模式里闭门造车。如安倍经济学让汇率连续三年狂贬，试图拉动出口，实质上削弱了对汇率变化不敏感的高科技行业发展。另一方面，缺少根本性、体系性的理论探索，仅靠提出几个暧昧甚至是舶来的新概念，效果自然打折扣。2008年奥巴马凭借"改变"这一口号成功竞选，上台后依然固守垄断独享的老经济以及独断专行的老政治，凭借美元霸权"剪羊毛"，依仗综合国力实现"美国例外"，却难挡美国"去老大化"的大势。正是基于上述两方面的回避，各种××经济学变为"迷失经济学"不足为怪。

政策愈发混乱，在表象上可以归结为思想和理论的混乱，但实质上却是政经错位，而其表现范式又是多种多样：1. 政进经退，此以欧洲为代表。欧元无疑是人类货币史上的一次进化，试图用货币的统一加速区域上的一体化，但政治上的分裂阻碍了欧盟的一体化进程，独立财政政策与统一货币政策的不匹配使政策更加混乱，屡屡爆发退欧、赖账等风波。2. 经进政退，以自由市场见长、盛产各种思想的美国为典型。美元走强，失业率在2016年连续两个月维持在4.9%，以致奥巴马直言"美国从百年以来最为严重的经济危机中恢复过来"，而美国推行的民主屡屡碰壁，政治依然在党派利益的争夺中循环往复。3. 政快经慢。如俄罗斯政治改革不可谓不彻底，但经济上的产业偏态，使其正承受油价下跌、卢布贬值的切肤之痛，而硬汉普京凭一己之力实难扭转俄罗斯衰落的命运。4. 政慢经快，如中国模式。中国的政治改革不是空白，而是以润物细无声的方式渐进推行。正是由于政治上的"稳健"，政策经济突飞猛进，而事实上，过于强调政策又会对经济造成扰动。由此来看，政治对经济的积极参与，或者经济对政治的反制，都将造成政策效果的南辕北辙。

进一步而言，政策混乱归根结蒂在于真理标准迷失。当年面对"两个凡是"的藩篱，通过真理标准大讨论，把实践确立为检验真理的标准，在"不争论""猫论""摸论"中实现经济30多年的飞速发展。如今，时代背景、世界潮流早已斗转星移，再用过去的真理标准衡量当下，无异于刻舟求剑。原因在于：1. 中国社会政治经济已今非昔比，经济体量在扩张，国际地位在上升，国家力量在强大，外部威胁在增强，市场经济在深化，贫富差距在加大，改革难度在增加,试错空间在趋小。2. 大变局时代,前不见古人,后不见来者,当年的榜样（如苏联、美国）已成反面教材,而中国社会主义市场经济建设前路漫漫,唯有上下求索。3. 社会从一元化走向多元化,已有行为准则、知识体系、逻辑框架无法弥合思想鸿沟,要想用一个单一的标准来统一思想难之又难。经济市场化的结果必然是社会发展的多元化,这主要表现为社会群体多元化,社会阶层的分化,而不同的社会群体都有各自特殊的物质利益和精神诉求,形成多元化的思想观念和价值取向。4. 就其本身而言,带有实用主义色彩的实践难以避免短视行为,只能用带有创新性、开放性、担当性的新标准来迎接未知未解。

鉴此,伴随着一个"三千年未有"之大变局到来,要走出复杂混乱的当下,应当以"探索"为主,以未来为导向,通过客观规律求索,寻找未来发展新道路。"探索"的内涵包括:1. 有所为,有所不为。从顶层设计上看,呈现出"使市场在资源配置中起决定性作用,同时更好地发挥政府作用"的状态,政府不是直接参与市场周期性波动,而是为市场立规,确保底线。2. 敢于担当。当前改革状态有些不知道怎么做的茫然,而"探索"将在一定程度上实现从被动接受任务到主动承担压力的转变。3. 开拓创新。其吻合"创新、绿色、协调、开放、共享"五大理念,唯有创新才能走出新路子,但需要容忍失败的氛围和机制。

民间投资下降反衬政策风格

民间投资腰斩式下滑成为社会普遍关注的敏感议题。根据统计局数据,自2015年1月份以来,民间固定资产投资增速持续下滑,2016年1～4月份已从2015年1～2月份的14.67%降至5.2%,比全部投资增速低5.3个百分点,占全部投资的比重为62.1%,比2015年同期下降3.2个百分点。这和过去10来年间民间投资在社会投资中的占比不断攀升形成鲜明对比。对此,社会忧心忡忡,有经济学家就直言"民间投资下降过快后果很严重","将会影响和制约稳增长、调结构、防风险"。2016年5月份以来,李克强总理已经两次在国务院常务会议上强调,要破除民间投资的隐性壁垒,进一步放宽市场准入,国务院还派出9个促进民间投资专项督查组来推动有关政策的贯彻落实。同时,《人民日报》也"摇旗造势",撰文呼吁放宽民间投资的市场准入。一时间,提振民间投资俨然成为中国社会一件头等大事。

那么,民间投资为什么会出现上述变化?某些分析将其归因于产能过剩。不可否认,产能过剩是造成民间投资增速下降不容忽视的一个因素。毕竟,除食品、医药等少数行业外,由于产能过剩,再加上成本上升,制造业利润普遍微薄,且不断被摊薄,制造业的投资空间持续压缩。统计局数字显示,2016年4月份,工业企业投资收益同比大幅下降19.8%,与3月份20.4%的同比增速相比简直是天渊地别。这种状况无疑促使企业偏向收敛,减少投资。因此,一定程度上,民间投资增速下降是去产能压力的反映。不过,民间投资增长下降幅度如此之大,且在社会投资中的占比下滑,却不是单纯去产能能够解释得了的。照理,在去产能的压力下,民资与国资同步下降,并不会影响民间投资所占比例。但实际上,在民间投资大幅下滑的同时,2016年前四个月国有及国有控股性质的固定资产投资却突飞猛进,从2015年年底的10.9%飙升至23.7%。国资如此"大踏步"前进,不乏承担维稳经济增长的任务,填补民资下降的"空白"的因素考量,但国资迅猛增长的背后却隐含着民间投资大幅下降的更深刻的原因。

事实上,民间投资大幅下滑很大程度上是国资猛进之果。这首先表现为民资在制造领域被去产能却很难转移到非制造领域。从三大产业来看,无论是民资还是国资,对第二产业中的采矿、钢铁等产能过剩行业的投资都在下降,只是国有投资下降得更快,以致民资在第二产业中的投资占比不降反升,而在已经成为经济增长主要动力的第三产业的投资(增速和占比)却出现下滑。自2015年5月以来,民间资本投向服务业的资金连续10个月低于民间投资增速,2016年一季度仅3.77%,创历史新低;同时,民间资本投资占服务业固定资产投资总规模的比例为50.63%，同样创有统计数据以来的新低，这一比例也长期远低于民间投资占固定资产投资总规模的比例。出现这种状况，主要是服务业门槛高，不是被垄断，就是被挤占，民资难以栖身。比如，卫生和社会工作、水利、环境和公共设施管理、文化、体育以及娱乐业等，社会需求缺口大、风险小、盈利前景好，却长期被国资"霸占"。2016年1~4月，在卫生和社会工作以及水利、环境和公共设施管理这两个公共服务行业，民间投资的占比分别只有38%和22.9%，而政府投资的累计增速分别较民间投资高出8.1个和27.5个百分点；高回报的非公共服务领域如文化体育和娱乐业，虽然不属于垄断行业，民资也难站住脚。其次，国资"独得政策恩宠"，而民资却被置于政策"眷顾"之外。

近年来，为了保持经济增长，政府信贷、财政等资源大量向国资倾斜，以致国资有足够的资本纵横捭阖。一方面，信贷资金主要通过中长期贷款，流向了政策所指的基建和地产领域，其受益者主要是国资，2016年1~4月，政府投资累计增速高出民间投资48.1个百分点，而建筑业中民间投资的占比则从2015年2月52%的高位下降到40%。另一方面，政府财政发力主要偏向公共服务类，但民资受制于与各种进入壁垒等因素，在公共服务领域投资占比较小，因此受惠财政的大头还是国资。此外，民资与国资融资成本的差别也导致民企在面对国企的竞争时多半只能"退避三舍"。民资融资成本基本上以民间贷款利率为基准，国资融资成本则以银行贷款利率为准，而目前银行一般贷款利率已由2014年的10.1%大幅降至5.7%，但民间借贷利率却一直维持在19%左右的高位，这也就难怪国资投资有能力大幅跃升，而民资只能被大把去产能。显然，民资在制造领域被"去"，在非制造领域被"挤"。出现这种状况，用李克强总理的话说："一些民营企业现在面临的问题，不是'玻璃门''弹簧门''旋转门'，而是'没门'！不知道'门'在哪儿！"

正是在国内投资空间遭遇双重挤压，以及惶惧不安的情绪下，大量民资加快转向海外寻找新空间。最近两三年，民企几乎是"成建制地"蜂拥海外，推升海外投资热潮。根据相关统计数据，2014年中国大陆企业海外并购交易数量激增，环比增长逾1/3，达到272宗。其中，民营企业海外并购交易数量继续领跑。特别是2014年上半年，中国内地民营企业海外并购金额较2013年下半年暴增218.6%，而同期国有企业海外并购金额环比增幅仅为5.03%。官方数据显示，在非金融领域的对外直接投资中，民营企业占40%。在一些民营经济比较发达的省份，比如江苏、浙江、广东、辽宁，民营企业超过50%。2016年中资企业海外并购交易总规模已达1108亿美元，超过了2015年全年纪录，比2014年同期高出两倍以上。民企逐渐成为对外投资的主角。这与国内民资投资大幅下滑形成强烈反差。

如此下去，后果的确会更严重。显然，有关方面对此已经有所认知，并开始行动来纠偏。但这些举动还远不足以解决问题。当下中国似乎身处两个矛盾之中，一方面，在激烈的国家竞争中，国资国企代表国家意志，直接反映国家战略，国企的地位不可偏废；另一面，对民资民企的"另眼相看"与市场经济发展的历史进程相悖。如今中国已经逼近市场经济临界，如何看待民资以及民资的争议性问题，处理好民资与国资的关系，关乎中国能否"鲤鱼跃龙门"，跨越市场经济最后一道"坎"。化解其中的矛盾就是要给民资民企以国民待遇，并推动国企回归战略功能。这其中，民企的原罪问题无以回避，是兑现民企国民待遇的基础和前提。实际上，民企的原罪问题并不是任何单个企业的"罪过"，而是由特定时期不完善的社会制度造成的，因此，在处理民企的原罪问题上，更需要有唯物辩证法的眼界和思维，对时代性问题给予宽容和理解，而不是用今天的"正确"来简单地否定昨天的"错误"，与时代抗衡、脱节。在这一点上，习近平总书记所说的"两个不能否定"就是一个参照，也是未来处理民企问题的大方向。一旦政策向此扭转、切换，那么留住民资民企，激发其活力自然不是问题，而今天的敏感议题也将烟消云散在历史进程中。

第二章　寻找中国人的新大陆

中国30多年改革形成超强产能，超级货币大投放，以及金融资本的内在逻辑，都需要中国从外部寻找解决国内问题的钥匙。

资本出走的必然与异样

王健林先是再夺福布斯中国富豪榜首富之位，个人财富从2014年的132亿美元猛增至300亿美元，将马云（218亿美元）、马化腾（176亿美元）远抛在身后；随后这位新晋亚洲首富在万达年会上演唱的摇滚视频"风靡全球"，点阅量超过11亿次（截至2016年1月25日），获网友力挺"上春晚"。"国民公公"有钱任性买买买，更是夺人眼球。2012年，斥资31亿美元并购美国第二大院线AMC；2013年，3.2亿英镑并购英国圣汐游艇公司，7亿英镑投资伦敦核心区建超五星级酒店；2014年，甩出2.65亿欧元收购西班牙大厦；2015年，花费8000万英镑买下伦敦一座2万平方英尺的豪宅，以950万英镑刷新英国购房印花税纪录；以不超过35亿美元现金收购美国传奇影业，再次进军好莱坞；2016年，在印度投资100亿美元造产业新城……在产生"枪打出头鸟"谚语的国度,王健林竟然如此公开高调!相比之下,昔日的亚洲首富李嘉诚就显得愈发谨小慎微,但鉴于其"风向标"特征,再悄无声息地"归去来"都将成为舆论关注的焦点。先是撤资内地,大有买下英国之势,如今又悄然回归,斥资60亿元人民币先后购买位于上海新天地、陆家嘴商圈的两座地标写字楼。尽管"超人"又回来了,但实际上旗下公司注册地已全部外迁。综观今昔两位亚洲首富投资脉络,其共同点是境外投资,资本外流。

一般而言,资本在全球流动是正常的。就资本特性而言,首先,资本如水,无孔不入。正是资本的这种特性,才最大限度地展现市场经济优化配置效用,以最节省的材料、最快的速度生产出最有用的产品,再以最便捷的方式送到最需要的消费者手中。其次,"金钱永不眠",资本逐利性必然导致其流向投资洼地,占领利润高地。正如《资本论》所说:"如果有10%的利润,它就得保证到处被使用;有20%的利润它就活跃起来;有50%的利润,它就铤而走险;为了100%的利润,它就敢践踏一切人间法律;有300%的利润,它就敢犯任何罪行,甚至冒绞首的危险。"资本流动成为创造利润的一个指定动作,谁不流动,谁便死亡,这是资本逻辑。再次,资本无国界。全球化在理论上拆掉了阻碍资本流淌的屏障,科技发展为资本快速流动提供了技术支撑,按个键便能轻轻松松跨越国界。由此来看,资本出走是必然的,无关乎"爱国主义""商业情怀",正如李嘉诚所言,"我身本无乡,心安是归处"。

从世界经济来看,资本加速流动是后危机时代开启,全球经济进入洗牌期的重要表现。1. 本轮金融危机爆发之后,在各国量化宽松政策的主导下,货币"洪水"泛滥肆虐,转化成资本的货币必然要在全球寻找可附着之物。中国2015年末M2余额竟高达139.23万亿元,20年间增长了28倍。2. 世界各国以邻为壑,最终遭遇"货币危机",在汇率乱局中,国家间的利差是国际资本流动的主要原因。一边是美联储加息25个基点,另一边是人民币近期大幅贬值,美元竟然还是

"安全岛"，于是套利资金撤离潮涌，就连普通老百姓也开始琢磨"出海"渠道，寻求资产的保值、增值。根据国际金融协会统计，2015年新兴市场资金外流达到创世纪的7320亿美元，其中中国占到92%之多。3. 经济洗牌期同时也是兼并重组的高峰期，"闻腥而动"的资本岂能放过大好时机？

就中国而言，资本出走既有上述共性，又有其特殊性。一方面是在去产能背景下，国内普遍缺乏投资的地方。黄金深套"中国大妈"；股市让奥迪变成"奥利奥"；房市分化加剧，更何况还有房产税这把达摩克利斯之剑悬在头上；增长主战场——服务业还存有各种行政垄断与管制。然而，根据福布斯发布的《2015中国高净值阶层财富白皮书》数据，中国的高净值人群以每年超过10万人的数量递增，截至2015年底，中国的高净值人群数量将达到112万人，人均可投资资产达到3116万元。显然，狭小的投资空间与强大的投资能力不匹配，只能产生挤出效应。另一方面是通过移民、投资等方式对企业原始积累进行"漂白"。在一个从计划经济走向市场经济的经济体中，多数富豪获得财富的"红与黑"逻辑大同小异——在商品市场"套利"淘得第一桶金后，进入要素市场"套利"，而所谓要素最重要的有两个：一是土地，二是资金。富豪榜上的中国富豪，多数曾在这两个要素市场左右逢源。"别让李嘉诚们跑了"一语就直白道出对富人及财富的"仇恨"，出于对财富和人身安全的深切焦虑，资本出走寻求避风港在所难免。从此角度看，中国式资本出走又是异样的。

资本异常出走的危害不言而喻，资本大进大出将扰动金融市场稳定。"欧债危机"的其中一个原因就是资本出走，终结了通常意义上的制造业，因此造成大量失业，失业者不但失去了继续缴费的能力，同时变成了需要福利制度庇护的对象，因此包括养老保险在内的欧洲福利制度的困境，不单是人口老龄化造成的，而且与失业剧增相关。如何处理大规模资本外流、本币疲软以及庞大的债务负担是有关全球经济的一个重大问题。最直接的方法就是资本管制，如央行增加人民币在香港的借贷成本，让外资行缴纳存款准备金等。但资本管制非防止资本外流良药，如果市场认为未来有更大强度的资本管制，反而会引发更多的资本外流。鉴于汇率高低取决于国力与实体经济冷暖，同时汇率也是国家信用的反映，因此，解决资本外逃还是要回到经济本源中，而非面上的政策手段。事实上，中国经济下行压力巨大，经济增长前景放缓，承接产业转移的三大利器——税收优惠政策、土地零出让费、环保无所谓——逐渐淡去，才是资本出走的真正原因，一如外资撤离中国，把工厂投放在越南、印度等东南亚劳动力成本相对较低的国家。而中国也已经度过了当年吸引外资、担当"世界工厂"的阶段，毋须对过去恋恋不舍，而是应将目光投向更远的前方。

中国的问题在外部，中国的未来在世界

中国的未来在世界

正当国内外对中国经济形势的判断越来越纠结之时，"权威人士"把中国经济走势定调为L型，重申"供给侧结构性改革"主线，以及"去产能、去库存、去杠杆、降成本、补短板"五大重点任务，呼吁大家"增强对经济发展的信心"。虽然从面上看，2016年一季度GDP同比增长6.7%，"仍运行在合理区间，好于市场预期"，但从结构上看却经不起深究。具体而言，一季度固定资产投资同比名义增长10.7%（扣除价格因素实际增长13.8%），社会消费零售总额同比名义增长10.3%（扣除价格因素实际增长9.7%），唯独进出口总值同比负增长5.9%，如按美元计算，则同比负增长11.3%。如果说在过去中国经济出现"万马狂奔"景象，主要是"三马当先"——固投、消费、外贸在入世10年间年均增长分别为22.8%、15%、21.7%。如今，固投、消费这两匹马的速度慢下来，外贸这匹快马直接瘸掉，这对于外贸依存度曾高达60%的中国而言，无疑是一次重创。

尤其是进入后危机时代，全球复苏乏力，外部需求低迷，国际竞争激烈，贸易保护加强，世界贸易组织（WTO）预测世界贸易量增速将连续第5年放缓，为20世纪80年代以来最糟糕的时期，无论中国国内在对外贸易上怎么调，国际环境不支撑，也是白忙活。由此可见，中国的问题不仅仅在内部，还在外部，但如果只归咎于外部因素却是手电筒做派——只照别人，不照自己，显然不是真的勇士，不敢直面惨淡的现实。

解铃还须系铃人。迫切的现实是，中国30多年改革形成强大的产能、超级货币大投放、金融资本的内在逻辑，都需要中国从外部寻找解决国内问题的钥匙。首先，在去产能大背景下，中国庞大的工业制造能力必须寻找新出路，而不是在国内"坐以待毙"。如中国高铁，用了不到7年的时间建设运营了1.9万公里高速铁路，如此速度与规模仅囿于国内发展显然空间有限，而放置四海则大有作为。尽管中车2015年2419亿元的主营收入当中，89%还是来自中国大陆，但增幅仅有4.51%；海外营收占整体的1/10，却同比增长了66.91%。目前中车已经进入世界上101个国家，其中美国是其最主要市场之一，2016年3月中车拿下芝加哥800多辆地铁车辆采购项目，标的金额13.09亿美元，创下中车出口发达国家地铁项目的最高纪录。再如政府融资职能被剥离，转型迫在眉睫的城投公司，以及在国内宏观调控左右调摆下求生、几乎"人人喊打"的房地产企业，其出路也在海外。2013年时中国房企海外投资总额为113亿美元，2014年达到165亿美元，而2015年这一金额已达到213.7亿美元，创历史新高。

其次，为平缓本轮金融危机，各国政府用心良苦实行量化宽松政策，在全球货币超发背景下，中国将引爆第四次金融大爆炸，并将炸向全球，与此同时，金融资本的内在逻辑也将主导这一趋势。金融的本质是钱生钱，不管是土地和资源，还是看不见摸不着的未来收入，都能变现成可以流动的资本；政府印出来的钞票（"前货币"）进入市场，变成不受控制的脱缰野马，即"后货币"，也就是说货币会自我扩张，把钱变成更多的钱。当面对缺失的信用、不确定的未来、不靠谱的科创,这些钱一边泛滥成灾,另一边又要积极地寻找安全港,比如涌进调控放松下的一线城市楼市,又如流向大宗商品期货,再如掀起海外投资浪潮。可以说,海外投资既是消化过剩产能的无奈之举,又是金融资本的必然之势,也是到外部寻求破解国内困局之路,同时暗含了中国的未来在世界之意。

数据显示,2015年,我国对外非金融类直接投资创下1180.2亿美元的历史最高值,同比增长14.7%,实现中国对外直接投资连续13年增长,年均增幅高达33.6%。"十二五"期间,我国对外直接投资规模是"十一五"的2.3倍。2015年末,中国对外直接投资存量首超万亿美元大关。中国海外投资倍增,除货币寻找安全港的原因,还有诸多考量:一是商贸因素。在各国高举贸易保护主义大旗之时,企业"走出去",把工厂建在海外,更容易突破各种形式的贸易保护主义。二是国家战略需要。在重要的战略性产业上,通过巨额投资直接控股或收购国际领先的公司,不论是粮油谷物肉类的生产、物流,还是晶圆芯片的设计、制造,抑或转基因产品和种子开发,无一不在产业链的高端,是关乎中国经济命脉的关键领域,如中国化工以430亿美元的创纪录金额收购瑞士农业企业先正达。三是企业开疆拓土诉求。开拓市场,获取资源(如投资俄罗斯、阿拉伯半岛、巴西),掌握技术和管理方法,包括资产优势,如品牌,进而实现国际化战略,如海尔以54亿美元收购通用电气旗下的家电业务。2015年中国企业共实施的海外并购项目593个,累计交易金额达401亿美元(包括境外融资)。四是居民寻找宜居之地。相比国内可怕的雾霾,频发的食品安全事件,欧洲、澳洲等国家更适合生活居住,不仅有宜人的自然环境,还有完善的社会福利体系、优质的教育资源、免费的医疗制度、良好的创业环境,像纽约、悉尼、墨尔本、温哥华、伦敦都成为中国投资者的主要目的地。

中国的问题在外部

海外投资也需要"两厢情愿",但问题是,在海外投资过程中,始终面临去

WTO与再WTO两股潮流的纠缠，使得"走出去"愈发复杂。在后危机时代，贸易保护是当下各国的自然之举，但对尽享全球化红利的中国而言，高举自由贸易大旗，推动再WTO化——"一带一路"却是有着更强大的动力。用共同建设基础设施，共享经济发展，既把一些小兄弟拉入麾下，又能展开"新圈地运动"，还能利用危机兼并重组，更能让中国与世界相连，如"中巴经济走廊"建设，更容易地把中国西部与海外市场连接起来。正是这种潮流的逆向而动，再加上中国企业与居民投资的"大手笔"和"爆买"行为，引发一些国家的恐惧与不安，甚至出现排华、反华事件。

一个表现是，各国对于中国购买港口特别恐惧，往往被视为中国打造全球殖民通道，或者具有更多的军事战略意图。比如由中国交通建设集团投资开发建设的斯里兰卡科伦坡港口城项目于2014年9月正式动工建设，却被新上台的斯里兰卡政府叫停一年之久，即便科伦坡港口城如今全面复工，但合同被修改为，中国企业在该项目中不再拥有永久业权，只享有99年的租赁权。

另一表现是对中国大量买地极其担忧，一方面是来自中国的购买力推高当地房价，导致民怨沸腾；另一方面是购买大片耕地导致"资源掠夺论"，因此对中国买家格外敏感、警惕。在加拿大，2015年温哥华约1/3的房子被中国买家买走，温哥华地区独栋住宅平均价格上涨30%，每套均价达140万美元。据统计，温哥华市区家庭年均收入约7万多美元，按照目前的独栋住宅均价，一个当地家庭不吃不喝20年才能买一套房。在澳大利亚，拥有超过10万平方公里牧场的家族企业基德曼公司公开挂牌出售，有中国企业参与竞标，却因"国家安全问题"，竞标和审核过程被搁置。2015年7月，澳大利亚将私人收购农业用地必须经过审批的门槛从2.52亿澳元下调至1500万澳元。

正因为此，中国海外投资遇阻和受挫是常态，而不是个案。中国有2万多家企业在海外投资，90%以上是亏损的，中企海外并购的成功率不超过50%，海外矿业收购的失败率更是超过80%，可以说，中国企业在海外投资在总体上讲是不成功的。而且各种投资陷阱比比皆是，尤其在利比亚、叙利亚、津巴布韦、朝鲜、墨西哥、西班牙这些小语种的小国和穷国，其经济下滑，法治欠缺，往往出尔反尔，翻脸不认人，中国投资或被"充公"，或被"扫地出门"。

除此之外，中国在海外投资的教训也不得不汲取以避免。一是中国企业资产和交易等信息不透明，如安邦收购喜达屋时被质疑这家创立于2004年、迄今没有上市的省级汽车保险公司是否真能获得其宣称的融资，甚至安邦董事长的社会关系也遭到华尔街怀疑其动机不纯，因此，中国企业需要提高在所有权架构、融资来源和企业治理方面的透明度。二是政商关系的不确定，国外政府换届也将影响海外投资进展。如澳大利亚政府5年换了5任，还有政党之间的斗争，抛出"让最大牧场留在澳大利亚人手中"的决定不能说没有收买选票的考虑。三是中国企业向来善巧方便，仅仅"开最大数额的支票"对海外收购不再管用，因为交易后更需要可持续性经营，而不是把国内粗放式发展移植过去，不管不顾地涸泽而渔。鉴于此，中国在世界范围内寻找解决问题的钥匙时，还需要融入世界，重构中国商业文明。

中国人的新大陆

澳、新成为中国海外投资新大陆

澳大利亚、新西兰（以下简称澳、新）两国正日益成为中国海外购地置业的主战场。2010—2014年，新西兰出售给外国投资者土地64.62万公顷，其中中国购买了3.49万公顷，虽排名第5，但涨幅惊人，从2010年的53公顷跃升至2014年的1.1万公顷。而借着新西兰总理访华的热度，《福布斯》中国前十富豪更是组团来"买买买"，大有占领新西兰之势。"吸金"中国，澳大利亚毫不示弱，

2009—2010财年，中国对澳投资总额为162.82亿澳元，排名第三，而2014—2015财年，投资总额为465.63亿澳元，暴增186%，排名第一。过去5年，中国人在澳共买入价值509亿澳元（约合人民币2521亿元）的房产，而最近两年（2013年7月1日—2015年6月30日）买入额就贡献了其中的72%，即1818亿元人民币。

  随着对澳、新投资暴涨，中国人正在发现并开辟出自己的新大陆。当年哥伦布发现美洲新大陆，将欧洲过剩人口与资本引入新大陆，为无法在欧洲古老国土上尽情展开的市场经济、工业经济找到大显身手的空间，缔造出前所未有强盛的伟大帝国——美国，而今中国人亦开启"新大陆"之旅，两者在逻辑上具有延续性，但时空背景却截然不同。澳、新基本没有完整发达的工业经济，国土大、人口少，现代农业足以支撑其成为发达国家。就地缘而言，澳、新远离欧洲，小小大洋洲的岛国，很少遭遇地缘政治冲击，属于偏安一隅。此外，地质年代年青，尚未全面遭受市场经济登峰造极后异化的荼毒。因此，中国人所面对的新大陆，与美洲新大陆相比，既有优势，形势也更复杂。

  首先表现为空间上的新大陆。一是澳、新地广人稀，具有吸纳人口与资本的巨大空间。澳大利亚国土面积世界第六，约769.2万平方公里，人口2350多万，人均耕地面积约2.68公顷，中国人均可耕种面积则不到0.5公顷，差距4倍以上；新西兰国土面积约27万平方公里，人口约464万，绝对值难以望澳大利亚项背，但胜在可利用国土面积极大。澳大利亚与新西兰地广人稀，不仅巨量土地有待开发利用，吸纳人口的内在需求也颇为强烈。中国人口众多，生存空间相对逼仄，近年来环境日趋显著恶化，同时愈演愈烈的国内去产能将大量资本挤出，无处可去的过剩资本亟需泄洪，出海寻找投资洼地，自然与澳、新一拍即合。

  二是两国的产业偏态与经济危机。澳、新均为典型的产业偏态型国家，以矿业、农业、畜牧业、林业等高度依赖资源的产业为主，资源型国家在经济上行期，往往赚得盆满钵满，一旦危机了，摔得也最惨。如中国经济高歌猛进时，澳大利亚矿产资源也跟着卖了好价钱，而今铁、铜等大宗商品价格一落千丈，矿业繁荣的终结令澳经济陷入困境。2016年5月，执掌能源30年的沙特石油部长黯然下台，沙特实行新政，动手破解石油依赖症，标志着资源国觉醒的开始。澳、新也不例外，通过引进类似中国这样具有完整工业体系的国家，有利于产业"纠偏"。

三是前所未有的招商力度。某种程度上，中国已成世界最大消费市场与资本来源国，世界各国要么拼命想把东西卖给中国，要么玩命想把中国的钱吸引过去。实际上，澳、新总理争先恐后往中国跑，也离不开这两点，手段即是规模庞大、规格超高的招商会。特恩布尔访华期间不惜花费30万澳元（约140万元人民币）在上海举办午宴，出席者包括1000名澳商界代表与约800名中国企业家与政府人士，重点展示澳洲特色，甚至他的"中国"儿媳都成了"卖点"。约翰·基访华午餐会直接与中国企业家俱乐部联手，70位中国顶级企业家如柳传志、马云等悉数到场，可谓大佬云集，盛况空前。两国为示好中国不遗余力，效果自然显著。

四是自贸协定升级空间很大。国与国之间的紧密联系，很大程度上取决于双边贸易关系。2015年6月中澳签署自贸协定，12月20日生效后双方大幅削减了关税，有力推进了中澳贸易往来。而约翰·基访华的主要目的之一则是推进中新自贸协定升级，他抱怨说新西兰从2016年起对中国产品全免税，而中国进口新西兰产品却仅有55%免税。出于公平，未来中澳、中新间贸易空间尚有很大挖掘潜力，双方企业都不会轻易放过这样的机会。

新大陆也将带来新优势。一是改革与制度优势的优化结合。澳、新作为"农业型"国家，崇尚慢生活，安于现状，但强调法治、规则，而中国36年改革积累了大量经验，加上中国人历来善巧方便，长于变通，进入新大陆后，改革的思路、劲头与规则格式化相叠加，实现强强联合，很可能长短互补。二是创新与自然结合。澳、新自然资源相当优越，陆地、海洋资源开发远远不足。澳大利亚坐拥长达36735公里的世界最长海岸线，新西兰则有6900公里，动辄绵延百公里长的优质海滩闲置在那里静听潮起潮落。而这些资源一旦与环境友好型的新经济嫁接融合，立马可变为创造财富的源泉。三是贤人与闲人并举。出人意料的是，一向被认为缺乏文化底蕴的澳大利亚，区区两千多万人口便有多达12位诺奖得主。实际上，科学、创新、突破主要源自两大路径，要么是倒逼型，即外部压力"压榨"出来的"急中生智"，人类历史上诸多发明创造皆是如此，主要依靠的是贤人辈出；要么是主动型，即闲来无事"脑洞大开"，充分发挥想象力想出来的，主要依靠的是闲人辈出。澳、新稳定的社会制度、优质的生活品质、高端教育资源，为闲人专心搞研究提供了肥田沃土，催生出大量顶尖科学家与创新者，如世界顶级心脑血管疾病研究机构、比特币之父"中本聪"等。

用新模式融入海外市场

正是由于新大陆难以抗拒的投资魅力，中国企业蜂拥而至，也触发了当地的恐慌与担忧，有关政治、安全等非议此起彼伏，近期上海鹏欣集团对澳洲7万平方公里土地的收购案遭澳政府否决即为明证，折射出开发新大陆的艰辛与不易。

近年来，中国企业海外投资屡败屡战，不断探索新模式，主要包括：先易后难模式，即先收购再扩张。如中房置业先后在澳、新投资小型牧场、土地，并通过赞助足球俱乐部等公益事业与当地建立良好关系后，再择机进行大笔收购案。先难后易模式，如海尔。海尔集团在海外投资办厂时，坚持打海尔的牌子，中方投资方是海尔，企业的名字是海尔，生产和销售的产品是海尔牌的，初期投入大、见效慢，但经历较长困难期后，品牌被当地消费者认可，就可享受产业链高端的超额回报。先股权后品牌模式，如光明集团。光明集团海外并购走的是股权收购的路子，然后将所购公司的产品以光明品牌向国内销售。海外研发模式，如华为。华为在全球建立了8个地区部和32个分支机构，建有多家海外研发中心，利用海外研发资源，使研发国际化，取得居国际先进水平的自主知识产权，并将对外直接投资与提供服务结合起来。借船出海模式，吉利即凭借此模式"老鼠吞大象"吃下了沃尔沃（吉利估值不到5亿美元、沃尔沃估值40亿美元）。当时吉利聘请洛希尔集团（即国内熟知的罗斯柴尔德家族）担任独立财务顾问，充分利用其在跨国并购领域的长期优势，用最有效的投入获得了可观的战略价值。

未来，中企海外投资，将更多体现为内外复利、市场回路，一方面把国内通过制度红利积累的资本在世界范围内寻找新大陆、新机遇，赚取全球化投资红利，另一方面，用投资海外的成果——更优质产品与服务、先进技术、管理理念来回哺国内市场，最终打通国内外两个市场，形成良性互动。

高净值群体海外置业

中国人正成为全球海外购房的第一购买力。2015年中国投资到海外房地产的资金总额达到300亿美元，是2014年的2倍（151亿美元），2009年的50倍（6亿美元）。其中，"四大金刚"（伦敦、纽约、悉尼、墨尔本）占总交易量40%以上：纽约的吸金能力最强，吸收57.8亿美元；排名第2位的是悉尼和墨尔本，总共吸引38亿美元；此外是伦敦。另外，"南太平洋的明珠"新西兰脱颖而出，一季度3%的房屋（1158套）被境外人士买走，中国人是最大金主，占比27.7%，怪不得连马云都希望阿里巴巴20多个高层可以在新西兰养老。当然，其他"出走海外"的方式同样"热度不减"：1. 跨境游：2015年中国稳居世界第一大出境旅游市场（1.2亿人）、第一大出境旅游消费国（1.5万亿），海外购物从奢侈品（占46%）到日用品"无所不包，无所不买"。2. 跟风留学。2000年到2014年，中国留学人员年均增长22%，2014年是45.98万人。在这股浪潮下，留学人员日益低龄化，甚至出现带着保姆的"中国式留学"。3. 举家移民。胡润2014年调研发现，64%的中国有钱人正在考虑、正在申请或已经移民海外。香港一移民专家更不无夸张地说"到2020年，离开中国的人累计将有2亿"。种种迹象表明，中国富人正在"漂洋过海"中掀起新波澜。

显而易见，36年的改革开放拉开了中国的造富运动，在"让一部分人先富起来"的号角下，不同层次的人以不同的方式奋斗在"不管白猫黑猫，抓住老鼠就是好猫"的征途上，并随着经济的突飞猛进实现了"华丽转身"。福布斯《2015中国大众富裕阶层财富白皮书》显示，2015年中国大众富裕阶层（个人可投资资产在60万至600万元人民币之间的中产群体）规模增加140万人至1528万人，私人可投资资产总额约114.5万亿元。此外，富人中的"战斗机"——高净值群体数量更是惊人。万国置地《白皮书》介绍，2013年末，我国个人资产达到1000万以上的高净值人群达109万人，保守计算个人总资产为10.9万亿。基于如此巨额的财富，一贯秉承"不要把鸡蛋放在一个篮子里"的富人必然会将一定比例的资产投资到海外，此外，富人的三大消费（奢侈品、旅游和子女教育）也大都"花"在海外。可见，"水满自溢"，因为钱太多，走出去也是顺其自然的事情，但问题是，富人的钱正在以"加速度"流出去。诺亚财富《2016高端财富白皮书》发现，虽然目前将海外投资作为主要配置资产的高净值人士占比只有12%，但近8成的高净值人士计划在未来增加海外投资的配置比例，地产为首选目标。所谓饮水尚需思源，在华夏大地上刚刚"飞上枝头"的"凤凰们"何以纷纷急着飞走他乡，另筑新巢？

据胡润富豪榜调研，中国富人偏好三大投资品种即房地产、股票、黄金，此外，创新行业和消费领域也吸引着富人的投资热情。然而眼下，股市仍是惊弓之鸟，黄金已然变性，利创问题多、失败率高，就连昔日作为投资"摇钱树"的房地产市场也充满着各种不确定性。

再者，传统的投资理财空间也被逐渐压缩，具体表现在：1. 从2015金融闯关到2016金融全面整治。2015年初，金融"大管家"周小川"年底实现人民币资本项下可兑换和利率市场化"的承诺拉开了金融闯关的序幕，然而经历过"8·11汇改"的惊心动魄、股灾的哀鸿遍野和互联网金融的一片混沌后，相关部门心有余悸,刚刚打通的"闯关路"又被"暂停"成了"断头路"。目前,QDII额度少、沪港通条件多、"优汇通"(中行在广东试点的无限额换汇业务)被叫停,加之P2P被遭整治,金融业再一次轮回了中国式金融监管怪圈。2. 被称为"懒人投资"的理财产品收益缩水。银率网统计,2016年以来,人民币非结构性理财产品平均预期收益率从年初的4.2%跌至3.9%,降至5年来的新低。2015年"五一"假日前,不少银行还推出了收益率在5%~6%的"五一专属"产品,而2016年"五一",约定俗成的节日专属理财产品干脆"爽约"。3. 银行表外业务从"脱缰"到步入"正途"。2008年后,银行打着创新旗号,疯狂地将表内信贷转到表外,打造了一个监管外的"资金池"。现如今伴随着信贷泡沫涨上天,资产表外化也走到了终点。2016年4月28日,银监会下发82号文(《关于规范银行业金融机构信贷资产收益权转让业务的通知》),围绕着防范表外业务潜在风险,监管机构从规范同业业务、理财业务、委托贷款等表外业务入手,"开正门、堵旁门",直戳银行业最隐秘的软肋。

事实上,不论是房地产还是理财产品,投资空间的压缩只能影响富人的资产配置比例,从根本上看,导致富人走上"背井离乡"之路的还是"心有千千结":1. 从财富积累看,无论是80年代靠投资倒把、90年代的国企改制、00年之后的房地产还是10年的互联网创业,富人(企业家或官员)的发迹除却个人能力和远见外,很大程度上是基于"政策红利"的钻营投机。尽管这是计划经济向市场经济转型过程中的必然产物,但这样的一种"原罪"犹如一颗"定时炸弹"令其阴影重重,尤其在互联网时代,"仇富""仇腐"蔚然成风。2. 从人性看,每一个人都渴望获得高品质的生活,为下一代考虑更是"义不容辞"。就拿澳洲来说,宜人的气候、独一无二的动植物、优质的教育体系、丰厚的社会福利、纯天然的美食等无疑令国人心驰神往。而同国内房产相比,海外房产更有高性价比。如上海虹口区瑞宏地产的一个普通楼盘动辄上千万,而澳大利亚黄金海岸的一桩独立别墅总价也不过50~70万澳币(约200~350万人民币),加之蓝天、碧水、阳光、沙滩等"自然福利","怀揣金条无处花"的高净值群体又怎能不心动呢？

显然，富人将目光瞄准海外房产既是形势所趋，也是无奈之举。不过，正如对马桶、电饭煲、奶粉的"爆买"引发当地断货或涨价，中国人"买啥啥贵"的魔咒使得各方心态大不同：一方面，赚得"盆满钵满"的开发商把中国人当"财神爷"；另一方面，当地居民则视中国人为哄抬物价的"罪魁祸首"，对其充满抱怨和不满；最纠结的当属地方政府，昔日大开"绿灯"吸引中国土豪的"钱袋子"，对蜂拥而至的中国资本"拍手叫好"，而今眼见着中国人的砸钱引来价格噌噌上涨，欣喜之余又忧心忡忡，委屈地直呼"看不懂中国"。以澳大利亚为例，RP Data房屋价格指数显示，2015年，悉尼和墨尔本以11.5%和11.2%的增速领涨全国，一季度，两者依然维持在7.4%和9.8%的偏快速度。笔者赴澳大利亚调研发现，由于中国因素的干扰，目前澳大利亚国内关于房价走势众说纷纭：一方坚持"拐点论"，即金融危机爆发后，境外人士如美欧等国购买澳房产的数量在减少，未来房价会呈下行趋势，如澳经济学家Jonathan Tepper警告"房价将暴跌50%"；另一方则相信，以中国人为首的购房势头正呈"燎原之势"，大量涌入的新购房需求完全可以填补甚至超过"旧缺口"，如RP Data多次公布支撑"房价持续上涨"的房屋价格指数。事实上，且不论房价走势到底如何，眼下的楼市乱象恰恰印证了这一观点，即任何经典规律一经中国沾边就会变"非典"。

综上，中国土豪在全球"撒钱"购房未必都受待见，但即便如此，伴随着中国的崛起，未来中国元素（人、财、物）涌向世界的洪流已是不可逆的，也是挡不住的。基于这种大势，当地政府就要在国外资金流入和国内房价波动之间寻找均衡点。目前，为避免宏观经济被房价劫持，澳政府已经硬性规定"房价波动限制在10%以内"。此外，当地四大银行（Westpac西太平洋银行、NAB澳大利亚国家银行、ANZ澳、新银行、CBA澳洲联邦银行）纷纷出台购房新政，全面暂停纯海外人士的购房贷款。针对海外人士额外征收的购房印花税也从原来的3%

上调至7%，土地税从0.5%上升至1.5%。那么这是否意味着高净值群体刚刚开启的海外置业大路将走不通了呢？众所周知，中国人的变通之术可谓世界第一，在国内"个人年结汇5万美金"的外汇管制下，即便不能在海外贷款，中国人也能实现海外投资。

目前来看，主要有以下七种渠道：地下钱庄；贸易利润留海外；通过对外投资让资金顺利外流；内存外贷、内保外贷、外坏内利；多账户凑人头式的"蚂蚁搬家"；回购商品或信用卡套现；汇改中的自由汇兑。

显然，尽管面临障碍和不便，中国的钱仍然想方设法通过各种途径翻过"篱笆"或"围墙"，以合法、不合法的方式涌向海外，给相应国家房价上涨添油加火，甚至对当地社会形成一定压力。不仅如此，华人留学、移民海外的新浪潮更以迅猛之势刺激着国内外的神经。当年美国卡特总统抱怨中国缺乏人权，催邓小平更快实现中国公民自由出境甚至移民时，邓小平一句"给你们1000万够不够？"，让美国人不切实际的高调就此打住。然而，历经30多年，如今中国移民海外的数字已经远远超过上述数字。根据2015年的一份统计数据，中国国际移民群体已成为世界上最大的海外移民群体，世界各地华侨华人总数约为6000万人。而2014年香港一位移民专家预计，到2020年，离开中国的人累计将有2亿。中国目前是美国投资移民最大来源国，中国大陆公民获得EB-5签证的人数比例从2008年的26.7%增长到85.4%，近三年均保持在85%以上。此外，澳大利亚、新西兰也分别是中国移民首选目的地之一。要身份去美英，要宜居去澳、新成为中国移民的共识。与此同时，留学海外的群体持续膨胀，2008—2012年出现了2000年以来的第二次井喷式增长，其中前3年增长率都在20%以上，后两年有所下降，增长率也在17%以上。在经历2013年不足4%的增长后，2014、2015增长率又回到两位数，2015年出国留学人数增长13.9%，首度突破50万人，中国已成为美国、英国、澳大利亚、加拿大等多个国家的第一大国际生源国。其中，留学低龄化，甚至带着保姆去留学的趋势已然显现，2005—2014年10年间赴美"留高"生翻百倍足以为证。

然而，中国的钱和人以这样的势头涌向世界难免让其他国家心怀忌惮。自2012年以来，中国富人移民不断登上各国媒体的头版，"中国人"被与高房价以及各种不文明行为、"不守规则"画等号，招致越来越多当地居民的"抵制"。事实上，伴随着中国的崛起和中国人财富的增长并在全球开枝散叶，中国人在海外不但没有收获更多的尊重，反而在一些国家遭遇政治和文化上的"敌视"，被贴上"即使入了美国籍也只会效忠中国"的标签，2013年美国广播公司（ABC）深夜脱口秀节目《吉米·基梅尔秀》中竟然出现"杀光中国人"的言论；就连俄罗斯也担忧中国人来得太多了，曾有俄罗斯媒体设想，"有朝一日一觉醒来，远东已不再是俄国的远东了"。面对如此境遇，犹太人的经验教训显然是不容罔顾的前车之鉴。当年犹太人之所以在欧洲不受待见，遭遇歧视迫害，甚至灭顶之灾，除了文化、宗教信仰方面的原因，直接的诱因就是犹太人没有深入融入欧洲，且"醉心"于金融和商业，搞银行、金银首饰，在对金钱和利润的追逐中被视为"贪婪、吝啬，不择手段攫取财富"的"吸血鬼"。今天，中国人在海外"折腾"房地产，大搞房地产生意同样也招人忌恨。要避免重蹈当年犹太人的覆辙，中国人走向海外，更需融入当地文化，本土化，这和当年外资进入中国也避不开本土化这个话题根本上是一个道理。以此观之，如今风行于海外的"中国城"、"唐人街"本质上其实就是"孤立"于当地的反例。中国人畅行世界，被认可、接纳，避免受排挤、抵制，就是要用中国海纳百川、兼容并蓄的文化精髓，把自身"消融"在世界形形色色的社会文化和生活中，与其结为一体，成为其难以割裂、毁损的一部分。

其实，不单是"外人"对中国人在海外的大手大脚羡慕嫉妒恨，就是"自己人"也倍感心理不平衡。面对新一轮中国人"豪放"地在海外移民置业，一掷千金，早年出走海外的游子心中陡然生出两大心结。一个是历史心结。上世纪80年代的出国者如今普遍有种幽怨，认为上天、上帝不公。照理，他们这一代人移民海外是"捷足先登",可是勤恳、辛劳多年,收获的财富却远比不上如今来海外的、看上去很"粗鄙"的"土豪"。正如某位学者所言:"过去30来年,世界已经发生了巨变:假如你生活在中国,你的财富可能已经增加三五倍了;假如你移民去了美国,你的收入可能走了下坡路,你的财富也可能因为赶上了金融危机而缩水四分之一,今天要衣锦还乡都不容易了。错过了中国迅速崛起的伟大时代和机遇,又赶上了西方的金融危机、债务危机和经济危机,至今都是许多海外华人的心头之痛,真是'三十年河东,三十年河西'呀!"一个是未来心结。面对当下纷乱的国际形势乃至中国人如此规模地走向海外,海外游子普遍感觉看不懂、看不明白,不知道当下究竟是新混乱还是新机遇。因为,在这些人眼里,如今全球都处于经济危机洗牌期,经济发展前景晦暗不明,特别是欧洲,更是风雨飘摇,似乎只能"按兵不动",但中国人蜂拥海外又令其困惑。实际上,究竟是混乱还是机遇,关键在于站在什么坐标和维度上,能否看清纷繁迷乱背后的底牌。而在这一点上,那些投资海外的群体至少在方向上摸准了时代的脉搏,踏浪而行,接下来的关键是如何融入世界。

第三章　全球过剩前景

历史上，主动戳破泡沫都没好"下场"。于是，摆在面前两条路：要么在等待泡沫"Hold不住、扛不住"而崩盘的恐惧中惶惶不可终日；要么通过资产配置主动"消泡"。

产能过剩、资本过剩、模式过剩

中国似陷入过剩泥潭。拿钢铁行业来说，2015年钢铁产能已经从2000年的不足2亿吨增至近12亿吨，相对国内钢材7亿吨市场需求量，产能利用率不足67%。中国钢铁产量超过其他4个最大钢铁生产国日本、印度、美国、俄罗斯的总和，在全球钢铁近7亿吨的过剩产能中占了大头。统计资料显示，目前我国制造业的平均产能利用率约为60%，不仅低于美国等发达国家当前工业利用率78.9%的水平，也低于全球制造业71.6%的平均水平。在中国目前24个行业中，22个存在着严重的产能过剩。除了钢铁行业，过剩较严重的电解铝、电石、焦炭、水泥、平板玻璃、风电设备、光伏和造船等行业的产能利用率都低于75%。甚至连环保产业如今也出现了过剩的苗头。另据研究，1998年以来的十几年，中国经济半数以上时间处于产能过剩。2015年12月份的中央经济工作会议把化解过剩产能确定为2016年经济增长的五大任务之一。2016年两会的政府政府工作报告和闭幕会的一个焦点也都是去过剩产能，李克强总理在政府工作报告中特别强调"2016年要着力化解过剩产能和降本增效"。这已经是两会连续第四年关注过剩产能。而中国的过剩问题已经引起世界的担忧和不满，美媒就称中国产能过剩致钢价暴跌，中国欧盟商会更是声称，中国钢铁产能与市场需求完全脱节，中国重工业产能过剩对全球经济造成"深远"的损害。这显然把中国置于众矢之的，或将导致中国成为贸易摩擦的"靶心"。面对这一压力，中国外交部回应称，中国部分行业产能过剩的问题确实存在，但这仅仅是中国经济结构调整过程中的一个现象。

诚然，正如国内官方所言，"产能过剩是全球性问题"，而非中国独有的产物。事实上，全球都被过剩产能所困，从日用消费品、耐用消费品到资源品莫不如此。比如，宝洁就因过剩而业绩大幅下滑；面板、汽车等行业也被过剩搅得不得安宁。此外，公开数据显示，全球原油市场目前供应过剩200万桶/日，且根据IEA的报告，"全球的产量增长依然异乎寻常的高。"铁矿石同样是过剩的重灾区，根据摩根士丹利2015年研报，预计国际市场上有5000万吨至2亿吨的过剩供应量。显然，这些过剩并非全是"中国制造"。而纵观美国经济发展历程，产能和产品过剩始终存在。据研究，美国钢铁设备的利用率（即产能利用率）在40～105%之间大幅振荡，振荡的平均周期在7年左右；美国汽车制造业设备利用率在36～95%大幅摆动，平均周期为5.5年；制造业的设备平均利用率在64～89%之间摆动，平均周期为7年。产能过剩俨然已成为不散"阴魂"笼罩全球。

而比产能过剩更为严重的实际是资本过剩。自从金本位被取代，货币就从黄金的"束缚"中解放出来，各国为发展本国经济不断在货币上做文章，让货币愈发如脱缰的野马，在全球横行。金融危机根本上就是资本过剩条件下过度投机的必然结果。而金融危机爆发后，各国执着地在货币政策上下功夫更是给资本过剩火上浇油。数据显示，2007年，BIS统计全球外汇资金和金融衍生品年交易量曾一度达到GDP总和的67倍，虚拟经济加杠杆让资本过剩达到了无以复加的地位，远远超出了实体经济和市场需求可吸纳的范畴。金融危机后全球大肆印钱更导致每年新增货币量不断增加，巴克莱银行的研究显示，如今全球货币供应量已超过过去30年。根据国际清算银行（BIS）的数据，世界金融衍生品的市场规模，近年来在500-700万亿美元之间变动，约为美国GDP的40倍，世界GDP的11倍。大规模量化宽松更是放大了货币投机的交易规模，货币每日交易量从2007年4月的3.3万亿美元上升到5.3万亿美元，是中国外汇储备的1.7倍。货币投机的金融工具，货币互换的规模从2007年的14.3万亿美元，上升到2015年的23.7万亿美元，增加了66%。这其中，中国从1978年到2015年中国货币M2增加了927倍，远远超过了经济和物价增长的需要。而自2007年1月以来，中国的货币供应总量M2连续超越了日本、欧洲和美国几大经济体，目前相当于欧洲和美国2倍，日本的3倍，约是这三大经济体M2总量的70%左右。在这种背景下，资本的魔力不断被放大。20世纪80年代，中国社会资本形成总额占GDP约为30%；1992年后，这一比例迅速上升。2002年后，除少数年份外，投资率均超过最终消费率，2013年达到48.9%。IMF世界经济展望数据显示，发达国家投资率普遍在25%以内，2013年我国投资率接近50%，比"金砖四国"中的印度、巴西分别高13.9和29.7个百分点。这也就难怪产能过剩席卷全球，并成为当下中国经济发展中的顽疾。如此规模的货币量不但成为产能过剩背后的"金主"，更放大了社会风险。巨量的过剩资本在全世界寻找栖身之地，导致产能过剩愈演愈烈不说，还在资本的四处扫荡中加剧了金融市场的动荡，进而引发社会风险。

追根溯源，市场经济本身就内置着从资本过剩到产能过剩的基因。毕竟，资本从骨子里就是需要不断寻找安身立命和不断自我膨胀的场所，而市场经济就是其沿着这一逻辑发展的肥田沃土。说到这里，资本过剩、产能过剩似乎是市场经济躲不过的宿命，而市场经济近百余年的发展也证明了这一点。不过，无论是资本过剩还是产能过剩,其实都只是表象,导致过剩爆发且动辄一发不可收拾的根源在于模式过剩。首先表现在经济模式上。作为一种相对有效的资源配置方式,市场经济无疑具有无可比拟的优势和不可替代的作用,是人类经济发展史上的一大飞跃,并随着其表现出强大的效率而渗透、推广到全世界。但实际上,市场经济并不是只有一种表达形式,现在以发达国家为首,全球普遍推崇的其实是企业市场经济,但还存在国家市场经济、全球市场经济、平民市场经济和社会市场经济,其中,前三种市场经济模式都必然会导致资本过剩、产能过剩,特别是企业市场经济,尤其会在利润的无限追求中制造过剩。尽管企业市场经济已经愈发显现出难以规避的弊端,但人们还是在企业市场经济模式上一条道跑到黑。殊不知,过犹不及,今天困扰全球的产能过剩就是企业市场经济模式过剩或者甚嚣尘上结的恶果。与此相关,商业模式过剩也达到了空前的程度。随着全球化的发展,如今任何一种商业模式的出现都会迅速在全世界被复制,这在新商业模式从美国向中国"移植"上表现得尤为明显。众筹、P2P等在中国的大行其道,发展规模甚至超过美国就是典型体现。在这种背景下,无论是在传统行业,还是新兴领域,大量的企业一窝蜂般地复制着同样的商业模式、走着相同的路子,瞬间把同质供给推高。比较典型的就是城市综合体,在2005年至2010年期间,中国18个重点城市的商业综合体面积增加了5355万平方米,较前一个5年,综合体的增量翻了6.4倍,2010年以后城市综合体更是以大跃进般的速度建设,2015年末全国主要城市商业综合体存量面积大约达到3.6亿平方米,2016年以后更将突破4.3亿平方米。就连孵化器模式也出现了过剩。据统计,2015年,国内孵化器增加了4000余家,相当于过去26年我国孵化器的总和,约占全球孵化器数量的一半(全球孵化器大约10000家)。也就是说,正是经济模式、商业模式过剩,才让全球在产能过剩中难以自拔。而在大多数企业被过剩搞得焦头烂额甚至关门之际,优衣库、Morden House、无印良品、就试·试衣间等人气爆棚也反证了当下的产能过剩根本上是模式过剩之祸。

除此之外，国家调控模式过剩更让经济模式、商业模式过剩雪上加霜。经济危机后，以美、欧、日、中等主要经济体为主，毫无例外地开启了用货币政策抵御危机、拯救经济的模式，并将应急之策长期化、常态化。不可否认，此举确实起到了力挽狂澜的作用，但金融危机演变成为经济危机根本上是原来的经济发展模式也已经过剩了、走到头了，因此，改变原来的经济发展模式已经躲不过了。但各国却躲在既有路径的"荫庇"下，"享受"着表面上的稳定，希望通过时间换空间，而鲜有改弦更张，在调整结构，探寻经济、社会发展新模式上着墨。然而，这不过是不断扩大过剩的地盘。如今，实体经济的一片哀鸿演变成全球性的再一次金融动荡，就连贝莱德、高盛、巴克莱、摩根士丹利、野村证券等金融机构都已经顶不住市场的压力，开启大规模裁员，也实证了全球持续近8年的救经济模式更像是挖了一个更大的窟窿。如此来看，模式过剩才是经济发展中"孽缘深重"的"毒瘤"。而模式过剩根本上反映的是人们的思维惯性，是路径依赖、缺乏创新的必然。要摆脱过剩的困扰，唯有摆脱路径依赖华山一条路。当下蓬勃发展的新经济就是在模式上进行突围的尝试，也是全球走出过剩的希望所在。但需要强调的是，不管是新经济还是旧经济，一旦成为一种模式，就很容易在过剩中走到尽头。

戳破资产泡沫

全球尚未从美国次贷泡沫破裂后的经济危机中走出来，就又被新的泡沫破裂危机笼罩。自金融危机爆发至今已近8周年，全球经济尚在低谷徘徊，全球资产价格却早已"一飞冲天"。据国际货币基金组织的统计，2015年，全球51个国家中有33个国家房屋价格指数上升。其中，澳大利亚的房价自2012年以来上涨了36%；新西兰的房价自2008年以来上涨了60%；而长期被经济衰退所困扰的日本，其银行2015年对房地产行业的贷款达到10.673万亿日元，比其经济泡沫时期有过之而无不及，创出26年新高；就连享有30年房价不涨美誉的德国也"绷不住"了，过去5年德国房地产价格指数涨幅达38%，被认为已经泡沫化；美国房地产的成交量及房价也都攀上2008年以来的高点；而中国房地产的热度更让人大跌眼镜，在一片崩盘声中一线以及部分二线城市房价飙升，以致相关城市陆续重新启动抑制房产的政策。此外，2016年国际油价也大幅反弹，6月份一度比年初上涨高达90%以上，在经历再次下跌的"黑色7月"后，8月份逐渐收复大部分"失地"。黄金也一反此前的颓势，2016年半年多的时间就上涨了30%。而伴随着资产价格的膨胀，关于全球资产"泡沫化"的预警早已四起，有人称，当下情形仿若"次贷""重回江湖"，若被引爆，其威力将是2008年金融危机的8倍。对此，越来越多的矛头指向全球主要央行，批评各国央行将资产泡沫玩成"五球不落"杂耍游戏，正是由于各国央行投机导致泡沫横行，而某些领域的泡沫正闪烁着寒冷的光芒，随时可能"吞没"整个世界。

不过，把板子都打在央行身上其实失之于简单化。毕竟，资产泡沫纷飞并非全球央行一己之力的结果，更何况全球央行在此过程中也深陷泥潭。根本上，资产泡沫的积聚是金融泡沫+货币的央行泡沫"双剑合璧"的结果。照理，金融危机的爆发已经宣布了金融泡沫的破灭，哪成想，在全球实体经济惨淡之下，没有出路的全球资本又返身到金融领域兴风作浪，重新制造金融神话。而金融危机爆发后，各国对金融过剩的纵容，甚至政府本身变身为"印钞机"，成为金融过剩的制造者，更是无形中给金融泡沫"撑腰"。如今，美欧日央行把货币政策数量宽松（QE）和价格宽松（负利率）运用到了极致，5个国家和地区（日本、瑞典、瑞士、丹麦、欧元区）实行负利率，2015年以来，全球55家央行降息。据欧洲央行公布的数据，欧洲2015年流通中的纸币为1.08万亿欧元，创纪录新高，这一数字几乎是10年前的2倍。2015年流通中的钞票面值较2014年增长了6.5%，为2008年以来最大涨幅。2015年底，美元M2数据是2008年M2数据的1.5倍。从实体经济被挤出的货币再加上央行源源不断释放出的货币，不断向金融领域聚集，重新吹大金融泡沫的规模。这在美国表现得尤为突出。2008—2016年，在美国名义GDP仅增长了约23%的情况下，美国道琼斯指数从6400点涨到了18000点，美国纳斯达克指从1265点涨到了5200点附近，美国标准普尔500指数从683点涨到了2100点附近。而根据德意志银行的数据，截至2015年初，全球资本市场的价值已膨胀到大约294万亿美元。其中，全球股市的资产规模已从2008年的34万亿美元增长一倍多，甚至超过了2007年的65万亿美元。以如此速度"繁衍"的金融泡沫势必会超出金融市场的承载能力，不断外溢，寻找新的安身立命的空间，而2015年全球性的股灾也对此推波助澜，大量货币持续涌向房产、黄金等实物资产领域，推高相关资产价格。

如此一来，央行实际上已经走上了被迫发钞的"绝路"：货币泡沫推动资产泡沫，而资产泡沫急剧拉大贫富差距，进一步撕裂社会，在不断沸腾的不满和民怨下，各国政府、央行又岂能等闲视之？出手去资产泡沫同样成了必选项。这样，央行已经陷入了一手"捣鼓"泡沫、一手戳破泡沫的悖论之中，毫无退路。

问题是，央行如何化解这其中的悖论？金融泡沫是市场搞的，去金融泡沫市场可通过崩盘来实现；资产泡沫是央行（政府）搞的，但去资产泡沫不可能通过央行倒闭。虽然央行货币注水直接导致了资产泡沫的膨胀，但却不能简单地指责央行，把央行视为市场的扰动力量。事实上，如今全球央行在市场上左右"周旋"，原本就是替市场收拾"烂摊子"。要知道，当下产能过剩、金融空转等矛盾本身就是市场的产物，市场自身已经成为麻烦制造者，靠它自身是无法解决这些问题的。然而，央行携天量货币介入，不过是给市场"打补丁"，充其量起到给市场崩盘"减震"的作用，甚至某种程度上"助纣为虐"，并不能从根本上化解市场的矛盾。在这种局面下，政府面对资产泡沫经济政策左平右衡，面对后果左右逢源，面对泡沫左右开弓（一手吹，一手破）。比如美联储通过在加息问题上不断做文章，调控市场预期，引致资本市场一会刮东风，一会刮西风。市场面对资产泡沫则左冲右突,只能像水一样回避一切阻挡,流向一切可填满的洼地,比如实体类的土地、房产、黄金、企业(典型者如全球范围内独角兽公司的爆炸式增长就是太多资本推动的结果);证券类的如发达国家的股票、债券等。这也是当下全球范围内实体经济惨淡,资产价格"笑傲江湖"的缘由。而鉴于市场的"病灶"尚未被根除,因此接下来凡是与虚拟货币对应的实体资产都将成为资产泡沫主战场。

显然,当下实体低迷与泡沫横飞比翼齐肩前所未有。这本已让民众困顿不解并陷入焦虑、恐惧甚至绝望之中,政策的忽左忽右更是让人眼花心塞,与此同时,新技术的应用又在不断颠覆人们的既往认知和习惯,就连银行也"掉了队"。金融危机前,伴随着金融全球范围内的膨胀,银行可谓如日中天,而如今在金融泡沫、资产泡沫中银行不但没有"沾光",还渐显弱势。以德意志银行为代表,裁员、利润下降、规模收缩甚至危机缠身,成为银行业的关键词,就连曾经风光无限的中国的银行也显露颓势。各种颠覆性突变似成常态。政经现象超复杂,大众面对日益看不懂的世界倍感心力交瘁,全世界进入普遍不满意阶段,各种"逆反"情绪满天飞。

然而,经典的经济理论却失语,难以给社会指点迷津。事实上,颠覆性突变会成为普遍现象,是因为面临经济模式普遍到头了,进而呈现突然坠落悬崖之势。根本上,人类社会的四类经济模式先后走向历史尽头,即在计划经济被证伪后,市场经济(金融衍生品是其最高阶段)、传统经济(非环保的工业经济)和国家经济(印钞为主的时代)也在逼近末路。毕竟,当市场经济发展到金融自转阶段,金融已经成为"黑洞",市场经济在"黑洞"中已经难以自拔。全球生态环境的恶化也难以承载非环保的传统工业经济。金融危机后国家经济在全球范围内甚嚣尘上,但全球旧伤未愈又添新伤,也佐证了国家经济有心无力。需要强调的是,说其走向尽头并不意味着市场经济、传统经济或国家经济会销声匿迹,而是以其为主导的经济模式将会消退,在扬弃中以新的模式、面目呈现出来。当然，这不会以突变的形式兑现，社会经济模式的变化需要技术、社会的变革来铺垫、蓄势、积累能量。只是，经济体中涌动的资本和货币不会停下来静候那一刻的到来，还是要寻找出路的。然而，政府创造的货币水漫金山本来就是个泡沫，是过剩多余的，终极意义上讲，过剩货币是必须蒸发的。那么，对个人和企业来说，如何尽可能地减少损失，规避大劫？

用资产配置"消泡"

过剩货币蒸发的路径选择，非常规手段是通过战争或全面经济危机，前者典型如两次世界大战，后者如美国20世纪30年代万物肃杀的大萧条。当下，非常规手段已基本丧失前提，成本大到谁也无法承受。常规如无限展期、坏账转移、注销等手段的空间也正消失殆尽中。那么，任由前所未有的资产泡沫妄自继续膨胀、体内循环，泡泡只会越吹越大。历史上，无论经济还是政治上，主动全面戳破泡沫都没好"下场"，日本至今仍未恢复元气即为前车之鉴，这也是各国政府眼见泡泡"吹弹欲破"，却怀抱看谁先破的侥幸心理宁可放任泡沫膨胀也不愿自我全面收敛的根本原因。于是，摆在面前有两条路，要么在等待泡沫实在"Hold不住，扛不住"而崩盘的恐惧中惶惶不可终日，在惴惴不安中幻想着"救世主"的降临，要么通过资产配置主动"消泡"，实现自我救赎。显然，后者更为现实。2016年被称为"资产配置元年"，尤以海外资产配置最为猛烈，实质上便是自我"消泡"的本能反应。然而，当下披着"全球资产配置"外衣的海外投资，存在诸多误区，如热衷于将国内通行的投资模式简单向外复制，集中于房地产领域，或不接地气的产业转移，结果招致东道国的强烈反应。万达黯然巨亏退出西班牙项目，近期澳洲、加拿大等纷纷启动高额税制反制"中国客"（如加拿大BC省突然宣布针对"非居民"购房额外征收15%的转让税）等，即为明证。究其根本，双方"体质"截然不同，投资模式迥异，西方发达经济体并未像中国这样被房产劫持。如此海外投资，远无法承担起"资产配置"的重任。

资产配置包括内外两大领域。未来，海外资产配置有三大方向。一是房产，将主要集中于四大城市：伦敦、纽约、悉尼、墨尔本。房产投资本质一致，国际国内概莫能外，说到底还是地段、地段、地段，及人口聚集趋势、楼市所处阶段、货币坚挺程度、市场规范度（法治化程度）等。因此，海外房产投资依然遵从结构性原则，正如北上深房价虽贵却远比三四线城市抗跌，按照上述几个坐标寻找货币之锚，扫描全球市场，这四大城市不失为房产投资的好标的。二是企业，重点为技术型、三产型企业。国内企业向外走，与当年欧美企业向中国转移不是一码事。后者一般是由于国内市场饱和，为找到新市场，让品牌、技术、组织能在新市场发挥作用而向外产业转移。而国内企业海外并购，多数是为寻找资源、能力以便更好把海外优势转变为国内竞争力，毕竟国内市场远未饱和。因此，中企通过并购技术型企业跨越技术壁垒与创新困境，将成为主流。此外，以体验经济为核心的现代服务业，如体育产业、娱乐业等，通过并购往往物美价廉，不仅代表未来经济发展方向，还有助于反哺国内相关产业，助力于实现超越式发展，亦将成为中企海外投资的香饽饽。三是土地，如澳、新等新大陆。土地资源是人类生存之本，土地历来是吸纳过剩货币的蓄水池，既然国内蓄水能力趋弱，那么向外转便成为必然。地广人稀、资源丰厚、环境宜人的澳、新理所当然地成为中国资本竞相追逐的新大陆，不仅如此，随着中国经济实力增强，人民币国际化加速，越来越多的货币将源源不断流向全世界的土地价值洼地。如果说过去中国购买海外土地是散户化、点状化，那么未来将是组团式、大规模化。不过，上述三大方向虽为大势所趋，但将不可避免地遭遇来自东道国的阻力，毕竟是资源争夺大战，谁也不会"坐以待毙"。

相对而言，国内资产配置则更为困难，表现为房产太窄、黄金太小、汇率太险。2016年的房地产火爆，不仅远超市场相关主体预期，也在挑战政府的承受极限，尽管权威人士喊话"树不能长到天上"，但2016年上半年全国房地产市场依然不管不顾、量价齐升。然而，当房价涨到与广大老百姓几乎没关系的程度，经济问题就演变成社会问题，继而上升为政治问题，房价与民生的冲突导致政府出手，所以才有了下半年严厉的紧缩措施，进一步放缓了国内货币向房地产配置的脚步。黄金止跌回升，曾为资产配置带来一丝曙光，却终难逃昙花一现的宿命，原因在于，金本位崩塌之后，黄金与纸币的切割导致政府将其非金融非货币的边缘化，其货币属性与保值增值功能遭遇釜底抽薪，难以成为货币之锚。

　　综上，有形的资产配置，仅能部分缓解资产泡沫，却治标不治本。要从根本上化解泡沫危机，还得从更广泛意义上的资产配置着手。实际上，货币（资本）过剩仍是相对性的，仍有很多领域处于资本绝对饥渴状态，亟待"大水漫灌"。社会期望与容忍的资产配置是，流向有利于鼓励慈善、分享、就业等的方向。贫富差距不断拉大，社会矛盾激化势头日益高涨，与此同时，中国三次分配极不充分，若通过市场化手段引导货币流向慈善领域，不仅有助于消泡，更有利于缓解社会压力。此外，笔者所提出的社会市场经济、平民市场经济，与自由市场经济仅追求利润最大化不同，旨在资源整合与共享、创造就业机会等，亦是货币资本的新战场。而政府则更乐见过剩货币流向基建、创新与公益事业。中国离散度大，东部沿海基建几可媲美欧美，甚至已经超越，但中西部地区短板尚待补足；要完成从中国制造到中国创造，创新是迈不过去的坎；公益事业光靠政府的财政转移支付远远不够。这三大领域资金缺口巨大，若资产向此三个方向配置，不仅政府省力多了，整个国家的经济结构调整、产业升级也能顺水推舟，一气呵成。结合社会期望与政府意向，不难发现，破解迷局迎接未来所迫切需要的资产配置方向将锁定为科创与分享。

　　继续推导，之所以资产无法向科创与分享配置，在于中国目前最缺的是把钱集中起来科学运用的中介组织，即产业引导基金、投资公司。之前关于此类中介组织也组建了不少，但实际效果甚微，归根结蒂，是缺乏以下"基本件"：一是投资方向理念化,而非资本市场的投机化。产业引导基金某种意义上是"引蛇出洞"的引子,目的是撬动大资本,本质上不应将赚钱作为首要目标,更多时候应该体现的是前瞻性、标志性。二是资金、资讯、资源(三资)尽可能得多。但凡成功的创投基金,其三资势必多元化。三是资源尽可能勾兑,思路尽可能充分交流。碰撞才能出火花,磨合方能出成果,若只是资金归大堆,彼此间无法融会贯通,产业基金仍是一盘散沙,将很难发挥资产配置作用。四是决策尽可能"民主集中"。既不唯政府马首是瞻,亦不"资本为王",而是充分体现十八届三中全会两句话,既让市场起决定性作用,又更好发挥政府作用。据此,至少可推导出产业投资基金的两大性质。一是"三个不",即不还本、不还息、不赔偿(参与各方共担创新风险)。二是"三个要",即要有长期回报(可持续性发展而非一锤子买卖式的投机),要有公开透明(吻合市场经济基本要求),要有非资本回报(有助于体现国家战略意志)。

全球泡沫破灭恐怖前景

面对2016年以来资产价格如此凶猛涨势,即使最乐观的分析者也不禁要惊呼"泡沫来了"。中国自不待言,以楼市为代表,北上深等一线城市房价涨到飞起来。2月北京新建住宅价格同比上涨9%、上海涨幅15%、深圳狂飙52%。仅以上海为例,房价巨涨、全民抢房之热情直抵"沸点"。春节长假后首个周末352套千万元级新房被一抢而空;交易中心外人潮汹涌通宵达旦,连85岁老人也来"凑热闹",只因"上海一套房8个月涨500万""干30年不如去年买套房"。尽管3月25日上海果断出台史上最严厉限购令,却阻挡不住一线城市楼市之火迅速向二三线城市蔓延,凹凸不平的政策洼地或将加速火爆行情的板块轮动。几乎与楼市火爆同时,大宗商品集体狂飙,原油开始反弹、黄金继续涨、大宗商品上扬……全球股市也开始上涨了,美国股市逼近历史高位、德国、英国、法国、加拿大股市全涨了,就连百废待兴的埃及股市也涨了!简言之,2016年世界经济惊现奇观:实体经济惨不忍睹,资产价格超常膨胀。"上帝欲使人灭亡,必先使人疯狂",这轮疯狂的吹泡泡行情之后,留给世界经济的将是泡沫破灭后的残垣断壁,还是另有他解?

事实上,种种迹象似乎都在表明,一场大危机正迎面袭来,其前景将相当恐怖。泡沫破灭的日本往事仍历历在目:想当年(1989年),国土面积仅相当于美国加州的日本,其地价市值总额竟相当于整个美国地价总额的4倍。当年日本GDP为3万亿美元左右,而当年全国住宅价值为6.47万亿美元,即日本房地产最疯狂时住宅价值为GDP的200%以上。到1990年,仅东京都地价就相当于全美总地价。泡沫崩溃后,日本土地价格连跌16年,直到2006年才有所回升,2007年底日本六大城市土地价格只相当于1991年的27.7%,绝对价格相当于1982年水平。东京地价,真的叫惨不忍睹,那时房价崩溃对日本人的冲击,至今仍未消弭。直观的例子是,1990年1亿日元购买的房屋,2015年仅余数百万日元残值,而高昂的贷款却一分不能少还,泡沫破灭前的"接盘侠"将终身为自己的贪欲"埋单"。当下中国一线城市房屋总价值已可买下半个美国。主流舆论反对将中国与日本相提并论,但亦有专家尖锐指出,和日本泡沫经济破灭前相比,中国社会、经济在抗风险能力方面远远逊色于日本,既没有日本具有国际竞争力的制造业基础,又没有居民财富的积累,整个经济的积淀和底蕴远远落后于日本。再看看更极端的例子。2004—2008年迪拜推出3000亿美元建设项目,房地产市场投机火爆,待金融危机爆发,资本立马外逃,资金链断,几个月内价格暴跌至原来的1/3至1/2,连累股市下跌70%,成千上万工人失业。不管是日本式"跌跌不休"还是迪拜断崖式下跌,中国均难以承受。泡沫一旦被戳破,后果不堪设想。

鉴于世界经济一体化深度与广度,"中国龙"庞大身躯轰然倒下之时,全球经济灾难大片将同期上线:需求端急剧缩小,大宗商品价格暴跌,全球股市、汇市剧烈震荡；资源型国家可能立刻被"爆仓"，其他制造业国家别以为能乘机捡到"皮夹子"，日本倒下20年才崛起一个中国，就凭这些新兴经济体的体量，要想抗住世界经济的跌宕起伏谈何容易，极可能没等绽放就被次生性（国际金融资本市场）危机冲击得七零八落、溃不成军了；至于消费型国家，恐怖平衡将被彻底打破，被动性结构调整伤筋动骨，远非本轮金融危机所能比拟。这还只是中国泡沫破灭后可能带来的危机景象，仅代表全球泡沫破灭的一种维度。事实上，如前所述，泡沫普遍存在，且各国表现不同，那么，试想若由于某一个泡沫破灭而导致其他泡沫连锁破灭，如此连环"挤泡泡"，世界经济还不得直接倒退回冰河纪？

危机前景是相当的恐怖，然而，此种场景真会发生吗？归根结蒂，无论美国牛市还是中国楼市，都是种货币现象。解决之道在于蒸发过剩货币，在此过程中，泡沫要么被刺破，要么被消化，各国"体质"不同，方式与路径自然不同。客观上，每个泡沫都有一根针等着。摆在明面上的，对中国而言是去过剩产能、去金融杠杆。中国去产能从早期的行政化主导阶段正日趋转向行政化与市场化并举阶段，包括钢铁、水泥等在内的严重过剩产能，一方面在环保压力倒逼下以行政命令的方式被压缩，另一方面随着后危机时代企业内生性需求萎缩对过剩产能形成自然淘汰。这种去产能既客观上降低企业资产负债杠杆，实际上也是沉淀货币的蒸发。事实上，中国泡沫的自我调整更多是通过这种方式来量大面广地实现，去金融杠杆（股市与房市）程度相当激烈，其实体量相对较小。两厢对冲下来，中国泡沫直接刺破的可能性较小，通过巨大体量的去产能消化泡泡的概率更大。

美国则是发挥股市要素配置功能让高科技创新烧钱。危机爆发后，美股之所以一枝独秀于全球，在于美元强势助力全世界资本回流美国，并催热股市走牛，美国充分发挥其股市作为要素配置市场的强大功能，把资金大量配置到技术创新中去，因此可以看到，危机到来后，美国不仅颠覆性技术创新层出不穷（特斯拉、AI、VR等），就连商业模式创新也独领风骚（Uber、Airbnb等即为明证)。众所周知,科技创新靠的是烧钱,更妙的是,科创本就属于经济中的增量部分,科创企业速生速死并不会对整体经济架构造成致命性的冲击,相反,成则为产业突破杀出一条血路,甚至开创出崭新行业,败则消耗掉过剩货币。因此,美国股市虽有泡沫,但更大的泡沫在创投领域,即便破了,但鉴于商业模式"千舟已过万重山",与2000年因企业流动性匮乏引爆互联网泡沫炸裂时的背景截然不同,结果亦将大相径庭。

欧洲当下宣称自己无泡沫,不过是为继续注水找借口,债务不减,连德国都要拉下水。纵观欧洲历史,二战后仅德国未遭遇房地产泡沫的戕害,源于德国经济属内敛型增长,财税、负债率水平皆优于其他欧洲国家。饱受债务危机之苦,欧洲未能借鉴德国经验,从消减债务开始结构调整,反而屈从于希腊模式,选择简便易行却是饮鸩止渴的量化宽松,超万亿欧元的注水规模直逼美国,将为欧洲未来之路埋下极大隐患。而老欧洲产业结构经典,又无法像美国那样四处输出泡沫,一旦破了,恐怕最为惨烈。至于资源国则已全面沦陷,大宗商品过山车行情即是针。俄罗斯、巴西等是典型代表,2016年来大宗商品、资源品暴涨暴跌,本就对这些经济偏态型国家相当不利,再加上这些国家资本大门洞开,游资、热钱更是乘机兴风作浪、助涨杀跌,进一步加剧资本市场动荡,前景凶多吉少。

未来,中美依然会"软着陆",但姿势不一定太优雅。中国因改革空间尚存、负债率仍在可控范围及老百姓储蓄率高等缓冲因素,泡沫破灭概率趋小、慢撒气概率趋大;而美国靠强势美元缓冲,只要资金仍旧源源不断地流向美国,平衡态便可维持。欧洲最终还是会被倒逼同德国模式,在于其善于妥协、对话与勾兑的优良历史传统;而其他国家将在此轮全球挤泡沫过程中被重新洗牌,资源型国家更将沦为被割韭菜的对象。本质上,后危机亮底牌、露本色谁也无法回避,只不过大家所要承受的冲击程度将超乎想象。摆在中国面前的悖论是:人民币泄洪需要币值坚挺,而坚挺货币不利于去杠杆,大幅贬值则泡沫破灭将异常惨烈。因此,勾兑将再次被推上时代的风口浪尖。

第四章　中国进入战略碰撞期

> 就当前来看，中美博弈是最大的世界格局。

从战略机遇期进入战略碰撞期

十几年前，笔者曾召开过一次大型研讨会，主题是中国进入战略机遇期。十几年后，中国的战略机遇期时间窗口正在迅速关闭，迎来了难以回避的战略碰撞期。首当其冲的便是与全球老大的"碰撞"，美国已由处心积虑、伪善地围堵中国，演变成抛开伪装，撕破脸皮，拉帮结派打压中国。

奥巴马一上任，迅速调整了国策支点，战略东进正式提上日程，时任国务卿的希拉里四处放话，毫不讳言"美国未来10年的重心在太平洋"，觊觎亚太的"狼子野心"暴露无遗。一份酝酿7年之久的新军事战略报告——《维持美国的全球领导地位：21世纪国防的优先任务》，更证实了外界的推测，"中国或许不是美国重返亚太的唯一原因，但却是最重要的原因"。不过，美国很快发现"重返亚太"针对性太强，马上口风一转，换成亚太再平衡。口径变了，全面围堵中国的动作却日渐加码：一方面暗地里"支持"旨在瓦解、分裂中国的各种势力，试图从堡垒内部突破，"诺贝尔和平奖"闹剧、达赖集团、"东突"暴恐，乃至港台此起彼伏的民主运动，背后美国"黑手"阴影时隐时现。在军事上，躲在幕后，"教唆"、挑拨其军事盟友们不断挑衅中国，急剧恶化东海、南海紧张局势，让他们与中国彼此遏制，自己坐收渔利。

另一方面，美国加紧了对华经济围堵的步伐。2009年美国突然宣布加入TPP，意欲甩开中国另搞一套更高层级的国际经贸新秩序，这一招釜底抽薪，企图通过切换游戏规则彻底边缘化中国，用心不可谓不深。此外，在电信、光伏、网络高科技等领域，美国不惜"损人不利己"也要处处刁难、阻截中国。可惜的是，即便如此，依然未能阻挡中国崛起的强劲势头。而更让美国如鲠在喉、如坐针毡的是，中国面对外部冲突时越来越表现出来的自信，与不断拓展生存空间的积极态度。随着东海识别区的设立及"一带一路"大战略的展开，倍感失落的美国终于按捺不住，干脆抛开伪装，直接赤膊上阵，拉帮结派，沆瀣一气，公开叫板中国，强调《日美安保条约》适用于钓鱼岛、美菲签署《增强防务合作协议》、以中国为假想敌的联合军演频频等鱼贯而出。至此，中美间正面冲突取代"暗战"走上前台。

一夜之间中国的国际朋友似乎急剧减少。美国一直在国际上造舆论：无意针对中国，是应被中国欺负的盟友之邀前来主持正义，把自己打扮成"正义的使者"，俨然一副"道德卫道士"嘴脸，颇具迷惑性。某种意义上，中国超常规崛起，无形中挤压了某些国家的生存空间，因"羡慕嫉妒恨"而赶走了不少朋友也在常理之中。然而，吊诡的是，与中国翻脸的大多是家门口的邻居，且不说日本，就连越南，与美国有着刻骨铭心的"国仇家恨"，为了对抗中国，都恨不得冰释前嫌，"诚邀"美国"重返金兰湾"。

有鉴于此，国内某些"鹰派分子"，包括颇有市场的"民粹主义"，发出诸如"未来一二十年会有一场针对中国的大屠杀、大哄抢"之类的言论，一时间甚嚣尘上。这些言论看似耸人听闻，富含哗众取宠成分，但事实却仿佛又在不断地为其提供鲜活的佐证。由东海到南海，战争距离似乎只有"十公尺"。2016年6月，中方图-154飞机在我东海防空识别区进行例行巡逻正常飞行时，遭遇日本2架有"武器挂载"的F-15飞机抵近跟踪，最近距离约30米，此为各国军机在海上相遇的相关规定所明令禁止，是带有作战意图的危险举动，战争已"触手可及"。究其根源，透过海洋之争的表象，背后是中美之争，中美之争的实质又是老大与老二的地位之争，中国说太平洋容得下中美，美国说一山不容二虎，想不冲突都难。

然而，比中美之争更深刻的是世界政治经济格局之变；经济—政治—战争，三者逻辑关系的源头是经济，经济之争仍是调动一切元素的指挥棒。所谓战略机遇期的核心问题，是在冷战铁幕被撤，全世界都沉浸在自由贸易市场经济大一统的温情面纱中，以WTO为舞台，全世界工业生产力、科技创新、金融创新集中大爆发，其结果让所有成就大多是以过剩的方式呈现，让相关国家难以承受，当爆炸式经济退去之后，裸露沙滩的是赤裸裸的利害冲突。世界上的国家，大体可分为三类，即消费国、生产国与资源国。消费国典型的如美国，中国则是生产国，中东等国算是资源国，在WTO平台上，通过交换禀赋彼此勾兑，三类国家的诉求均得以满足。然而，过度消费与过度生产、对自然过度索求而形成的恐怖平衡并非牢不可破，反而极其脆弱，原因在于，自由的市场经济是有限度的，虚拟经济严重背离实体经济，最终一定要靠危机来平仓过剩，而以邻为壑、把祸水泄洪至他国是化解危机最简便易行的自保方案。此外，WTO也是有底线的——只能做加法不能做减法，只可共享福，不可共患难，本是同林鸟，危机临头各自飞，囚徒效应充分展露。危机之后反全球化浪潮一浪高过一浪，国家主权意识前所未有地强化，即为明证。

事实证明，世界共走自由的市场经济，其内在逻辑终将走向冲突。一方面自由市场经济是一种"赢家通吃"、胜者为王的制度安排，赢家只有少数，多数是输家，不甘落败或不肯服输，肯定会向赢家不间断地发起反攻，这是丛林原则内置的游戏规则，而丛林里几乎每一步都暗藏杀机。另一方面，自由竞争导致马太效应，继而出现强者恒强、两极分化，难逃资本与人口双过剩宿命。蒸发过剩的过程，各国犹如千军万马过独木桥，更是惊心动魄，你死我活。若就此而言，则战略机遇期只是暂时性、阶段性的，而战略碰撞期却是一种常态。反过来看，正因存在战略碰撞期，才有战略机遇期。因此，犯不着为机遇期而沾沾自喜，为碰撞期而怨天尤人。

欧盟向何处去

英国脱欧一石激起千层浪，公投结果虽已水落石出，但其来龙去脉依然云山雾罩。早在公投前，就有学者认为英国没胆量脱欧，还有学者放言，"别把英国脱欧当回事"，甚至有人干脆宣称"英国退欧公投不过是一出闹剧"，即便公投结果是脱欧，英国政治精英也会设法推翻公投结果。而公投后英国年内不准备触发《里斯本条约》第50条，延后脱欧程序的可能性以及400多万人签名要求举行第二次全民公投，似乎又增添了几分"剧情"逆转的可能，有学者就信心满满地预言"英国脱欧仍有回旋余地"，有关方将有能力找到让英国留在欧盟的方案。而铺天盖地的各种脱欧利弊影响分析更是"乱花渐欲迷人眼"，让人看不清方向，特别是一些翻云覆雨般的言辞更让人如坠云里雾里，比如，索罗斯这个"超级投机分子"，在公投前就明确表态反对脱欧，并警告英国脱欧将祸及每个家庭；公投后又说欧盟解体不可逆。这样"两面光"的说辞看似无懈可击，却难以拨云见日，让人在沸腾喧嚣的脱欧事件中看清未来。

英国公投后，大量的分析都为欧盟的命运担忧，认为欧盟很可能就此拉开分崩离析的序幕。不过，欧盟对英国脱欧并未流露出丝毫的忧虑，相反，公投后英国人还在拖泥带水、犹豫不决，欧盟却已不耐烦了，接二连三地强硬催促英国"赶紧走"。对此，有分析认为这是欧盟为稳定人心，"杀鸡给猴看"，示警脱欧势力。但欧盟如此表态远不止于此。一定意义上英国脱欧正中德法下怀。毕竟，一直以来，英国不但与欧盟"同床异梦"，而且动辄在欧盟内部搅局，充当美国在欧盟的"搅屎棍"，多少已经让德法感觉如鲠在喉。而就英国来说，其实脱欧的因缘早已注定。1. 与欧洲大陆分离的地缘决定了平衡大陆是其基本国策。作为孤悬海外的西欧岛国，英国（更确切地说是英格兰）向来自认为是个"例外"的国家，与欧洲并驾齐驱，曾任英国首相的玛格丽特·撒切尔那句"上帝将英国从欧洲大陆分离出来是有目的的"名言，典型地体现了英国的心态。在此心态下，英国长期奉行光荣孤立和大陆均衡策略，一度通过挑拨离间西班牙、法国、奥匈帝国、俄罗斯、德国，制造矛盾，分而治之，来实现自己的战略目的。而加入欧盟某种程度上相当于自断门路，丧失了纵横捭阖的空间，在铁板一块的欧洲大陆难有作为，更何况英国在欧盟更多扮演的是二流国家的角色。因此，脱欧，在分裂的欧洲大陆"找回"自己失落的空间更符合英国的利益诉求。2. 货币独立、不参与申根早已种下若即若离并最终分离的种子。既不加入欧元区，也不加入申根国，如此特立独行的背后是英国保持自己的独立性的强烈意识以及对大一统欧洲的警惕和戒心。但英国与欧盟如此"离心离德"势必难以捏到一起。欧盟理事会主席范龙佩就曾抱怨，它不是欧元区国家，却要求货币政策自由；它不是申根国家，却希望从布鲁塞尔索取一些权力。"英国是欧盟历史的一部分，但如果不加入申根，不加入欧元区，它将无法融入欧盟的核心。"在强烈的存在感要求以及刻意与欧盟保持距离的"拧巴"中，分手显然是迟早的事情。3. 欧盟本身根基不牢是直接诱因。欧盟的产生本就饱含理想主义的基因，而不纯粹是基于现实主义的考量，在其驱动下，欧盟的步子往往过大，反而欲速则不达。百年一遇的金融危机把欧盟原有一系列乌托邦式的福利政策打回原形，超越时空的价值观招架不住现实的矛盾和利益冲突，搅局中东的难民潮就让欧洲引以为傲的普世价值暴露出"底色"。此外,前期欧盟激进东扩不仅遭遇东西欧间经济、政治体制差异和文化隔阂的挑战,而且也进一步放大了欧盟内部的政治摩擦。上述因素让根基不牢的欧盟动荡不已,这些都是促成英国脱欧的"缘"。4. 欧洲太平日子过久了,忘记了自身才是世界格局巨变能量的释放地。作为两次工业革命的发祥地、两次世界大战的策源地、美苏冷战的主战场,欧洲因其在世界版图中的政治、经济地位,已成"是非之地",不但中美、美俄角力要拉上欧洲,就连美国在中东制造的烂摊子也要欧洲"善后",再加上欧洲内部西欧与中东欧的冲突、南北欧的矛盾等,都在不断撕扯、肢解欧洲一体化的合力。在此背景下,英国脱欧顺理成章。

显然,以上的"因缘而起"的脱欧是情理之中的事情。不过,英国却未必能够"全身而退",而将由脱欧进而发展成自我分裂,苏格兰与北爱尔兰将率先认为分离的好时候到了。毕竟,苏格兰与北爱尔兰本就对英国"心怀异志",也更亲近欧盟,在留欧夙愿的驱动下,将积极推动脱英进程。目前苏格兰议会已经释放了这样的信号,苏格兰议会首席大臣斯特金就明确与英女王呼吁英国政治领导人"保持冷静"唱反调,宣称将继续成为"更强大的欧洲"的一部分,也暗示了苏格兰去意已定。

至于欧盟,虽然将因英国脱欧短暂受挫,但也不至于土崩瓦解,下一步将兵分三路:其一,将进一步加深核心圈的结盟程度,如德法之间整固相互关系,并把英国脱欧视为"重整门户"的绝好机会,重塑一个具有高度合力的欧盟;其二,将给"难以核心"的国家以特定待遇以及相应"自由"。德法有意将欧盟成员国的多项权力更加集中化,打造一个"大欧罗巴",但该计划在欧盟内部颇多争议,特别是英国脱欧后有关国家表现更为激烈,比如波兰就对这一计划很愤怒、恐慌,而维谢格拉德集团的四个成员国也持异议。面对这种状况,德法强化欧洲一体化也难以强推,只能"区别对待",给那些不愿意进一步深度一体化的国家一定的空间,以维系欧盟的存在。其三,将提高入门标准,索性清理门户,让那些不愿意承担义务的"负资产国"退欧，如希腊等。这些国家不但"蹭"欧盟的福利，招致怨忿和不满，且成为欧洲一体化的负能量，反而拖累欧洲一体化发展的进程，索性甩掉这些包袱更容易"轻装上阵"。这样，今后欧盟将形成圈层化的组织架构，核心层是欧盟的主体，将比以往更为稳固、统一，外围层相对松散，自由度较高。这也是对以往欧盟无视国家间的差异和分歧，走得太快、太急的一种收敛，向吻合现实需求回归。

因此，从欧洲一体化的进程来看，英国脱欧实际上把激进的欧盟往回拉了一把，吻合"进二退一"的历史规律，即用夯实底部的方式体现历史进化的辩证法。当然，更多的"退一"已成当下世界潮流。有人说，欧盟是"人民公社"，英国就是"小岗村"，因为英国脱欧就相当于打破了欧盟的大锅饭，有利于要素的自由流动和竞争。然而，正如前面的分析，英国脱欧只是部分地反映了历史潮流或者说现实诉求，但欧盟本身也是符合社会发展大方向的，没有那么简单会"散伙"。而当下的"退一"也不是社会发展的简单倒退，或者说社会不理性情绪对理性思考的胜利，"退一"的背后隐含深刻的历史缘由。

1992年之后，随着苏联解体（1991年末）以及市场经济在全球范围内逐步铺开，以欧美为主的国家乐观地认为西方的政经模式可以一统天下，同时，全球化带来的繁荣和全球福利的整体提升，也让世界各国普遍被乐观情绪所"麻痹"，以为无所不能，导致全球被前所未有的政经泡沫包围，当下全球股市因脱欧两个交易日就蒸发掉3万亿美元（创有史以来最高纪录），仅仅是"退一"戳破的一个小泡泡而已。但不管是英国脱欧还是美国大选"一反常态"，在"退一"现象的背后，都反映出两个共同点：1. 底层人民无法忍受被边缘化。伴随着各主要国家经济发展金融化以及科技的飞速发展，社会财富以前所未有的规模和速度向少数人手中集中，势必激发越来越多被边缘化群体的不满和反击。所谓精英群体与民众的分歧，更是社会分化的现实反映。2. 国际政治无法忍受大一统。各国发展程度、情况、阶段不同，本就难以用统一的标准来框定或者格式化，更何况，当下统一的政治体系往往表现为某些国家获益，某些国家受损，比如，在欧盟体系下，处于核心地位的德国、法国就占据优势，欧盟内部不平等的怨忿不断加剧。所以，各种"退一"表现根本上是问题搁不住、掖不住了，那么，既然"退一"的"盖头"已经掀开，接下来将会如何演绎？

世界大三角格局

英国脱欧有其因缘，注定搅动全球。从地缘政治角度，英伦半岛是欧洲大陆的扰动因子，日本是东亚的扰动因子；美国作为欧亚大陆最大的扰动因子，其联手英日两个小兄弟，是地缘政治难以逆转的，任何政治家的个人价值取向都难以撼动。如今，中国与日本的摩擦以及英国与欧盟的"拧巴"，都是该思想的现实反映。基于此，英国脱欧不仅增添了欧盟及全球化的变数，且无疑将改变以往的地缘政治格局。

有人说，英国脱欧并非黑天鹅，其影响主要是经济层面，政治上的影响目前还仅仅在英国国内。这显然忽视了英国在地缘政治格局中的影响。事实上，英国脱欧后，此前地缘政治中力量的相对平衡将被打破。毫无疑问，当下世界，美中俄无法成为等边三角。也就是说，三者并非势均力敌，难以彼此相互制衡。毕竟，俄罗斯虽然在军事实力上仍不可小觑，但在经济实力上却不断下坠，与美、中相匹敌的实力和"底气"不断被削弱；而中国在综合国力上也还无力与美国"抗衡"。因此，现实中，中俄动辄"拥抱"在一起来抗衡美国。然而，这种"两极对抗"的格局是不稳定的，也很容易置世界于凶险境地。此前，一体化的欧洲是世界地缘政治中重要的"一极"，在国际政治中发挥着举足轻重的力量平衡作用，美欧中三条边相互制约协调，如今英国脱欧后，美欧中也不等边了。经济实力对比的变化就足以说明问题。根据国际货币基金组织（IMF）2016年发布的报告，早在2004年，欧盟的经济规模就以压倒性优势超过美国，2008年，欧盟的经济规模已超出美国5万亿美元，但金融危机后，美国已大有赶超欧盟之势，英国脱欧将更加雪上加霜，在未考虑英国脱欧的混乱局面可能给英国和欧盟造成的经济损失的情况下，IMF预计美国经济总量在2016年会增至大约18.6亿美元，而不包括英国的欧盟估计只能增长至13.7万亿美元。并且，规模变小的欧盟还将在2020年之前被中国赶超。显然，规模收缩以及欧盟合力下降等因素将不断侵蚀欧盟的影响力。事实上，真正够得上世界大三角的，每个角的GDP至少在10万亿美元以上。也就是说，每个角在世界GDP总量中所占的权重至少在10%以上，足以影响世界政经格局走势和发展进程。目前，美国和中国在世界GDP排名中数一数二，美国占世界经济总量的比重近25%，中国占比超过15%（2015年数据）。从趋势上看，美中未来将与其他国家进一步拉开综合国力的距离。金融危机后美国经济率先呈现复苏态势以及中国经济增速一枝独秀，背后是两国经济增长空间和动力的支撑。相比较而言，欧盟、英国、日本等经济体却被国内各种政经矛盾掣肘，迟迟不见起色，相对处于走下坡路的态势。在此背景下，世界大三角的戏码将在世界政治舞台上表演得更精彩、更加跌宕起伏、更加充满弹性，如中俄一条边，美日英一条边，欧盟一条边。由于三条边实力对比将明显发生变化，伴随着欧盟与中美的实力落差不断拉大，欧盟这条边事实上将不断遭遇挤压、撕扯，大三角将不断发生形变，世界多极化的格局趋于收缩。换句话说，随着中美的膨胀，两者的博弈、碰撞也将不断放大，在此过程中，日本和英国在扰动地缘政治格局中的权重也将继续提升。

如此，才从两次世界大战的灾难中走出来，安享了半个多世纪和平的世界似乎又有逆转之势，火药味将渐浓。这其中的罪魁祸首就是"国家"。实际上，不管是两次世界大战，还是海湾战争，都是国家利益过度膨胀的恶果。如今，虽然国际社会对大国乃至中美是否会陷入"修昔底德陷阱"颇为警觉，双方也否认了中美存在"修昔底德陷阱"，但是，从克林顿到奥巴马都说要领导世界100年，奥巴马还放言，"我们不能让中国这样的国家书写全球经济规则。"这势必与中国的崛起和日益强大发生碰撞。谁能破解美国的千年帝国梦以及修昔底德魔咒？显然，从"国家"的基因是长不出此类因缘的，无论是单个国家还是一群国家。就拿欧盟来说，虽然欧盟在形式上是超越国家的架构，但当下依然是国家间的"抱团取暖"，是国家功能的外扩，本意仍是为在国家间博弈、竞争乃至对抗中"加分"，特别是作为核心国家之一的德国，从未放弃对世界大国的向往，更多是把欧盟作为其利益的载体和工具。究其根本，国家的本质性因素就是群体性自私，所有国与国的分分合合幕后推手都是当下利益。这在英国此前与欧盟的若即若离以及如今的脱欧中都有充分的体现。康德对国家的定义，即"凡是有共同利益的人们生活在一个法律联合体中，这个组织就叫国家"，也诠释了国家这一本质。

那么，这是否意味着中美之间必有一战或者说第三次世界大战难以避免？如果说，未来仅仅是历史的延续，从国家惯性发展的逻辑来看，或许就是如此。然而，国家作为人类发展史的政治产物，也自然有其生死规律。国家原本就不是天然存在的，它终究是基于人类互助、保护私有财产、自由等需求而产生的，是有特定的社会历史条件的。因此，随着人类需求的变化，国家产生的社会历史条件被抽离，国家存在的基础也将被瓦解。马克思和恩格斯早就提出了国家消亡的概念，这并非是天方夜谭或者理论空想。事实上，21世纪必将是国家发展史上的大拐点，对"国家"釜底抽薪的变量正在发酵，正在集聚，并将在21世纪下半叶充分地展示出来。从当下的青萍之末、尖尖角来看，诸如互联网、国际金融、世界环保等的发展，正在潜移默化地销蚀经典的国家根基。互联网突破时空限制，将全世界前所未有地链接在一起，其固有的去中心化特性，本身就不断侵蚀着国家的权力；国际金融更是借助互联网等各种高科技手段，愈来愈游离于国家控制，不断地把国家的操控消解于无形；而近年来一系列联合国气候变化大会，谈的多，做的少，将日益超出民众容忍的限度，在世界迫切的环保诉求下，基于国家利益的"障碍"和"纠葛"注定将被打破,从而相应地肢解国家固有的权力。这些因素的不断累加,将逐渐汇聚成"吞噬"国家的洪流,将国家"湮灭"在历史的进程中。鉴此,未来以中美为主的世界大三角或将更加剑拔弩张,但"螳螂捕蝉,黄雀在后",在看似国家膨胀、嚣张的背后,瓦解国家的力量也在悄悄地釜底抽薪,从而化险为夷。

如此来看,英国脱欧不过是揭开了国家发展进程的一角。然而,当下人们太注重鼻子底下的利益(英国脱欧也是基于鼻子底下的利益驱动),对英国脱欧的影响分析很多还局限在对谁有利、对谁不利的角度,新闻媒体与金融界也太需要炒作题材,对这样的思想推波助澜,但实际上,从因缘角度脱欧无所谓价值意义上的好坏。根本上,它反映当下以国家为载体的利益诉求,是国家间恩恩怨怨的一种"极端"表达。但是,正如前述分析,去国家化的历史大潮将在21世纪下半叶,以柔克刚般地渐渐消解国家间的恩爱情仇。届时,以国家为载体的争端将归于尘土。

世界紧张注视"中美"

在后危机时代的大背景下,各个国家之所以面临如此窘境是内外部因素绞杀后的"硬伤":一是传统资源型国家难逃资源魔咒,工业文明一度让石油、煤炭、金属等大宗商品价格高企,有的国家就受益于特殊的资源优势而"坐吃山空",例如沙特,其石油收入占财政收入的70%以上。二是产业偏态型国家"独木难支",如芬兰在经历了诺基亚倒掉和造纸业落寞之后,经济连续三年负增长,失业率超过10%。三是高福利国家深陷福利黑洞,高福利的前提是高增长、高税收,一旦遭遇经济波动,高福利就会透支财政、拖垮经济,如希腊遭遇金融危机和欧债危机双重压力,本已举步维艰,再被高福利"补一刀",经济崩溃在所难免。四是外向型经济国家在逆全球化趋势中被重创。五是地缘型国家容易受制于人。蒙古被夹在中俄两大国之间，没有第三邻国、没有出海口，只能选择依附于中俄经济。就当世界各国在连连比惨的时候，中美作为世界经济总量排名前两位的国家，却发出了经济复苏的"强音"。2015年中国经济增长6.9%，美国经济增长2.4%，远高于欧元区的1.4%和日本0.9%，中美两国对世界经济的增长贡献超过50%。大国欣欣向荣，"小国"反而却满目疮痍，强者愈强、弱者愈弱的马太效应正降临在国家头上。

中美冲突囊括政治、经济、军事、意识形态方方面面。然而，中美对峙又超出了一般意义上的政治经济。首先，中美对峙无法用"修昔底德陷阱"这个讨论大国政治关系的标配维度来解释。诚然，在战争与革命的时代主题下，崛起国家与守成国家的矛盾冲突多以战争告终。但在和平与发展成为时代主题的当下，仍动不动用这个"铁律"来套中美关系，则犯了"身体已进入21世纪，而脑袋还停留在过去"的错误。当前，中美之间存在着共同应对气候变化、签署伊核协议等诸多利益汇合点，能够维持斗而不破，从而跨越千年前古希腊的那位老头儿所挖的唤作"修昔底德陷阱"的坑。

再者，中方登岛建岛也绝非经济意义所能解释。2013年，大陆决策者决定在南沙启动史无前例的填海造岛建设，至2016年初，所有露出水面的礁石（包括永暑礁、渚碧礁、美济礁、南薰礁、赤瓜礁、东门礁）都变成了岛，建造速度和规模在南海声索国（指声明索取某地区领土主权的国家）的同类活动中显著，这固然反映出中国维护海洋经济权益以及在海上丝绸之路新经济网络中打造关键节点的内在动力，但中国在南海撒下的一系列"定海神针"又有捍卫国家海域主权之意。甚至，这些新岛屿还会成为中国为来往船只或客机提供气象、通信导航服务和人道主义搜寻救援的基地。当然，"朋友来了有好酒，若是那豺狼来了，迎接它的有猎枪"，这些新岛屿也许在对台湾开展军事行动或中日钓鱼岛冲突时拒绝美军介入或途经南海（即在反介入与区域阻绝中）还有所担当。中国在南海闷声大干绝非经济利益所能概括。

最后，美国重返亚太绝不简单地表现在军事上，也不主要瞄准意识形态上。"重返亚太"战略的兑现直接表现为美军60%以上的海上作战力量移至亚太，与中国军力周旋。但美国为何把这潭水搅浑，有其深层意图。有一种说法是美国为了输出自己的价值观，力图西方民主"一统天下"，但阿拉伯之春的乱局已在一定意义上证伪了美式普世价值观，美国又何须窘技重施？敲打、喝住挑战美国地位的中国，似乎又成为顺理成章的缘由。综上可见，中美冲突难以停留在一般性的、清晰的政治、经济、军事、意识形态冲突的层面。

而实际上，对中美冲突的界定脱离不开整个政经大势的演变。总体说来，百年一遇的金融危机构成中美两个大国交互与分岔的关键点：自加入自由贸易平台WTO之后，中国凭借"全民动员"的总成本领先优势，一举坐稳了收获贸易顺差的生产国地位，而美国则属陷入贸易逆差泥潭的消费国，且这种分化愈演愈烈，至此，经典市场经济孕育出的WTO给世界带来新的失衡；消费的背后支撑力量是金融，美国过度消费必然带来金融过剩，最终以金融危机的爆发来平仓，2008年的金融危机在本质上其实是对"美国资产膨胀型过度消费"和"中国过剩生产型增长"全球经济失衡的调整，更宣告了经典市场经济（经济自由主义）的失败；为了应对金融危机之下的经济衰退，美、欧、日、中等国都实行了量化宽松的货币政策，结果全球虚拟经济泡沫重现，大宗商品离开了实体经济的基本面大涨特涨，风险投资基金再次纵横于全球市场，经济内生增长动力仍极其疲软，金融化的政府反应既无法解决问题，更无法拓展新经济模式；对中国而言，以1992年为标志，前期的计划经济出现溃败，此后大大方方地走上了市场经济道路，但后来的15年，经典市场经济在全球（波及中国）露出了机制性危机的底牌，2008年的金融危机是经典市场经济危机的总爆发，政府政策又无法救危机，在这计划—市场—政府手段一来一回的反复中，中美之间有了交互，但自由市场和政府计划在此过程都被狠狠地扇了耳光，中美都无法重回老体制，都处于发展焦虑期。因此，眼下的中美冲突与其说是中美间的对抗危机，不如说是世界运行的机制性危机以及发展模式的危机。

中美之争是模式之争

中美之争说到底是模式之争，而此种模式之争的核心领域包括：1. 对过度金融化的驾驭。美国以金融立国，华尔街的金融巫师"化腐朽为神奇"，将"有毒资产"包装成远期、期权、互换等金融衍生品，此类基于金融自身交易的金融资产总量一度达到GDP的10.2倍，"金钱内循环"演绎到极致。华尔街利用资产泡沫劫掠财富，结果泡沫破灭、危机爆发，愤怒的失业人群走上了街头。中国在产业升级、货币放水的进程中也亦步亦趋地走向将货币变为可交易商品、扭曲货币交换媒介本性的金融过度化之路，资金"脱实向虚"，企业家变"投资家"，货币在金融体系内部空转。中美两国都面临"让金融回归到生产性功能上来"的考验。2. 应对"中等收入陷阱"和"中产阶级塌陷"。经过由低收入到中等收入的发展（目前人均国民收入为8000美元），中国经济增长出现了徘徊与滑坡，亟需从数量、速度型发展向质量、内涵型发展切换，以跨越"拉美陷阱"，持续、不间断地跻身于高收入行列。而美国经过金融危机的洗牌，中产阶级急剧萎缩，"橄榄型社会"向上头小、下头大的"葫芦型社会"演变，熨平阶层沟壑的命题十分棘手。3. 经济模式原教旨的调整。金融危机令美国自由市场繁荣之梦彻底破灭，也带来福山"历史终结论"的终结，美国精英逐渐向国家主义或者是政策经济迈进。4. 共享经济的突破及普及化。"市场经济+互联网"使得资源使用权的让渡成为必然，"分享经济"潮流涌动，美国的Uber公司抢滩中国市场，中国的"一带一路"走向世界，都扛起"共享"的大旗。不过，由于共享经济敞开了大门，市场掌握更多的话语权，其普及与规则跟进相随。5. 科技创新与新旧经济的替代。美国历经底特律等重工业基地的产业锈带、加工制造向亚洲转移、英特尔等高科技公司的"垄断航母"化,有待进一步科技创新以优化产业生态。而中国依赖劳动力禀赋所成就的低端制造业,受制于出口衰退、产能过剩而难以为继,将创新驱动、智能转型,以化解存量风险,培育增量活力。6. 为世界性秩序提供核心元素。WTO多边贸易体制被肢解,互联网技术突破瓦解着美国的网络垄断权,欧盟解体已经兵临城下……在这种大变局过程中,"老大""老二"都将积极担当,为重塑世界格局提供权力与法治、自由与秩序等元素。

中美各自围绕着上述核心领域进行探索,那么谁能代表未来?就二者比较来看,各有长短。一方面,美国有长也有短。冷战之后,基于国内生产总值及人均值、科学技术、人力资源、金融实力、主权货币、跨国经营六大支柱,美国综合国力一直雄居世界第一;源于哥伦布"地理大发现"的西部荒蛮土地博大、粗犷,磨砺出美利坚民族的创新精神,当今在种子基金、风险投资、孵化器的推动下,美国科创在世界上"一直被模仿,从未被超越";多源性移民自然具有开拓意识,他们在"一盘散沙"的众多"小王国"之上成功地制定了联邦宪法,建立了独特的司法体制并日臻完善,今天总统腐败、警察暴力执法、父母打小孩、十二岁以下的孩子无人看管、乘公共汽车不买票等都会套上法治的"紧箍",美国素有法治的禀赋且法治面之广令人瞠目;此外,美国还具有"确定性的好",即两党轮替、三权分立等确定性的制度使其政治体制稳定,社会运作有规矩。这些长处能够促使美国在科技创新、创造新经济、为世界提供稳定、法治元素等方面有所突破。但是,美国表面上多元、开放,实际骨子里却是一元化的意识形态,即用美式民主价值格式化全球;反映到外交上就是争夺全球主导权,悍然发动伊拉克、阿富汗战争,重返亚太,耗尽了国力;加上金融化的惯性太大、国策固化、制度僵化这些"确定性的坏",美国在驾驭过度金融化、拯救中产阶级等方面恐怕又将力不从心。另一方面,中国有优也有劣。国内有劳动力和市场规模两大禀赋优势,对外于双边、多边的产能合作中积累海外运营实力和资源配置能力，中国具有超级大国的潜能；大而不乱，源于计划模式的底蕴，中国有着强大的社会管控能力，已经打通社区、乡村、单位各个"神经末梢"；由于改革的方法是"摸石头过河"，便因此具备了随机漫步式的灵活，中国还带有"不确定的好"。这些利于中国越过中等收入陷阱、化解金融风险、适时找到自由市场与政府管控的合理均衡点。不过，中国"大一统"思想根基深厚，导致意识形态管控、守成有余，创新不足；行政主导经济的历史助长了只重视政策指示而轻视法律法规的社会心理，法律虚无主义盛行；"走一步算一步再看一步"没有规矩，也没有目标，造成"不确定的坏"，这些妨碍了中国科技创新以及为世界秩序进法治、规则之功。

就两国关系的趋势来看，尽管随着美国介入亚太事务的深化，超过中方容忍的底线，但由于促使中美互联、合作的几股强大力量的存在，中美最终将被拽回到链接、共赢的大趋势上来，这几股力量包括：1. 互联网。互联网已然掀起一场人类交换方式、生活方式的伟大革命，各国都被这张网"一网打尽"，逃也逃不掉。马云推出E-WTO，这个"一带一路一网"思想的结晶、WTO的2.0升级版，正从底层促成全球贸易的自由、平等，政府的任何不和音恐怕都将被淹没在这滔滔洪流之中。2. 金融一体化。虽然危机始于金融，但恰恰是危机带来金融一体化的契机——全球金融业日子不好过，于是借金融科技缩减成本，而区块链技术（所有交易分布式记录、不可篡改，非由统一的中心数据库处理）在去中心化的同时完成了系统内交易双方的信任问题，故而分解了金融机构的风险，更推动各国金融的一体化、协同化。3. 环保。污染源是流动的，所以环保是一个世界性命题。最大的碳排放国美国和中国都在哥本哈根会议这个"拯救地球的最后机会"上相互碰撞、协商，生存危机将中美紧紧拴在一起。在上述超越国家竞争力量的对冲下，中美冲突将慢慢被消解。

综上，中美两国各有千秋，链接、合作又代表着两国关系的大势，"谁更能提供未来世界所需要的发展模式"的答案因此一跃而出。鉴于二者各有优缺，做不到完全绝对的"东风压倒西风"或"西风压倒东风",双方要么僵持,要么"牵手",而链接、合作的大势抽去了僵持的可能,双方将唱起合奏的音旋,在产业、经济形态、社会治理等方面取长补短,互学互补,共同推动世界前进,即两国的勾兑+共享共创才是正题。

金融投资篇

第五章 利率与汇率

美国何时加息成为世界最难猜的"谜题",美联储也成为引导全球市场预期的"老司机",但真正决定国际金融形势的是单个国家金融主义、国与国之间的金融博弈、国际资本浑水摸鱼构成的三维坐标。

加息不决定金融形势

2016年6月中旬,美联储宣布维持0.25%—0.5%的基准利率不变,全球市场都松了一口气。事实上,自从危机以来,世界就被美联储加息吊足了胃口,不堪其扰。外行、内行们紧跟美国每一次议息会议、议息会议纪要、非农就业数据、美国GDP和CPI,还有美联储主席说了什么,副主席说了什么,波士顿联储主席说了什么,亚特兰大联储主席说了什么,芝加哥联储主席说了什么……数不胜数。每隔三个月,全球金融市场都要展开一轮大竞猜:美国加不加息?美联储硬生生地把加息演绎成一个"狼来了"的故事,一再"愚弄"世界。即便如此,每次议息会议当口,全球市场就很紧张,尤其是新兴市场。回想起2015年12月底美国7

年来的第一次加息,幅度仅为0.25%,就引发了一场全球股灾,中国损失尤为惨重;阿根廷在慌乱之中放开外汇自由兑换,结果当天货币对美元大跌30%;2016年3月14日,在世界上最有权势的"大妈"耶伦发声的前一天,"倒霉蛋"埃及就被吓唬坏了,宣布放弃汇率跟美元挂钩,实行更为自由的汇率制度,埃及镑对美元一下暴跌了13%,差点烂成纸。

美国一个加息举动,为何能横扫全球市场?其内在逻辑是,美联储加息将影响期货市场、新兴市场国家与美国的利差和汇率,这些影响会传导到国际贸易中,进而影响到实体经济,引发资本外流,严重的话,会使新兴市场的国际收支状况恶化,偿还外债的压力激增,并一定程度上挟持了其他国家的货币政策,从而引发经济危机。其关键原因是,美元占据世界霸主地位,有数据显示,美元占各国外汇储备的60%以上,中国更是持有大量的美国国债;全球的贸易中,美元结算占比超50%。可见,美国货币政策的一点风吹草动都可能影响全球市场的风向。此外,许多投资者"一朝被蛇咬,十年怕井绳",心理恐惧甚于实际影响。1997年亚洲金融危机让投资者记忆尤深,其导火索就是美国开始加息周期而导致一些东南亚国家的资本大量外流,由此类推,对美国加息心怀忌惮,担心引起金融市场的另一场腥风血雨。而美联储也看清楚这种方式可以让资本回流美国支撑充满泡沫的资本市场,还能连带忽悠一些小国和市场,摧毁其货币金融体系,如上文提到的阿根廷、埃及,因此也乐见其成,顺水推舟,果不其然成为引导全球市场预期的"老手"。更何况,金融市场很吃这套,暗自窃喜,因为这将带来市场波动,而波动就能给交易者带来博弈机会,一潭死水又怎能赚钱获利?由此,从直观上看,国际金融形势仿佛系美国加息于一身。

事实上,美国加息只是一种扰动因素,无须过于看重美国及其金融权杖的强势,虽然目前美国还是世界霸主,美元仍是硬通货。从美国自身而言,首先,美国老大的日子并不好过,一边在向国外输出美式价值观过程中,深陷到当地的各种颜色革命中难以脱身;另一边在国内贫富差距愈演愈烈,真实失业人数攀高,经济起色似有还无，空前的政治、经济和社会危局使得美国选民的愤怒不断积聚，甚至还出了个呼声甚高的"极品"总统候选人特朗普，这边笑看英国脱欧，美元大涨，那边还不知道自己将被带向何方，何况世界"去老大化"趋势，正在不远的未来候着呢。其次，美元独大的货币格局正在被肢解，金融危机已经不可避免地动摇了美元信用体系，美元透支信用的滥发也让其不可逆地走下神坛。随着一次次的加息"食言"，美联储也正在日益消耗其主导全球金融形势的权力。美国尼克松时代的财长康纳利潇洒地说："美元是我们的货币，却是你们的麻烦。"以前往往被引用以指责美国不负责任，现在无所谓了，也不指望美国能负什么责任了。再者，美国加息自身左右为难。世界经济日益一体化，各国经济联系日益紧密，美国不可能独善其身，也早已不是那个可以为所欲为，凭一己之欲而置他国于不顾的霸主。全球央行"大放水"背景下，贸然加息显然是孤军作战；强势美元本身就已经有损美国出口，如若新兴市场和世界经济被贸然加息弄个三长两短，美国自身的经济复苏可能也会被打回原形；不加息呢又不得不考虑高筑的债台岌岌可危，因此美国加息不得不小心谨慎。

由此可见，金融形势的复杂性不在于美联储加息与否，而在于国家金融主义和国际金融资本之间错综复杂的关系。其中一个坐标是国家金融主义的异军突起。1. 从客观原因上看，2008年金融危机后，货币主义大行其道，各国竞相放水，尤其以中国为甚，2016年一季度末，M2余额高达144.62万亿元，同比增长13.4%，过剩的流动性大规模涌入金融市场、商品市场。2. 从时代背景上看，随着市场经济深化与不可逆，中国将引爆第四次金融大爆炸，2015年的股市成为中国金融爆炸中的第一个战略爆炸点。3. 经济金融化的必然，由于传统生产行业的利润率长期下滑，资金"脱实就虚"，金融创新和资产证券化活动不断增加，经济金融化出现"自我加速"特性，金融化程度和范围日益增大，金融部门、金融资产相对于非金融部门和实物资产的膨胀、非金融企业的利润越来越多的通过金融渠道而非传统商品生产等渠道获得。

另一个坐标是国与国之间的金融博弈愈发激烈，意味着国与国之间的矛盾将日趋复杂化，以及权力的多元化。首先表现为金融政策博弈，要么"坐着直升机撒钱"，比拼看谁撒得多，要么就是在量化宽松与加息与否中对赌，看谁能拼到最后，看谁能抢在前面。其次是在汇率上做动作，你推我拉，争取的都是经济的话语权、货币的主导权、资产的分配权。再者就是另立山头，如中国建立亚投行、金砖银行，或者设置绊脚石，如美国阻碍人民币加入SDR等等。

第三个坐标是"无国界的"国际金融资本四处游走。在国家金融博弈的同时，国际资本也没闲着，危机时期正是秃鹫捕食的大好时机，比如近期对冲基金大举做空英镑和英国公司股票。无论是席卷资源国的资本大围猎，还是钻货币政策漏洞，几乎无往而不胜。尤其是互联网为金融资本插上光速的翅膀时，资本这只蝴蝶翅膀每一次扇动，都可能掀起撼动全球的风暴。国际资本的优势在于专业性，相对国家金融主义受制于国界，其可以充分利用各种矛盾，游刃于其间，大赚其钱。

上述单个国家金融主义的出现、国与国之间的金融博弈、国际资本浑水摸鱼，三者构成三角关系，此消彼长将共同决定金融形势的未来走向，而重要的事情是善于利用矛盾冲突者将从中受益。

汇率乱局

2016开年伊始，人民币汇率大跌势头不减，借道离岸中心香港的人民币"保卫战"打响，"拼刺刀"火速白热化，央行不得不祭出严格执行准备金制度（据说可抽取流动性2000亿美元）、限制资本净流出上限等中国式"资本管制"利器，虽暂缓了"战事"，但不难预判，2016年必将是人民币命运多舛之年。世界范围内，遭遇"货币危机"的不仅是中国，以阿根廷为代表的新兴国家货币纷纷坠入"崩盘"边缘不可自拔。美国加息扇动蝴蝶翅膀，阿根廷率先躺枪，第一个被"剪羊毛"，比索崩溃性暴跌，美加息当日即跌41%，而这还只是金融危机爆发以来比索大贬值的延续。此外，巴西、俄罗斯等国货币亦陷入狂贬中。当下的货币乱局，与十几年前亚洲金融危机有着诸多相似之处，如当年正是美元加息引爆了东南亚金融危机。于是，货币战争甚至新的危机风暴即将来袭的观点开始甚嚣尘上。

归根结蒂，各主要货币汇率乱局始于后危机时代的开启。首先，量化宽松一方面被证伪，另一方面蔓延至各主要货币国家，特别是欧元也加入进来，成为压垮量化宽松的最后一根稻草。拯救危机有很多条路，量化宽松只是下下策，隐患极多且难以消除，但之所以各国明知量化宽松是"饮鸩止渴"，却依然争先恐后采用之，原因在于此路径最为简单方便，开动印钞机即可（所谓"资产置换"不过是件马甲），且见效快（美国把天捅破，自己却安然无恙甚至率先开始展露复苏迹象即为明证）。再者，别人都在印，自己不印，肯定吃大亏，"以邻为壑"古已有之，谁也不是傻子。美国6年内三轮QE共注水3万亿美元，中国"4万亿"计划历历在目。欧洲虽危机深重，却一直试图以"壮士断腕"（消减债务）自救，对美式量化宽松始终保持"警惕"，怎奈欧元区经济实力落差大、财政不统一的弊端在后危机时代愈发显山露水，最终迫使欧洲也不得不走上量化宽松的"不归路"，去年3月起欧央行启动两次量化宽松（2015年3月至2016年9月逾1万亿欧元资产购买计划），并宣称将继续加大措施。而当全世界经济最发达、经济政策最有定力的经济休加入进来，货币洪水彻底"决堤"而出，一发不可收拾，所到之处，摧枯拉朽，洪水过后，一片狼藉。

其次，美国所谓经济见好根基待考证，而量化宽松面临由救急转为制造新大通胀的危险。基于美国就业市场压力恢复、收入升高、经济压力减轻等诸多表现，美联储10年来首次加息，似乎是对美国经济向好的最佳背书，然而，2009年至今，美经济年均增幅为2.1%，远低于3.3%的历史平均值。更何况，美国与中国向来是对"好基友",危机后中国接棒美国勇挑世界经济火车头"重担",事实上为美国经济分忧解难,如今进入后危机时期,中国火车头开始减速,给全球带来的外溢效应不容忽视,如去年前10个月美对华出口同比跌4%,美国2015年12月制造业活动萎缩,为2009年6月以来最弱。可见,美国复苏的根基依然脆弱。目前欧美央行看似对适度通胀"如饥似渴",将其视作复苏的真实表现,但实际上通胀目标真的重回2%后,要维持这样相对稳定的低水平绝没这么容易,爆发恶性通胀也不是不可能,当初自己灌进去的水,含着泪也得自己咽下去。美经济及美元未来走势的不确定性,增大了世界货币体系的复杂度,毕竟美元强势地位摆在那里。

其三,中国经济由确定性的"牛市中的另类"回归经济规律,即谁也难逃危机洗牌的普世原则。危机爆发后,中国经济仍延续了几年令世界其他各国艳羡的好光景,一时间,被吹捧为"超越规律"的另类,不管世界如何"感冒发烧",中国还是一枝独秀。然而,后危机时代,各国去杠杆、挤泡沫涉入深水区,过分依赖外需与固投的中国经济开始饱尝结构之痛,这才意识到洗牌终究是世界性,谁也逃脱不了。经济减速,人民币汇率相应做出调整也是题中之意。专家研究发现,2014年第三季度以来(除2015年第二季度外),人民币一直处于国际收支逆差状态,说明贬值压力来自于市场,而非央行有意为之。

最后,2014年由欧元挑头的狂贬,首先引爆了以美元为稳定之锚的格局,但因为中国还残存一半的"另类",使得人民币汇率表现处于美元与其他货币之间。国内更多关注人民币兑美元的大幅贬值,无形中忽视了欧元对美元贬值更甚。2014年欧元对美元大贬12%,2015年贬近10%,作为世界重要货币,尤其是美元的最大对手盘,如此大幅贬值,对世界货币体系造成结构性损坏,客观上进一步强化美元地位,美元王者归来推倒多米诺骨牌,全世界资本回流美国,新兴国家资产泡沫加速破灭,货币滥贬成风,继而引发新一轮货币危机隐忧。与欧元比,贬值"力道"上人民币显然是"小巫见大巫",这很大程度上得益于中国的

"另类",即资本项下不开放及自身经济禀赋(体量、规模等)与阶段(起飞期的特殊性)等。这种"另类"虽未改变规律(中国同样遭遇了前所未有的资本"外逃"),但却部分抵消了贬值压力,让人民币跌得没那么难看。综上,人民币对美元的贬值是世界经济进入后危机时期的拐点所致,而不是美国设套,某种意义上,美国抑或美元只是左右人民币汇率的"力的平行四边形"的一条边。

对中国而言,人民币汇率进入动荡期,是其货币体系由内转外的必然结果。近两年来,人民币国际化势头明显加快,经过2009年开始的人民币国际化三步走,与此同时有关两率市场化、放松管制等一系列影响深远的金融配套改革渐次推出,人民币已成世界第三大结算货币,并于2015年11月顺利"入篮",国际接受度大大提升,国际地位空前高涨。2015年末,中国M2余额139.23万亿元,后危机中依然两位数增长,数量上几乎冠盖全球。就此而言,对美元贬值,既是综合国力尚不如人的必然表现,也是人民币自身超发的回归(贬值就是被修理的结果)。独有的结售汇制度导致中国存在事实上的两次货币投放(一次人民币、一次美元),贬值将倒逼这种货币超发格局进行改造,因此,贬值不能说是中国的阴谋,只能说是金融改革之惑所致。故而,改革陷入"精神分裂"才是人民币汇率跌宕起伏的"元凶"。不过,由于汇率折射的是国与国之间的较量,其"异动"往往容易被民粹所劫持,形势越是波澜壮阔,越容易挑起对"阴谋论"的好奇与极大想象。

汇率为何复杂

从背后看,汇率市场的复杂有阴谋论、无赖论、干预论、灰度论之分。1. 阴谋论。美联储退出量化宽松,且加息扳机扣响,美元走强,进而让国际金融市场一片混乱,新兴市场的资金呼啸而逃,股汇狂跌不止,国际油价屡创新低,其他国家的资产价格降低，美国趁机掠获了财富。2. 无赖论。债务国无力偿债、耍起无赖，例如希腊屡闹退欧、破产风波，不仅欧元区各国或将遭受巨大损失，欧洲各大证券交易所的股指会惨淡下跌，而且还以欧洲的"雷曼兄弟破产"效应，引发全球金融海啸。3. 干预论。一为打击海外投机，二为警告影子银行的参与者（包括铜融资在内的套利交易最终的资金投向了影子银行，进而流入房地产等行业），三为人民币扩大波幅做准备，四为拯救出口，中国央行主动"引导"汇率贬值；但贬值幅度不宜太大、持续时间不宜过长，故而央行又反向干预汇率，在香港离岸市场对人民币空头进行双面打击。4. 灰度论。万物并非非黑即白，在黑与白之间还有一个灰度周期，就是这个灰度周期决定了事物的存在。汇率也有个灰度区间，该区间框定了汇率必然上下弹动。上述争论与论点各看到一面，因而都是片面的，无法收敛成汇率波动的总根源，也就无法破解汇率的复杂迷局。

而且，有关汇率的上述争论蕴含着当下急迫的几大问题，体现在：1. 汇率究竟是政府行为还是市场行为，谁为主谁为辅？经济市场化的主要战役之一就是汇率市场化，因而完全市场化国家汇率涨落基本自由；而在非完全市场化国家，汇率由政府操纵为主。2. 货币战争与国家竞争不是一回事。各国竞相量化宽松（如前文阴谋论中的美国），大量货币涌入其它国家，推高这个国家的经济与物价，然后忽然釜底抽薪（在泡沫最大的时候突然缩回），使该国骤然缺钱，资产变得廉价，再趁机抄底，通过一张一缩狠狠地剪了别国的羊毛，足见货币战争何等惨烈！而国家竞争发挥各自的比较优势，各有所长，不必拼得你死我活。3. 人民币既要贬又要稳是个悖论。人民币贬值会遭遇国际压力，并且，过度贬值将构成对中国经济信心的沉重打击，因此，必要时央行挺身维稳，通过大型商业银行在市场上抛出美元买入人民币，或者通过远期外汇市场交易以改变人民币汇率预期，但代价是付出真金白银，并导致外汇储备下降。4. 人民币盯住与脱钩之困。盯住美元的制度安排使得人民币随美元升值，又使中国承受美元持续量化宽松的通胀输出压力，还须承受美元加息之后对盯住美元货币的洗劫，因此人民币脱钩美元加速，由国内的中间价转为通过一篮子寻找国际中间价，以解决币值的稳定与信息对称。但目前篮子中的美元权重仍过大，脱钩为时过早。5. 金融大乱局汇率为先，预示着世界生产关系、交换关系大洗牌、大调整的序幕已正式拉开。例如，"卢布危机"揭示出俄罗斯经济结构单一、主要依赖能源出口的模式已在国际竞争中败于下风。这些问题徒增当下金融形势的错综复杂。

　　金融局势纵然复杂，但实际上，汇率为何复杂是命中注定的。利率是金融市场上商品的"价格"，由一国央行或市场决定，其高低取决于资本的供求关系。同理，汇率是以一种货币表示另一种货币的价格，由央行演变成商业银行来确定，其高低决定于一国（或地区）的货币兑换外币的需求和供给，依此，外币的进入或退出将急剧影响本币的需求，从而造成本币汇率的动荡。而货币的横冲直撞是金融原罪演变的必然结果，金融演化可分为四个阶段，即充当一般等价物—讲故事、炒概念—击鼓传花—形成黑洞，也就是说，金融从最初的在实体经济中担当一般等价物的基本功能，到加大衍生品创新、逐渐脱离实体、玩起"自转"，金融已由交易手段异化为交易目的，自我越发膨胀，成为虹吸社会各种资本的"黑洞"，触发金融大爆炸。主要表现就是国际资本加速横空出世，尤其是三元经济（消费国、生产国、资源国）中的消费国延伸出更多的国际金融资本，如美国高盛集团设立全球阿尔法对冲基金、多策略对冲基金等，对冲基金作为资本市场的轻骑兵，机动灵活，神出鬼没，很短时间内便能啸聚一方，在别国外汇市场掀起滔天巨浪。当年德国总统把对冲基金誉为"蝗虫"，金融立国的美英国家虽不认同，但对冲基金撒豆成兵、押注外币贬值、意欲置敌于死地的力量不可小估。可见，汇率的剧烈动荡是金融原罪使然，是命中注定的。

　　金融原罪堆积的国际资本堰塞湖构成一国汇率的外部市场冲击力，而政府货币超发则是做空汇率的国家金融力量。在各国信息不对称、各自为战的前提下，如果部分国家不采取量化宽松，恐怕其他国家（如日美）主导的货币膨胀将会通过吸收被动国家的经济利益以推动本国经济的复苏，这种囚徒困境促使各国都竞相注水,带来竞争性贬值。只不过,在前危机时期,各国货币当局基本上回避货币放水的弊端,而在当下后危机时期,滥发货币的负面后果已经呈现,各国货币当局又相互推诿。此外,国内经济形势、经济实力也充当了汇率幕后的内部推手,若经济被看好,货币则坚挺,若经济在债务与经济数据的电击下发冷,货币则疲软,欧洲经济衰退来势汹汹,对欧元信心不足已如瘟疫般弥漫。鉴此,无论从国内还是从国际意义讲,汇率面临的都是市场经济与国家经济的双曲线。

既然汇率的影响因素明确,汇率大动荡之谜迎刃而解:经典理论认为,汇率是由所谓的"购买力平价"决定的。简单地说,一只鸡蛋的价值,在中国和美国两地应该是一样的,人民币兑美元的汇率,就是为了保持人民币在中国的购买力与美元在美国的购买力相等而确定的,这种"一价定律"(同种商品在不同的国家出售,按同一种货币计算的价格是一样的)适用于没有交易成本和贸易壁垒的自由竞争市场,该前提在现实中并不具备。而联系汇率将一国货币的汇率与某一基准挂钩,不失为一种固定汇率的制度,但导致绑定国(地区)的货币随被绑定国升降,撕裂本土经济,由于美元持续贬值,联汇制迫使香港进入最难挨的滞胀周期,香港联汇制已成骑虎之势即是明证。实际上,鉴于上述推导,汇率的波动是国际资本、国家金融、一国综合国力、经济局势综合作用的结果,是上述力量的合力。这正是破解汇率迷局的"命门"所在。

谁的麻烦?

伴随美元加息,不单阿根廷比索一夜暴跌41%,卢布、加元等以强烈暴跌被推下水,就连人民币都在暴涨暴跌中风雨飘摇,港币更成了替罪羊,市场风声鹤唳,仿佛回到了2008年香港阻击战之时。阴谋论者更忧心忡忡美联储加息搞垮新兴市场,让中国崩溃。因为20世纪80年代末美国加息让西欧失去了5年,让日本失去了15年，90年代末美国加息让韩国和东南亚国家爆发亚洲金融危机，辛辛苦苦几十年，一夜回到解放前。于是"一朝被蛇咬，十年怕井绳"，美元大涨成了一场搞垮中国经济的阴谋，就连油价、金价暴跌都成了美元阴谋。如今加息扳机叩响，耶伦喊美元回家了，听起来恰似一曲非美资产的挽歌，难道美元又将疯狂收割全球羊毛？有观点甚至认为，当前人民币加入SDR可谓"羊入虎口"，SDR将拆除中国的金融防火墙，开放资本项供西方"洗劫"。那么，美国真有这么多阴谋吗？如今看到的汇率乱局真能靠阴谋策划出来？

其实，围绕加息与否，美国国内也是博弈不断，不单美联储内部鸽派与鹰派大打出手，即便偏鸽派的耶伦妥协，可在发布会上依然婉转宣告"一切皆有可能"，甚至在加息时还讨论了负利率。理论上，美联储随时可终止加息周期，甚至再来个QE，可如此出尔反尔将让美联储信誉扫地，一旦全球都不相信，美元岂非成"弃儿"？因此，美元加息需要传达的是市场信心，美国对此已"开弓没有回头箭"，就连美联储都被市场绑架，那群所谓密室里的精英还能随心所欲地策划阴谋？而叫嚣至今暗藏美国阴谋的所谓"中国崩溃论"，在中国仅仅35年改革开放就实现经济崛起面前不攻自破。

如今中国已是贸易第一、GDP第二，人民币岂能不加入SDR？从争取加入SDR的历程以及加入后人民币权重的格局都并非美国所愿。因为中国以亚投行、一带一路等反击TPP，更以自由贸易协定的人民币结算来替代美元，对此，美国掉以轻心而马失前蹄，不单英国示好中国率先加入亚投行，就是北约小国都纷纷倒戈中国，以致美国陷入失道寡助的尴尬境地。但美国再怎么百般阻扰也无济于事，因为人民币有欧元、英镑等助其一臂之力，最终是欧元从37.4%降至30.9%，英镑从11.3%降至8.1%，日元从9.4%降至8.3%，才拉人民币入篮（权重10.9%）成功。相比之下，美元权重基本未变（从41.9%略降至41.7%），表明美国既不积极也未鼓励，更没给中国让路，之所以投赞成票只不过是为美元加息铺路做顺水人情罢了，还能将美元升值压力转嫁给人民币，可谓"一箭双雕"。显然,人民币加入SDR的背后既是欧元、英镑等非美货币边缘化美元的逼宫大戏,更是欧洲拉拢中国联合抵挡美国的国家博弈,又岂是密室阴谋所能解释!

毕竟资本永远是贪婪逐利的,而"苍蝇不叮无缝的蛋",澳元的暴跌、卢布的跳水能说是美元升值导致的?虽然汇率是相对的,但资本之所以逃之夭夭是因为澳元、卢布的背后是矿产和石油,而如今铁矿石价格跌去2/3,国际油价更是跌破30美元,正所谓基本面的"皮之不存"、货币的"毛将焉附"!如此的产业偏态在市场自由之下自然就成资本剪羊毛的"大餐"。那一夜全球都高唱"阿根廷不哭",但市场不相信眼泪,若非新总统因内部衰弱经济一咬牙索性取消外汇管制,比索又怎么可能被"剃"了个底朝天?

而相较于巴西、俄罗斯等货币狂贬,中国人民币恰恰可能是新兴经济体表现最好的货币。且不说人民币加入SDR超出美国预期,就是人民币互换协议总额都超3.1万亿元,这种货币互换看似防止美元霸权,可在美元加息之下,不少小国已先下手为强以一夜贬值转嫁风险,这等于让中国接了个"炸药包"。据国际清算银行统计,人民币套利资金高达一万多亿美元,相当于1/3的外储可能是热钱,一有风吹草动就可能闻风而走,尤其伴随美元回流,人民币对美元贬值是自然的,但好在什么东西到了中国就成非典型。若按蒙代尔定律,利率汇率市场化、国际资本开放流动了,就不可能保持货币政策独立性,可恰恰中国将刚性的"不可能三角"变成了充满弹性的橡皮圈,这让央行"鱼与熊掌兼得",一手加快汇改、资本项开放,一手伴随国际资本大进大出积极干预市场。就此而言,人民币震荡程度的底线也是存在的,不可能三角尚不能完全套在中国头上,中国自然不会是下一个俄罗斯!

因此,与其说是货币战争,不如说是货币战国,因为战争近乎阴谋,而战国更接近博弈。以此再看当前的汇率乱象,就不会再纠结于提线木偶的表演,而会深究背后拿着提线的黑手。一是金融原罪。早在2009年初笔者就指出,这场金融危机是金融原罪而非阴谋造成。因为市场经济本就是制造过剩货币的体制,从产能过剩到货币过剩，过剩就要平仓，这是金融文明以概念为一般定价物"自我膨胀、自我蒸发"的原罪宿命。正如上篇所言，表面上，这场危机由美国金融创新过度引发，但本质上是全球产能过剩，最终让货币跳开实体"自娱自乐"！如果2008年危机爆发让美元贬值，开启了第一次货币混乱，那么后危机时代，欧元狂贬引爆了以美元为稳定之锚的格局，以致美元升值恰恰开启了货币第二次乱局。因为货币该蒸发的没蒸发，反在量化宽松下更显狰狞，以致全球央行的QE大联欢就为当前货币竞相贬值埋下了定时炸弹，恰恰触发"金融原罪"兑现，这是对货币超发的一种报复，汇率之乱也就是罪有应得。

二是"囚徒困境"。危机爆发得最早，美国人还可以美元贬值来耍赖，一句"货币是美国的，问题是全球的"就让无数小国"哑巴吃黄连"。这在货币超级霸权（美元独大）时代确实存在，可到今天伴随欧元站稳脚跟、人民币成功入篮，美元权重已大幅下降，自然无法再"号令天下"。试问，美元闯祸凭什么让世界承担？于是伴随美元贬，大家跟着一起贬，而且更大幅度地贬，无疑将美元架在了高岗上。OPEC更是不计一切代价跟美国死磕到底，以致石油美元一路狂泻，再这么贬下去，美元信用殆尽，又如何作为全球货币的定海神针？这也正是耶伦顾忌的，毕竟强势美元才能支撑美国利益，同样对人民币而言，要成为国际货币也需要保持强势。但如今大家都被绑上了"货币比贬"的战车，一旦刹车就可能"翻车"，这也难怪各国央行都亲自上阵与市场拼刺刀了！可欧洲还对经济复苏、股市上扬心存侥幸，问题是，欧元尽管晚了5年，却同样走上了QE之路，以"注水"粉饰经济，这种"虚好"就如"皇帝的新装"早晚将被拆穿。美国就在问题不断中灵验了，比如美元加息与能源公司风险上升导致的垃圾债暴跌，就引发了"新一轮金融危机"的"遐想"，可且不说相比金融衍生品是"小巫见大巫"，就是美联储"坐镇"也容不得"出事"，更何况美国的银行手中弹药充足（2015年底美债超过2万亿美元），足以控制风险。因此，当下既不能对欧元、欧债、欧股抱有短期希望（欧元战胜不了美元，但至少能遏制住美元），也不能短期内期待美国新一轮金融危机的爆发。欧、美、中的博弈或许都存谋略，但每个单一变量都无法主导整个格局，也恰恰因各自的自私陷入囚徒困境，反在各方的最优选择中陷入了整体最糟糕的局面。

如此推导，当下的汇率乱局实际是金融原罪与囚徒困境的必然之果。不过在整个金融分析框架中，其他货币存在着普世的大道理，唯有中美另类：一是美元超强，尽管它的权重下降，但在美国国力支撑下，美元仍是尽享铸币税的国际硬通货，至今美元还以"老大"自居，欧元不得不拉人民币一起阻挡美元，就可见美元强大余威。二是中国体量超大，转型超深，一旦登上历史舞台就足以改变世界格局。且不说，中国GDP增速降至7%以下，追赶美国也指日可待，就是人民币走出去，在如此短时间内勇夺全球第四大支付货币，就可见其国际化之迅猛。更为关键的是，2015年12月中国推出三个人民币汇率指数，将人民币与一篮子货币相挂钩，恰恰意味着人民币"脱钩"美元，不愿再被美元"牵着鼻子走"。

因为人民币正处于贬值与升值的岔路口，一方面人民币国际化需要强势才能变成硬通货，但另一方面印钞如此前所未有，岂能不贬值？而在基本面支撑下，人民币相对于美元的贬，尚不及其他货币对人民币的贬。因此两厢抵消之下，人民币尚可能在强势与弱势中"两者兼顾"，亦将美国丢来的"皮球"踢回去。2016年年初美元陷入四面楚歌，一边不得不加息重振威望，一边又怕升值刺痛经济，已是明证。但当前就有学者称人民币已成美国的麻烦，此话过早也过激。因为中美之争并不在于汇率上的雕虫小技，本质上仍是体制之争、改革之争、转型之争、国策之争，就看谁具有勾兑能力，谁就能在浑水摸鱼中赢得先机。毕竟从大格局看，世界老大从1.0版的英国到2.0版的美国，时至今日是谁也架不住谁、谁也无法主掌大权，尤其在人民币与欧元、美元"三足鼎立"大势所趋之下，未来合伙人制也就意在其中了。

黄金之"锚"变了

黄金"东山再起",历经2015年节节败退,终于在2016年一扫颓势,上半年单边上扬近三成,成为1985年以来最大半年涨幅。尤其是英国脱欧"黑天鹅"乍到,竟让金价单日狂涨8%,刷出1358美元/盎司的两年新高。这让2016年年初还为1000美元价位起分歧的机构大佬们大跌眼镜,不仅花旗等空头司令纷纷缴械投降,对黄金的重新认识与评价也成市场共识,以致"金价将涨至每盎司1万美元""黄金史诗级牛市来临"等疯狂预测再度来袭,就连美联储前主席格林斯潘也语出惊人提出"是时候回归金本位"。甚至曾称"黄金终将成为泡沫"的索罗斯都经不住诱惑重出江湖,2016年大肆购入1.235亿美元SPDR GOLD Trust(SPDR黄金信托基金)和2.64亿美元黄金矿股;反而是黄金忠实拥护者罗杰斯开始泼冷水,认为国际金价的真正底部尚未到来。于是,当初与华尔街对垒的"中国大妈"出乎意外地冷静,"日本大妈"却在"安倍经济学"失灵下疯抢黄金。而正当看涨黄金一面倒时,市场突然又从7月11日连续回调"还以颜色"。黄金到底是涨还是跌,市场已首鼠两端,当前反复在1300美元拉锯就已显示多空对峙。照理,上涨20%就算走牛,那么黄金真的步入"牛市"?

对于此轮黄金上涨的原因探究众说纷纭,不是将其归结于地缘政治风险,就是将经济衰退作为其反向指标,在债务危机和资产泡沫破灭的阴影下,全球资金已如热锅上的蚂蚁般乱窜。索罗斯甚至认为,英国脱欧后欧盟崩溃在所难免,乱世之下黄金"谁与争锋"。更不乏各种谋略之说甚嚣尘上,其中最流行的有两种:一说投行操纵的阴谋,这从高盛等预测"变脸",不断与市场踏错节奏,就不难看出华尔街操弄风向打的如意算盘。4月德意志银行的"反水"更让摩根大通等操控白银、黄金市场的庄家浮出水面。二说国家策略的阴谋,且不说全球央行已连续6年净增持黄金,单从中俄最大买手看,其黄金储备就已分别从2013年的1054吨、1094.7吨增长到1823.29吨、1481.4吨。全球央行已成黄金的最大买家

（每年在600吨左右），金价自然还得看央行脸色。可央行总是很暧昧，尤其是美联储，鸽派与鹰派吵架不说，即便号称退出QE（量化宽松政策）也是半推半就，如今又拿着加息的令箭隔靴搔痒，天天玩着狼来了的游戏，看似小儿科的把戏，却在犹抱琵琶半遮面地拨弄琴弦中撬动全球货币市场，掀起无数遐想与腥风血雨。

黄金显然已不再是那个盯着基本面行事的"毛头小子"。因为不单往日的吸金大国印度（2015年进口量高达947吨）2016年上半年的黄金进口量仅区区130吨（在限制进口与征税重压下降至20年多的最低水平），就是中国的实物黄金消费也不景气，上半年下降7.68%，进口黄金总体下降14.9%。正如2015年强劲的基本面却让金价跌跌不休如出一辙的反常，中印两国的黄金消费需求疲软，可金价却疯狂上涨，黄金无疑脱离了实物范畴，在无限想象与概念炒作中酿出金融投机的罂粟之花。不仅全球黄金ETF（交易型开放式指数基金）持仓自2016年1月触底以来增长逾500吨（2013年8月以来最高），纽交所更出现了超过3000万盎司的纸黄金买盘（主要是基金），单中国市场黄金期货累计成交量暴增8成以上（4.12万吨），截至6月底国内黄金ETF总持仓同比增长287.16%，就可见这轮黄金上涨主要是出于避险需求所致，是全球资金对地缘动乱、金融动荡、市场失序等寻找"安全岛"的自然反映，恰恰表明全球不确定性风险在急剧增强。

只不过，当前蜂拥黄金，一是钱太多，二是货币真的太烂。且不说全球经历美日欧四轮QE，单是中国2016年6月底M2余额就超149万亿，7年M2增加91.7万亿，如此货币滔天又岂能不水漫金山？加之，全球资产荒凸显黄金魅力，以致黄金备受资金洪流青睐，却也仅停留于金融游戏的权宜之计。因为全球央行已在这场危机中用光弹药，累计降息637次，日本等6个国家或地区已实行负利率，这意味全球货币政策的潜力正消耗殆尽。当初各国为转嫁危机竞相贬值，置国家信用于不顾，结果陷入国家竞争的囚徒困境，从美国次贷危机—欧洲主权债务危机—中国产能过剩危机—俄澳等产业偏态的外汇炒作危机，4块多米诺骨牌依次倒下搞得天下大乱。照理，乱世黄金，可危机这8年，前4年黄金还能以王者之姿"恃宠而骄"（2011年达到顶峰），但后4年居然演变成国家"玩弄"货币的天下，以致黄金掉下神坛。"跌跌不休"不说，就是在与美元争宠中都败下阵来，2011年4月—2015年美元上升37%，金价下跌32%。历史经验表明，美元与黄金负相关，这一概率高达8成，但2016年4月以来黄金与美元双涨共舞，负利率时代到来都已显示货币泄洪的真相水落石出。而当所有货币贬值比烂时，美元反而能在"两害取其轻"中胜出，黄金才能真正显示最后避风港的荣威。如果说前一次黄金半年飙升（2007年下半年）是对这场金融危机初现的警示，那么如今的飙升在某些专家看来似乎又有新危机，殊不知恰恰是后危机时代的第5块多米诺骨牌——从政治极端化到经济无方向的国家信用危机，叠加着前4块多米诺骨效应轰然倒下。因此，这说到底都是货币惹的祸。

其实，黄金与货币的情仇剪不断、理还乱。当初英镑、美元无不凭借大量黄金储备上位，却也终因缺乏足够黄金满足世界流动性而无奈脱钩。尤其当布雷顿森林体系崩溃，货币彻底失去黄金制衡，人类由此开启疯狂印钞时代，以致通胀魅影相随。到如今纸币滥发危及国家信用根本，迫使全球储备黄金应对纸币乱局，这本无可厚非，可如格老所言回归金本位，却是覆水难收。因为黄金再也锚不住货币。一来，黄金并不适合市场经济深化。如果说印钞能制造适度通胀推进市场车轮，那么黄金则因资源有限等易通缩制约经济。加之，黄金矿产分布不均等，又如何应对当下电子化社会？二来，即便强制回到金本位，非但货币挂靠不住，反将赔了夫人又折兵。因为当前财富虚拟化，单各种衍生品就超过500万亿美元，而黄金总量只有17.5万吨，价值不超过10万亿美元，相比全球财富不足轻重。据彭博社计算，若中国实行金本位就要有1万吨黄金储备，金价起码涨到每盎司6.4万美元才行。虽然黄金也出现衍生化，可货币自说自唱更无底线，正因货币太烂，连黄金作为稳定之锚都锚不住，遑论金本位复辟，那简直是痴人说梦！

毕竟在国家信用危机、全球都开始"退一步"之下，后危机时代已然陷入失锚旋涡。因为这是个颠覆的拐点时代，身处系统性洪流之中，哪里还有什么诺亚方舟？不单货币盛世不在，乱世黄金也如明日黄花，这恰恰意味黄金之锚已变——从风险指标变成复杂度指标，即黄金不再主要体现避险功能，反而与复杂度正相关。这从突变常态化让金价日渐麻木就可见一斑。于是不管是中东等地缘危机，还是去产能、去杠杆等经济风险，抑或是人类印钞作战"搬起石头砸自己的脚"，所有时局多空变化都乱中投机地降临到黄金头上。世界越复杂，越迷茫，就越把黄金作为出气筒，甚至风马牛不相及之事都能让黄金折腾个半死。小到恐怖独狼"干票大事"，大到11月美国大选。显然，当下黄金看似涨，实则是失心疯，谁都无法单方面主导黄金，以致世界一迷乱，黄金就发飙。

以此观之，黄金这轮涨势还称不上经典牛市，因为黄金早已魂不附体，自然不能简单以牛与熊的非此即彼而论。至少从短期看，不管是负利率的货币之痛，还是资产泡沫的陆续破灭，都无疑需要黄金作为"定海神针"。鉴于后危机时代失锚的旋涡太复杂，黑天鹅无处不在，而世上只要出点事就折腾黄金，金价又岂能不水涨船高？不过，这并不意味黄金就可高枕无忧。因为资本是贪婪的，大鳄无不伺机而动，以云谲波诡之势徒留一地鸡毛，黄金显然即便走牛也暗藏熊影"杀机"。说白了，黄金本质透视着人类社会的失序与混沌，恰恰印证了凯恩斯之言"黄金是野蛮的遗迹"。这就不难预测中期黄金的均价将出现漂移，离散度更大。因为人类终将扔掉黄金这个拐杖，虽然纸币被玩坏了，但正如当初美元脱钩黄金的第一次大剥离，到当下西金东移、官金民移开启的第二次边缘化，伴随人类对货币信用体系的改造与革新，出现新型虚拟货币以适应新经济、新时代，黄金终将洗尽铅华、褪去货币光泽。

第六章　从闯关到收敛

> 当国家资本主义联手国家金融主义,必然将催生货币的全面过剩。遗憾的是,当下改革并未为新经济提供空间,产业也未为新消费提供空间,更没有给过剩货币提供一个积极的"平仓"渠道。

金融大整肃

互联网金融出事了,前有e租宝,后有中晋系、快鹿、泛亚、大大集团、武汉盛世财富等线下理财平台等被连珠炮式引爆。伴随前所未有的跑路、诈骗潮,史上最严专项整治风暴出动了:首先是卡住增量,全国一刀切,各省市暂停登记注册在名称、经营范围中含有金融相关字样的企业;其次,管住存量,"谁家孩子谁抱走",自查自纠,一旦监管审查不过关,吊销营业执照。本次风暴由央行、证监会、银监会、保监会及公安部等14部委联合行动,重点领域为股权众筹与P2P,目的是打击"非法集资"。自2014年起连续三年写入政府工作报告,在"促进互联网金融健康发展"的呵护下,互联网金融进入疯狂野蛮增长期。据

《网贷行业2015年度报告》显示，2015年底网贷运营平台达2595家，相比2014年底增加了1020家，同比增长65%；2015年网贷成交量达到9823.04亿元，相比2014年网贷成交量（2528亿元）增长288.57%。增幅之巨，足以让其他行业侧目。尽管其间问题不断，却终能化险为夷，离不开有关方面"半推半就"的默许。而如今，互联网金融领域一片肃杀，2016年一季度近百家P2P平台主动关停。

一日三秋。2015年的"最炫中国风"还是"金融闯关"，鼓励金融创新；2016年金融政策则风云突变，转向了"金融整肃""脱虚向实"，强调金融安全。金融市场的监管者"一行三会"正以规模空前的联动模式，对金融体系展开一场"全覆盖"的风险排查与整顿，涵盖传统商业银行、证券以及互联网金融等诸多领域。

一、在股市方面，注册制早已销声匿迹，非但在"两会"政府报告中只字未提，刘士余更明确表态"注册制是不可以单兵突进的"，需要一系列配套的规章制度，而"配套的改革需要相当的过程、相当长的时间"。不仅如此，战略新兴板同样被搁置起来，"十三五"规划纲要中删除了"设立战略性新兴产业板"内容，惟留下"支持战略性新兴产业发展"等条目。至于新三板则被强化监管，2016年以来国泰君安在此业务上就分别被上海证监局以及北京股转系统处罚，如今新三板《分层管理办法》落地，新三板挂牌公司被分为创新层与基础层，其实质就是选优与淘汰。

二、"规范发展"互联网金融。P2P网贷平台不仅被正式定名为网络借贷信息中介机构，还被划下12条不得触碰的"红线"，主要包括不得自融、不得设立资金池、不得提供担保、不得期限错配、不得混业经营、不得从事销售银行理财、券商资管等产品、不得造假欺诈等；还要到地方公安局全面登记备案，明确"谁引进，谁负责"，落实源头防控。除此之外，互联网支付机构开展跨行支付业务必须通过人民银行跨行清算系统或者具有合法资质的清算机构进行；不能银行化与银联化，暂不受理新机构设立申请。

三、在传统银行业领域，不仅祭出"82号文"，规范银行业信贷资产收益权转让业务，直捅银行业务最隐秘的软肋——理财资金购买信贷资产收益权，金融资产由表内转表外；"126号文"要求银行加强票据业务监管，审查贸易背景真实性。

四、加强信托公司风险监管。银监会下发"58号文"，非标资金池信托排查清理力度，严禁新设新资金池；明确杠杆配资红线为2：1；对复杂产品要按"穿透"原则检测底层资产流动性状况。

五、中国证券基金协会要求证券类私募机构"必须全员都有基金从业资格"，出现明星、大佬齐聚考场的"史上最热闹基金从业资格考试"奇观，一些公司甚至规定入职一年后还没通过考试，就扣掉20%的工资。此外，监管排雷风暴还刮到了广告业，国家工商局等17个部委联合下发整治方案，严查新兴媒体金融类广告，"保本保息""低风险，高收益"一概不能用，2016年央视标王——翼龙贷不得不终止与央视的广告合作。由上述金融大整肃可见，2016年金融政策进入全面收敛阶段，相比2015年的金融政策可谓是方向性的调整。

倘若世事皆有因果，2016年的金融大整肃其实是对2015年金融闯关结出的苦果的调整与修正。回顾2015年的金融闯关，依然让人不寒而栗。

2015年率先在股市上进行闯关，其目的是希望一轮高昂的牛市对下沉的GDP进行对冲。从通过融资融券，甚至场外融资加杠杆，到同一人可开设20个账户，再到推出股指期货，让万千股民第一次见识到杠杆的威力。然而，事与愿违，2015年下半年"股灾"爆发，中产阶级瞬间天崩地陷，国家也成了"接盘侠"，损失2万亿真金白银，证明了人造牛市不是吹出来的。

"8·11"汇改的基调是让人民币汇率走市场化的道路——第二日开盘价完全跟踪上一日收盘价，一日波动幅度调整为2%，把汇率波动交给市场，结果导致汇率预期失稳，引发异常波动。实践证明汇率市场化改革是方向，但人民币汇率依然没到自由浮动之时；也验证了蒙代尔的不可能三角，即利率放开，汇率资本项下也放开，不可能保持独立的货币政策；同时也证伪了经典市场经济。

三、互联网金融被作为新生产力呵护有加，被连续三年写入政府工作报告，"促进互联网金融健康"发展，从而进入野蛮疯长期。而缺乏监管与规则的互联网金融却走向了另一个极端，披着互联网金融外衣盛极一时的网贷平台异化成为网络传销，并陷入跑路潮，昨日熙熙攘攘的CBD办公室一夜之间就搬空，充满着"眼看他起高楼，眼看他楼塌了"的荒诞感，截止2015年12月，3000多家P2P中竟有1302家P2P平台死亡，668家跑路，涉及金额巨大，其中一家跑路公司金额高达46亿元，投资者的血泪实证了让市场起决定性作用，必须同时配置更好地发挥政府作用。

四、影子银行的混业等同于混乱，那些游离于监管体系之外、与传统的接受中央银行监管的商业银行系统相对应的金融系统，包括民间借贷、第三方理财、信托、P2P、无备案私募股权基金、融资性担保、代客资产管理、基金保险等子公司融资业务、资产证券化等，再加上商业银行用复杂的会计方法把表内转表外，与金融精算师设计的金融衍生品相似，成为系统流动性和信贷增长主要推手。穆迪的数据显示，中国影子银行系统规模2015年猛增30%，达到53万亿元人民币（8.1万亿美元），合中国经济规模的4/5。正是由于上述领域有闯关变成了"闯祸"，必然要引发2016年金融政策的回摆，迅即进入全面收敛阶段。

虽然金融大爆炸是宏观的、本质的、长期的，金融闯关只是金融大爆炸的具体表现形式，金融收敛则是中观的、短期的、局部的，但仅仅把本次金融收敛当作政策翻烧饼，或者只是单纯的修正，就过于轻视了金融大整肃的历史意义与作用了。其实质是对此前自由市场原教旨主义和行政计划原教旨主义两种指导思想纷争的一种回应，对引发出来的各种金融问题的反思。当下的中国金融变革正处在一个超复杂的时空背景中，呈现金融非市场化、金融大爆炸、金融劫持、互联网浪潮并存的格局，既无法照搬价格闯关的路径，也无法复制西方金融路线的老路，只能靠金融版本的自我升级。虽然当下拿不出一揽子政策、方案，甚至顶层设计"妙手回春""力挽狂澜",但至少是确定底线,在正确的方向上试错前进,在各种矛盾中和调控过程中推进改革。具体而言,本轮金融大整肃将沿着四个层次推进,首先是市场治乱,比如对e租宝这样的平台进行清理。其次是"一行三会"自我协调,遵循"统筹、协调、监管"原则。目前"一行三会"还属于分业监管,对金融信息的收集呈碎片化,对层出不穷的新金融形态,监管手段有限。再则,混业与分业的均衡与规范。混业与分业是面临的改革难题,金融的必然趋势是走向混业,而混业又必然带来各种混乱,1999年美国废除格拉斯-斯蒂格尔法,加速金融混业发展,最终在次贷上引爆全球金融危机即是明证。最后,脱虚入实涉及金融的再定义。金融曾被作为市场经济的核心,一切活动都围绕这个核心进行,并被这个核心虹吸。因为,金融业的内在逻辑注定其"钱生钱"要高于实体经济,即金融成本之上(基本理财、保本保息之上;至少存款利息之上)。当实体经济利润比不上金融业,在金融过剩背景下,会出现虹吸现象,由实体制造转向虚拟金融,其终极后果是"失衡与崩盘",所以从某种意义而言,金融不是社会经济的全部。

"一行三会"架得住吗?

种种乱象背后,金融市场的异变已超出"一行三会""招架"范围,金融监管体制改革已提上日程,央行的独立性问题以及"一行三会"的"归宿"再次成为社会的焦点。

其实,对央行独立问题的争议由来已久。按照西方市场经济国家的经典,央行独立于政府部门才能确保货币政策的有效性。而中国央行隶属国务院,在金融危机后,更是成为政府部门刺激经济中的"急先锋",大量释放流动性,埋下经济发展的"隐患",以致社会对经济刺激、货币放水心怀忌惮,一些专家学者更是指出应让央行独立来化解其中的矛盾。可是，央行独立终究是西方的经典，并随着时代变化已发生变异。最早提出央行独立是在第一次世界大战后，由于大多数交战国狂印钞票导致通货膨胀，因而提出保持央行和政府的相对独立性。以此为先河，哈佛学者通过分析17个工业国家长达40年的国民经济统计资料得出，央行独立与通货膨胀有着明显的负相关性。在2008年金融危机之前，央行独立可谓是西方经久不衰的万世之作，例如美国联邦储备体系就有近一个世纪的历史。

但危机后，发达国家的央行角色也发生了转变，央行"去独立性"和与财政的合作越发明显。例如，美联储用宽松政策强势推高资产价格；欧洲央行在2011年底两次降息来"去通胀"，也就意味着德国央行"反通胀至上"的货币政策哲学的终结。中国不是经典的市场经济，缺乏实施央行独立性的基础，中国今天面临的疑难杂症，也不是央行独立就可迎刃而解的。一方面，金融"低效"，自己玩自己的，还不能够支撑和服务实体经济。当下市场资金面充裕，可实体经济依然"缺血"严重。近年来，央行定向降准并没有改变中小微企业"融资难、融资贵"的矛盾现象。另一方面，金融监管部门缺少制衡，监管效率低下。"一行三会"是互不隶属的部级机构，监管着力点、方向不同必然带来监管上的分歧和冲突。显然，当下亟待解决的是金融监管的效率与制衡问题。

除此之外，比央行独立性问题更为严峻的是金融纷纷跨界架空"一行三会"。一边是异彩纷呈的金融衍生品。中国金融衍生品在上世纪90年的小荷初露后，便快速发展，但仍属于初级阶段，市场深度不够，对冲风险的工具却在一定程度上成了制造风险的元凶。就其自身而言，金融衍生品的保证金交易、缺乏透明度交易以及杠杆效应所带来的风险不仅难以预估，而且可能成倍、成百倍放大，例如巴林银行的倒闭。另就市场而言，监管手段不深入、产品设计不合理等亦是风险的来源。另一边是"泛滥"的金融跨界问题。近年来，随着金融革新尝试不断，混业经营已成为常态，如金融机构跨行业、产品跨领域、业务跨市场、地方金融跨区域、金融市场跨国界等。可是，中国既缺少统一的相关监管法律，又缺乏相关交易和风险管理的指导，难以有效应付金融滋生出的风险跨系统跨部门的蔓延。这样，不仅监管职能一再被分拆，监管交叉处的空白点和分歧也越来越多，使整个金融体系"漏洞百出"，被置于大量"出血点"的风险中。

另外，互联网金融更是对"一行三会"彻底"颠覆"，是"一行三会"八竿子打不着的新兴领域。众所周知，互联网金融"创新"于监管灰色地带，其市场监管的空白也成为互联网金融发展的驱动力，正如实体经济的高人工高负税是网购的推动力一样。根据金融市场的"木桶原理"，监管体系视为桶身上的铁箍，"铁圈"不牢，则有散架的危险。当然，事后介入的"中国式监管"无可避免，但核心问题在于，"一行三会"与互联网金融并不匹配。"一行三会"是在传统金融格局下诞生的，以机构监管为特征来降低金融风险，"三会"本是一体，均脱胎于"一行"，例如银监会剥离央行就是为防止同步震荡，即防止银根与监管同步缩放。但眼下"一行三会"监管格局与互联网金融多元化发展趋势相悖，就其风险而言，即存在信用风险、流动性风险，又存在信息泄露风险、技术风险。与此同时，"一行三会"该如何管理不是银行的"银行"？互联网金融突破时空的限制，并不断开疆辟土，以新的业态（如P2P理财、宝宝类理财产品、蚂蚁花呗、众筹融资等模式）对传统金融行业攻城略地。也就意味着，"三不管"地带内，正有一批看似银行又非"银行"的企业在挖着传统金融的墙角。可是，这龙蛇混杂的互联网金融市场并没有责任主体和完整的监控框架，如P2P归银监会管、众筹归证监会管、互联网保险归保监会管等。并且，《关于促进互联网金融健康发展的指导意见》也只可认作为牲口套上缰绳，类似e租宝平台这样的系统性风险仍然存在。

此外，"一行三会"与作为其职能"补充"的金融办也矛盾重重。实际上，中国当前是实行中央集中垂直、地方辅助配合的监管模式，金融立法和政权过多集中在中央部门，一刀切而又过于笼统化的政策难以兼顾多样化的地方需求，不便于地方政府落实操作。其次，地方金融办并不具有行政审批权，起初就是议事协调部门。可现实中,金融办成了地方政府的"代言",不仅对金融机构任职加以涉足,还对地方金融机构经营加以干涉,这也曾令"一行三会"在地方的监管陷入困境。这种"博弈"还存在放权和收权上,很多地方政府为了增加地方金融监管的灵活性和自主性,希望中央能将地方监管权下放;可中央出于风险等各层面的考虑,仍上收这部分权利,比如对县市级农商行、村镇银行等的监管权利。

鉴于此,"一行三会"的监管体制变革已迫在眉睫。于是,监管2.0版也层现迭出,归纳下来,大致有两种方案:方案一是合并"一行三会",采取超级央行模式;方案二是建立金融监管委员会,落实协调机制。但是,上述两种方案均不能较全面化解当下金融格局的矛盾。就目前这种格局而言,中国金融监管体制改革要解决的远不是央行独立或"一行三会"简单地合与分的问题。

换言之,金融领域效率与制衡的兑现不是央行独立,而是关联与综合。一面是横向上的联合,一体化监管乃是大势所趋。未来可能确立一个超然于"一行三会"之上的金融工委,从更高层面协调"一行三会",确立牵头机构,如英国模式、德国模式等。与此同时,下设平行于"一行三会"的互联网金融监管机构,消除监管盲区,凝聚共识。

另一面是纵向上的上下联动。显然,大而化之的监管体系已经不合时宜了。那么,地方金融监管机构不能再是唯命是从的政策实施者,而是举足轻重的参与者。比如,将属于"块"上的金融办隶属于中央,确立地方监管机构的主导地位,从而给地方金融体系装上"瞄准镜",实现"还政于州"、因地制宜的需求。因此,"一龙管水"为主、"多龙治水"为辅的监管体制将会应运而生。当然,此次金融监管体制改革最终会以何种面目呈现还是个未知数,也未必能一蹴而就地化解所有矛盾,但只有中国金融体制有效地解决效率与制衡问题,才可能实质性地兑现金融更好地服务于实体的目的。

金融治乱循环

面对互联网金融乱象丛生，主流舆论倾向于"怪罪"监管不力与人性贪婪。如业内普遍认为监管部门割据，使得监管缝隙、漏洞凸显，监管和市场间缺乏良性互动，监管难以迅速捕捉市场短期变化，以致虚假金融创新和伪互联网金融泛滥成灾。2016年互联网金融全面"塌方"，更将全民贪婪的劣根性表现得淋漓尽致。所谓"天下之乱，源于人心之丧乱"，看似颇有道理，实则难有说服力。且不说人性贪婪自古如此，即便监管问题亦是老生常谈，不仅存在于互联网金融领域，传统金融也常常拿监管来说事。既然放之四海皆准，也就意味着并非问题的核心所在。貌似相对靠谱一点的说法，是将乱象开罪于货币超发，天量货币缺乏投资渠道，互联网金融恰好提供了分流渠道，结果洪水来得太猛烈，一下子把堤坝冲垮了。

可是，金融领域乱象自改革以来从未停歇，无论当年货币极度紧缺时代还是如今的货币泛滥年代。20世纪80年代开始，经济急速膨胀，资金需求极度饥渴，各银行间为拼抢客户的高息揽储大战几乎成为一道难以磨灭的印象留在人们的记忆中。此外，民间各种"会"以其诱人利润不知让多少人"尽折腰"，不惜以身试法，大案、要案、雷人案层出不穷。阶段不同，本质一样，即"非法集资"。当然，改革早期资金更多流向实体经济，有实实在在的载体，而今大部分沦为击鼓传花的"庞氏骗局"。可见，也不是钱多钱少的问题。归根结蒂，金融改革始终滞后于经济改革，积重难返，近年来遭遇互联网尤其是移动互联等技术创新倒逼，既为改革带来了新的突破口与动力（如第三方支付等对传统金融业的颠覆），但同时也加剧了改革的复杂与难度，可谓老伤未愈、新伤又起。此外，中国金融改革之所以踯躅不前离不开国际货币架构大背景、大格局，特别是危机爆发后，各国竞相以邻为壑搞量化宽松，客观上推延了金融改革进程。

正是由于缺乏改革思路，一遇到问题、矛盾，往往用行政指令甚至窗口指导来进行调整,导致"一放就乱、一乱就抓、一抓就死"的治乱循环模式总在循环"播放"中。事实上,金融领域是中国经济结构中失衡最为严重的部分,如国企与民企(民间金融)严重失衡,国有金融机构占据主体的局面绝无仅有;直接融资与非直接融资失衡(市场经济进化到今天,还得依靠古老的直接融资,至少与中国的经济地位难以匹配);监管手段有限与新金融形态层出不穷失衡;分业与混业业态失衡;需求端(小微企业)与供给侧失衡……因此,其他领域或许尚能以保增长为由暂缓结构调整,金融领域的结构调整却刻不容缓,金融改革难以回避。

当下金改领域有两种主流观点:一是鼓吹金融闯关,言必称华尔街;一是摸着石头过河,稳为上,强调中国特殊性。前者其实早被把天捅破的华尔街所证伪,后者喜欢拿阿根廷、俄罗斯等奉行金融自由开放国家被轮番剪羊毛、割韭菜来自证高明,却失之于缺乏改革锐意进取的精神,并忽视了人民币国际化刻不容缓的历史走向。两种主流观点的对冲,本质上反映了金融改革路径之争,是市场经济原教旨与计划(行政)经济原教旨的路线之争。两者互不相让,彼此缠斗不休,改革进入相持阶段。鉴于中国金融领域开放度相对有限,既无法完全证伪以市场化格式化中国金融领域的有效性(尽管华尔街式的新自由主义金融已被证伪),也难以全盘否定中国式金融管制对长远发展的有利性,改革相持阶段将延续相当长时间。两者间此消彼长,各种乱象还将不断涌现,与之相对应的监管无力感与滞后感将如影随形。

事实上,金改的真实路径,并非这两大原教旨东方压倒西风,更多表现为重塑金融格局框架下,两者之间的"勾兑"。所谓格局,是指金融架构整体性的调整与匹配,不仅包括行业自身的结构性调整,还涉及与国企改革、与技术创新融合等匹配性。当下金改往往局限于资本市场、两率市场、人民币国际化等改革,不仅把改革割裂开来,而且缺乏顶层设计层面的思考。至于勾兑,是指既不盲目推崇全面市场化,毕竟金融是经济的血液,牵一发而动全身,也绝非"左右摇摆"，而是两者间的磨合与配合，既体现在整体性改革推进上，也体现在局部性改革突破上。

不过，金融领域是比较特殊的领域，改革需要突破，同时也必须承认金融行业永远是像魔术师一样搞财富组合，爆米花式地获利。自诞生之日起，金融行业给我们带来了多少灾难，就带来了多少惊喜，其对生产力神一样的召唤，为时代进步注入了源源不断的能量。因此，当下的相持正在为即将到来的突破酝酿情绪、积蓄动力，同时改革不可能一蹴而就、一劳永逸，而是不断版本升级、与时俱进。

当下，中国从"金融闯关"向"金融收敛"的切换，一方面折射出市场经济原教旨与计划经济原教旨的缠斗；另一方面也反映了改革"进二退一"，在政治上寻找均衡点的历史惯性。如果说闯关是一种带有理想主义的激进行为，收敛则是在现实主义驱动下的主动调整，表面上是政策的放与收，实质上隐藏了诸多问题与矛盾。一是"一放就乱，一乱就收，一收就死"的治乱循环怪圈。回溯金融领域诸次整治都是沿此套路，今日关停互联网金融与当年关闭期货市场如出一辙，更不消说股市IPO的"开关"牢牢掌握在证监会手中。可以预见，当金融业脱离其他产业，自娱自乐、自我膨胀的倾向愈发明显，如果有关方面依然缺乏改革思路，一遇到问题、矛盾，就用行政指令，甚至窗口指导来进行调整的话，更将深陷怪圈，难以自拔。

二是混业经营与分业监管的矛盾，以及金融双轨制的现实。中国金融体系已经出现综合经营，混业发展趋势，而现有金融监管还是分业监管体制，"一行三会"各守自家的"一亩三分地"，监管乏力、掣肘时有发生，尤其是跨界监管难以协调，形成的"监管真空"便成了所谓金融创新的"肥田沃土"。比如近几年爆炸式增长的P2P，化了很长时间才明确由银监会监管；再如证监会无力监管"股灾"中场外杠杆资金来源，以致错估场外配资规模，累积那么高的杠杆被平仓，诸如此类。尽管金融监管体制改革呼声甚高，还传出"混业监管""超级央行""五套方案"等各种说法,但至今仍未有任何成型方案出台,表明内部争议与协调还在持续中。而金融双规制,即曾"一统天下"的国有银行与"夹缝求生"的互联网金融、民营小贷银行相爱相杀,考量着有关方面落实国民待遇、兑现"三公"原则的决心,以及兼容二者的制度与方式。

三是中国独特的货币难题。全世界对货币超发早已习以为常,即便负利率也在所不惜,但对中国而言,过剩流动性不仅仅是落入世界各国政府救市的窠臼,还是货币原罪与宿命,更有其制度设计上无奈——强行结售汇导致的基础货币投放,以及城市化过程中土地质押产生的信贷货币投放。前者建立在中国出口拉动经济模式的基础之上,在强制结售汇制度下,央行吸纳企业与个人持有的外汇,同时按即时汇率投放等值的人民币基础货币,这样就释放出大量流动性。后者则建立在土地公有化以及土地财政前提之下,一方面土地拍卖进行资产价格确认时,沉淀了大量的货币;另一方面,土地又可以作为优质抵押品抵押给银行,产生信贷货币投放。对此,背负超发"恶名"的央行只有打碎牙齿和血吞。

四是市场化与网络化的金融突破。一边是金融有自我创新、自我循环和自我膨胀的动力,复杂的资产证券化和金融衍生品,特别是以再证券化为代表的金融产品与工具很容易掩盖自身的风险,很容易成为击鼓传花的游戏,因为玩金融的本质就是经过魔方式的金融组合(如偷换概念、置换前提)形成爆米花式的财富效应;另一边是互联网+时代,在互联网上搞金融更方便,不仅有第三方支付(网上支付和移动支付)提供便利,股权众筹支持创新与创业,还有HOMS系统支撑场外配资,更有地下钱庄、民间借贷等披上互联网的外衣,为诈骗活动提供平台,比如部分P2P网贷平台搞资金池,开设线下理财公司,以传销手段发展代理人,利用高收益骗局诱导吸收公众存款等等。对于这些金融突破,更需要有规则和制度进行事前监督。

五是金融到底是谁的核心?1991年,邓小平在上海视察时指出:"金融很重要,是现代经济的核心,金融搞好了,一着棋活,全盘皆活。"金融常常被称为市场经济的"血液",但金融往往也自我交易,过度杠杆化,忽略实体经济,脱离人民大众。因此,金融可以是市场经济的核心,但不是社会经济全部。正是由于上述五大问题的存在,金融改革被逼上梁山,不改不行。

然而,比问题倒逼更深刻的是缘分与宿命。首先是企业终会走向资本经营。在企业发展的七个阶段(生产经营、科技创新、生产服务业、资本经营、平台和集成、战略、咨询),企业完成资本积累以后进入资本经营阶段,这是企业发展的内在逻辑。其次,货币成为买卖对象。市场经济与工业经济的发展必然将导致货币过剩,因为市场经济是以交换为方式的经济,交换的媒介是货币,为了获得更多的利润,必然要生产更多的商品,进而匹配更多的货币,最后货币自身成为买卖对象,概念作为一般等价物,金融成为社会的黑洞,这也是人类发展的一种内在宿命。再者,国家资本主义异化成国家金融主义。为了应对金融危机,全世界都坐着直升机撒钱,美国搞了三次量化宽松,欧洲、日本搞起了负利率,截至2016年5月底,全球负利率国债发行量已达到10.4万亿美元。最后,金融原罪决定"赎罪"在所难免。过剩—平仓是遵循能量守恒一般规律的表现,当商品与货币被源源不断地制造出来,一定要通过战争、危机等形式把过剩的货币蒸发掉,但二战之后,并没有这样的机会清算、蒸发过剩的货币,因此导致了今天金融的泛滥。如果说原罪不可恕,那么当下的金融整肃、政策调整、金融改革也可以视作接受"惩罚"。对此,有关方面需金融问题上想通想透,方能真正做出改革举措。

至于金融改革,其原则不是没有,而是如何执行到位。李克强讲"在更大范围、更深层次,以更有力举措推进简政放权、放管结合、优化服务改革";十八届三中全会更是提出"市场在资源配置中起决定性作用和更好发挥政府作用",这些都是金融改革的战术与战略。从"金融闯关"到"金融收敛",虽然方向上已"峰回路转",但过程本身"山重水复",再加之中国还是非市场经济国家,政策还有作为空间,因此金融改革或将呈现出在调控中改革推进的特点,不可能拿出一揽子政策、方法和顶层设计，更多的是随机漫步方式，在确定底线的情况下试错、探索。

杠杆的问题在支点？

万科郁亮曾拿着一本《门口的野蛮人》说：想要控制万科，"野蛮人"只需200亿。事实上200亿元都不需要，因为这世界上有种东西叫做杠杆。此次宝万之争就被追究资金何来，市场爆出30倍杠杆，虽然最终监管层介入调查认定杠杆比率为1∶4，风险可控，但若非半途杀出华润、恒大等"程咬金"让万科股价暴涨，宝能9个资管计划哪有浮盈32亿元（截止2016年8月17日）的可能，早就爆仓出局了。杠杆无疑让人爱恨交加。2015年从股市到楼市的加杠杆，让多少人做着发财美梦，却终究被市场疯癫无情撕裂。单是两个月股指腰斩就让无数高手死于杠杆，21万个50万元—500万元的投资者财富付之一炬，引发高层关注与纠偏，以致2016年金融创新从鼓励到收敛全面逆转。2016年7月26日中央政治局会议更罕见提及"抑制资产泡沫"，再次将矛头指向股市、楼市，实则为防范金融"脱实向虚"——金融去杠杆一触即发。针对股市，从证监会"资管八条"到银监会下发理财新规，意在控制23万亿元银行理财产品流向，以免金融空转。针对楼市，不仅南京等热点城市开始收紧房贷杠杆，官方更首次定性首付贷违法违规，"一行三会"封堵银行资金加杠杆进入房市，可见"去杠杆"已全面展开。可问题是，去杠杆就要刺破泡沫，股市已是前车之鉴。那么杠杆的问题究竟在哪里？

说起杠杆，核心是负债，通俗讲就是"以小博大"的倍率，比如负债之于GDP，房贷之于房价，保证金之于期货等。当下全球炒作中国债务危机，就在于中国整体杠杆率飙升。据国家审计署报告，2015年末中国经济整体债务规模176.5万亿元，全社会杠杆率260.8%，较2008年增长127.8%。尤其金融危机后实体杠杆猛增82.8%，已达2.4倍。其中，这轮房市的去库存居然以加杠杆方式进行。2016年上半年新增个人房贷2.3万亿元，占比GDP6.4%，远超日本3%的历史高点，接近美国8%的历史峰值，显示居民购房边际杠杆接近极限，这也难怪权威人士直呼不能再用过度杠杆保证GDP增长。于是，简单的显性杠杆比如两融之于股市等，尚逃不出行政之手，但中国人不仅将杠杆表外化、衍生化，更嵌套式发展，以致异变成复杂的隐性杠杆。尤其是当下理财产品衍生诸多表外资产，已成资本市场新杠杆。显然，对金融创新的放纵，打开了杠杆异变的潘多拉魔盒。

其实，政策千方百计化解债务，本无可厚非，可杠杆的问题在于支点。2008年为救经济抛出"4万亿"，对于GDP增长无疑是剂强心针，但该死的企业没死成才有了今天僵尸企业横行。况且，当年货币流通速度下降15%，意味大量资金反而流向低效部门沉淀，以致4万亿效果大打折扣。更让人心寒的是，危机以来中国M2暴增91.7万亿元，政策本意图支持实体发展，未料金融来钱更快，以致货币全掉进金融领域自说自唱，政策无疑陷入找错支点的尴尬境地。股市同样"踏错"节奏，在2015年运作机制不到位的情况下加杠杆，结果两融、场外配资等无不成资本大进大出"拉差价"的"帮凶"。虽然爆仓也是罪有应得，但让政策以去杠杆刺破无疑加剧股市坠落。即便有汇金等国家队入场也是打着自己的小算盘，以致中小股民最终只能"用脚投票"。显然，若支点不对，杠杆再怎么使劲都是白费功夫。而当前市场一心去杠杆，未料却以加杠杆方式进行。

虽然相比华尔街玩衍生品惹出这场全球危机，中国玩金融还只是雕虫小技，但不可否认，中国正迎来第四次金融大爆炸。而金融本质上就是"拆东墙、补西墙，墙墙不倒"，内置了高杠杆的性质。因此，正如当年美国衍生品泡沫吹上去的，还得去杠杆现出原形，只不过碰到非典型的中国，一边是金融在爆发，杠杆整体在加，但另一边从P2P跑路到理财爆仓，杠杆局部在减。实体同样也是加减参半，一边钢铁煤炭以去杠杆去产能，另一边房地产却以加杠杆去库存。显然，中国的杠杆处于左平右衡的"精神分裂"中。但不管中国的杠杆有多高，只要中国不是完全市场经济，就不可能发生经典市场意义上的债务危机。因为有关方面不会坐视不理，不管是当初广东三角债的化解还是银行不良资产的剥离，中国的行政之手都将让杠杆遁形，拖延危机并逐步消化在过程中。

尤其当下将实体去产能的风险累积到银行体系，殊不知钱没出路，杠杆再怎么折腾，钱依然在金融领域原地打转。因此，与其纠结杠杆长短，不如好好想想怎样重建支点。比如房地产的问题就不是简单的杠杆问题。因为相比三四线过剩，一二线城市并不是去库存，而是稳库存甚至加库存。根源在于房地产供给侧不顾三四线消费力盲目造楼，因此，去库存的着力点在供给侧改革。虽然加杠杆是刺激需求最快的方式，但以泡沫"掩耳盗铃"岂能解决问题？反而制造出房价飙升的新问题。而说到底，房价上涨的背后是土地供给制度问题，并非去杠杆所能降房价。因此，与其以限购等行政方式一竿子打死，反倒不如以房地产税等市场化手段来调节。毕竟，金融要为实体经济服务，杠杆的支点找准才能撬动实体。放任货币自我炒作被蒸发，还不如通过产业引导基金、股权交易平台等进入实体，或者砸向基础科研、新经济领域，尚能为科创"加砖添瓦"。只要1%的技术突破或项目成功，不但能覆盖99%的失败，还将"一本万利"。因此，企业去杠杆也好，地方化解债务也罢，都可以聚焦科创与新经济，或化债务为股权，或以产业引导基金，或以PPP模式等"化腐朽为神奇"。以此观之，也就无所谓杠杆了，关键是给个支点，杠杆才能真正有"撬动"的用武之地！

走第三条道路

后危机时代，全球金融问题待解。从宏观层面来看，发达国家货币政策分歧加大，美国于2015年底启动加息进程，2016年6月份仍存加息可能，而部分国家银行则开始推出负利率，分别是欧元区、日本、瑞士、丹麦、瑞典。所谓"风雨同舟，患难与共"在国家利益面前不过是一句无足轻重的空话，率先加息的安然无恙，坐等美元资产价格上涨，加速新兴国家资本外逃；大水漫灌的自身难保，还期许着以邻为壑，看谁把沟挖得更深。即便没有公开宣称负利率的国家，实际上也已进入真实的负利率时代，2016年1月份，中国居民消费价格指数（CPI）超过国有大行上浮后的一年期存款利率，紧接着2月份又超过股份制银行，对此，业内人士算了一笔账，10万元人民币存银行一年净亏537元。不仅如此，中国汇改事与愿违，进退维谷，原本想让汇率形成机制更市场化，同时一次性释放人民币贬值压力，但引发的市场震荡和多空大战出乎有关方面预料，只好再次回到加大在汇率市场干预力度的老路上。

从微观层面来看，金融领域进入多事之秋。一是全面整肃互联网金融，对互联网金融表态的关键词从包容、创新切换到整治、监管，诸如暂停工商注册、整顿互联网金融广告、建立"一户一档"、叫停跨界定增……种种重磅信号显示，经历野蛮生长的互联网金融行业遭遇最严监管风暴。二是传统商业银行告别高增长的"黄金时代"，利润空间急剧萎缩。据统计，五大国有商业银行净利润增速仅为0.69%，多数股份制商业银行也落入低增长行列，净利润增速不到5%。这表明，在利润市场化改革叠加利率下行周期背景下，传统商业银行靠吃息差的"谋生"方式已经难以持续。三是类金融的新空间却层出不穷，挑战金融监管底线。比如银行使用复杂的会计方法，把高风险贷款伪装成理财产品，把贷款从资产负债表转移至投资，据穆迪投资者服务公司估计，中国影子银行系统的规模近年来扩大了几倍，已达45万亿元人民币，几乎是中国经济总量的三分之二。四是直接受此影响的是世界主要国家楼市的飙涨，与股市的上蹿下跳，不仅让"国家队"受损，更让政策出洋相。由此来看，金融领域内已是各国联动，国外与国内联通，在全球化时代谁也不能独善其身。

而原因就在于，以国家力量主导经济运行、参与全球竞争的国家资本主义正逐渐演变成国家金融主义。前者表现为国家和政府的功能被组织成企业或公司，国有企业在经济中占主导地位，拥有较大规模的国家主权财富投资基金，政府在市场经济运行（特别是危机时期）中发挥较大功能；后者则由政府经营经济，进化为政府在全球金融市场上纵横捭阖,比如超发货币、主导汇率机制、进行资本管制等。国家金融主义具有两重性,一方面是平抑显性危机,这一点显而易见,自从危机爆发以来,各国实行量化宽松政策,新兴国家突然爆发出巨大购买力向全球倾洒,催生了2009年下半年那一轮资源国家以及全球经济整体的反弹复苏期。另一方面则是产生隐性危机,随着用"药"时间的持续,早期的快感逐步消失,而今全球央行正面临着越来越多的苦恼:一边是宽松政策似乎不再那么有效,而过剩流动性形成的堰塞湖又悬在头顶上,随时可能倾泻而出;另一边是由于金融具有自我膨胀性,以及"钱生钱"的内在逻辑,以致政府发放的"前货币"一旦进入市场后,就变成难以掌控的后货币,再加上金融自我循环不断加快运转速度,不断地短期化,金融运行更加独立,导致金融资本越来越强势,产业资本越来越稀缺,进而实现"金融空转"、"脱实入虚"。

当国家资本主义联手国家金融主义,必然将催生货币的全面过剩。遗憾的是,当下改革并未为新经济提供空间,产业也未为新消费提供空间,更没有给过剩货币提供一个积极的"平仓"渠道。原因或改革忙于自我消化前期成果——夯实底部,当下在"进二退一";产业忙于自我洗牌,自我救赎,无暇顾及,甚至是走偏了。于是,超级过剩的货币幽灵就在三维坐标中游荡:1. 纵坐标——资产。先是2014年—2015年上半年推升股市泡沫,接着是2015年下半年以来推升一线和核心二线城市房市泡沫,然后是2016年初的大宗商品期货以及某些农产品。2. 横坐标——实体经济,如大量资金沉淀在僵尸企业中。3. 斜坐标——以直接融资为主的金融结构,如P2P等各种融资平台、宝宝类理财产品,在货币市场、协议存款等领域空转。除此之外,国家金融主义不仅仅制造了比市场制造还过甚的货币过剩,还让金融市场措手不及,比如之前美国把加息当作筹码,屡次放话,真真假假,将世界各国资本玩弄于股掌之间;再如中国"股灾"以及本轮楼市的上涨,都与金融收紧或放松不无关系。

然而,货币过剩只是表象,更深刻的"里子"是:一、由于过剩货币对各类要素重新定价导致社会化权重下降，市场化权重加大。其逻辑就在于资源是稀缺的，货币是过剩的，过剩货币以及持有过剩货币的人在追寻安全岛的过程中，必然将附着于优质资源，而稀缺在一定程度上就意味着优质，那么，在此过程中，市场化的价值确认就愈发凸显。二、同样的逻辑在国与国之间展开，能够容纳市场化升级的国家与地区被追捧，比如英国、美国，以及尚未完全工业化的澳大利亚和新西兰，前者本身就是经过充分市场化的国家，后者作为资源型、农业型国家，需要工业经济和市场经济的填补，以及与大量资本结合，因此英美的彰显身份的房产备受追捧，澳、新肥沃而广阔的土地备受企业家青睐。三、国际社会的严重失衡将导致国际冲突日益严重。在过剩货币的冲击下，社会财富重新分配，通胀洗劫了穷人，"股灾"剿杀了中产阶层，低油价滋生了难民，贸易重构了国家关系……于是，国内为公平而争，国际上战火不断。

既然如此，在后危机时代，寻找一条金融回路是当下之亟需。显然，计划经济的这条路是走不通的，管控也是管不住的，现实已经被证明，这也是一种历史的退步。市场经济的这条路也有金融死路，金融"闯关"已被证伪，货币汇率大规模波动是现代工业社会完成之后的游戏，金融创新也不分青红皂白拿过来就用，金融泡沫之路可能是一条引向悬崖的绝路。既然两条路都不通，有可能的结果是倒逼走上第三条道路，在无奈中左右摇摆，磨合、勾兑出的一条金融道路，既不是价值取向之路，也不是从教科书推演，大师事先论证出来的道路。

投资理财向何处去

中国财富暴走全球，投资理财热浪潮涌。一边是老外惊呼中国人太有钱了：春节900亿元境外消费刷出新纪录、全球免税店被中国人买空了、全球约46%的奢侈品被中国人掳走了……如今又来一轮全球抢房潮，在美购房超3000亿美元、在英房产投资3年增长5倍,就连日本也振臂高呼"感谢中国,日本地价8年来首次上涨"。中国人有钱成了国外的抢手货,缅甸少女甚至直言"最大的梦想是嫁中国男"。另一边则是国内力图"肥水不流外人田",投资理财创新不断。先是移动理财火爆异常,阿里的余额宝,苏宁的零钱宝,网易的现金宝,理财"宝宝"数不胜数;接着银行的理财品牌也花样翻新,建行出了"乐当家"、农行生了"金钥匙"、工行有了"理财金账户"等等;与此同时,P2P借贷平台、民间财富管理机构也纷纷引入线上基金、保险、证券乃至私募等哄抢客源,甚至不惜重金请来诸多明星大咖、专家媒体等为之站台"背书"、摇旗呐喊。眨眼间,中国的投资理财市场就昭显出"没有最好,只有更好"的诱人前景。

事实上,中国的投资理财市场之所以一路狂飙、迅速进入"高烧"状态,与中国特色的经济、社会乃至时代大势脱不了干系。其一,金融资本格局生变,由傲娇"小公举"变身亲民"子弟兵"。互联网的强势来袭褪去了金融高大上的外衣,迫使其从高高的殿堂迈向了普罗大众,从金融业的自娱自乐走向为企业、为民众的投资理财服务,甚至连资金量少,对投资理财无知懵懂的资深"傻白甜"也备受恩宠。你有你300万的"贵族"投资渠道,我有我1元的"草根"理财担当,大家各自奋斗在专属的投资理财道路上,"随时随地、说投就投"。其二,宏观经济的"新常态"带来投资理财思维的"新常态"。一边是中国过去多年来平均保持着17%的M2货币增量,急速膨胀的货币资本需要"泄洪口";另一边则是后危机时代下,汇率、产能、物价、债务、老龄化等问题纵横交错,急需"风险担保";再者除了存款利息的百花齐放外,财富管理公司、资产管理公司、科技银行等专业机构也间接革新了人们单一的"储蓄理财"观念,转而偏爱找投行、找券商、找银行,甚至找"宝宝"。其三,中国"特色的国民性"难以抵挡财富资本的魅惑。国人内置的"非理性""投机暴富"乃至"赶时髦"的执拗心性,加之跟风扎堆的"烧脑"、对资本利益的追逐、对闲散资源最大化利用的迫切,再佐以"炒"字为先的肆意恣意,从KOL、考察、评级征信,到各种巅峰、高峰论坛的曝光增信，再到后来的央视、协会增信，投资理财市场的蓬勃之势可想而知，余额宝的"走俏"、P2P的"发烧"皆因如此。投资理财的鼎鼎大名已然响遍街头巷尾。

尽管投资理财炙手可热，但国家资本主义与国家金融主义联手捏造的金融"盛市"，却又在自由市场与行政计划的纠斗不休中由闯关变成了"闯祸"，以致投资理财市场也惊现一片哀鸣。一方面，爆炸期金融产品全面打扮成"牛"样、高返佣，但天量资本扫荡后，如今仅剩一地鸡毛。互联网金融过度自由化的结果却是"土豪死于信托、中产死于非标理财、草根死于P2P"，曾经热闹的资本狂欢，如今哀鸿遍野。而另一方面，由于身处经济后危机时代，曾经的投资理财"老三宝（股市、楼市、黄金）"也变成了"伤财利器"。社会热钱需求太多，而泡沫化、高杠杆、审批制又在监管层的眼皮子底下煽风点火。放眼望去，被股市拖垮的股民、被黄金深套的大妈、被P2P骗惨了的百姓等等都成了"接盘侠"，财富如流水般晃来晃去，令人心惊胆战。至此，原本看似"黄金满地"的投资理财渠道骤然收紧，"高额回报"瞬间成了"投资黑洞"，需求与供给严重倒挂，致使国内投资理财市场再度"身陷囹圄"。

然而，在这个最好也是最坏的大理财时代，风险与机遇本就共存，新的投资理财机遇口其实早已在金融市场的"乱世"嘈杂中显山露水。一是投资理财国内动不了动国外。境外投资制度的放宽、"一带一路"战略的制定、人民币的逐渐国际化等均为国人境外投资打开了政策和机遇的"方便之门"。更何况除了众多"海外投资移民优惠政策"的魔力吸引外，还有其它国家"身先士卒"：美国是欧洲最大的海外投资国；日本海外经济的规模相当于国内的1.58倍；全球投资市场四处可见阿拉伯富豪们的身影等等。就此来看，作为世界第二大经济体的中国，实现全球资产配置已是大势所趋。二是"三新（新经济、新产业、新消费）"的崛起对投资理财形成新的拉力。因为与"三新"崛起相伴而生的必然是新的投资机遇和新的财富管理理念。共享经济能依靠闲置资源"敛财"；文化娱乐产业能凭借电影、体育"吸金";智能消费、绿色消费、时尚消费能让市场刮起一阵高品质消费风,其实皆以暗示了另一片投资理财新天地的到来。三是政策与市场充分勾兑后,将挖掘新的投资理财通道。中国一向是问题倒逼型的,前有14部委联手整顿互联网金融,后有《互联网金融风险专项整治工作实施方案》出台,加之市场的自我修整,重拳出击、内外兼修后,原本发疯的理财在被"调试"、"归整"的同时,也将触发金融科技、科技银行等新的投资理财渠道口再度开启并不断深化扩容。

而未来,当新的投资理财机遇口最终定型、投资理财市场重新调整"复位"后,中国的金融市场也将呈现出国际化、多元化、定制化乃至精细化、生活化的投资理财新趋势,具体表现为:

全球资源配置将"常态化",且国内三大人群的投资理财渠道将愈加分化。一是随着国内高净值人群暴增,私人银行、私董会和家族办公室等全资管的"私人定制化"财富管理机构将被大批量配套引入。同时为了分散内地投资风险,海外私募股权投资、机会移民、跨境理财等将成为投资海外的"抢手货";二是针对高速膨胀的"待富群体"中产阶级,理财产品将向非保本、净值类产品转化,更看重增值类产品;三是对普通大众而言,在保有"妥妥的"收益与本金的前提下,也将分拆保险、基金、国债等N条腿走路,逐渐由"理财金字塔"的保障层攀爬至保值层。

投资理财的方向生变。彼时"人""事"更迭,"高知"人类、"新型"世界等将全方位革新金融市场,投资理财将不再是单纯为了保值增值,更有可能升华为一种兴趣和技能。一方面,投资将调头转向"三高"(高科技、高端制造、高品质服务)、"三大"(大文化、大环保、大健康)等利润空间更大的"朝阳产业";而另一方面随着"理财中枢"的不断上移,未来理财也将更趋于智能化、社交化和一站式的综合性理财。

国民将更注重场景化理财,让消费的归消费、生活的归生活、理财的归理财。伴随着生活与金融的深入嫁接，各式投资理财方式将进入人们的各类生活场景中，大到求学、养老，小到装修、旅行，"场景化理财"趋势以及对实现财富自由的追逐，会使金融与生活乃至实体经济的边界逐渐消融，届时投资理财将重新回归其"本源"，真正实现财富管理的人性化、情境化。

第七章 股市2017：反省与展望

股市非政策说救就能救起，因为3000—4000点已成央企及国家队套牢的雷区，国家队势必在维稳与解套的天平上左平右衡，或将让股市呈现反复震荡、胶着的拉锯行情。

"股灾"总账并未清算

作为后危机时期的底部之年，2016年经济艰辛已被注定。在决定"国运"的五种力量中，五个市场经济暂未得到广泛接纳，老经济仍在下坠触底，新经济尚在萌芽待发，互联网气势汹汹、肆意妄为，而国家出台的各种产业结构调整政策对经济增长帮助不大，金融成为能够主动"玩"出花样，引领经济破局的唯一领域。

希望有多大，失望就有多深，这是对喜迎股市新年新气象的股民心情的贴切描述。2016年股市的数日表现，无疑是一场场极端的"冰桶挑战"，将股民们浇得透心凉。交易首日（1月4日），历时三年细致研究和广泛征求意见而出台的熔断机制"首秀"圆满成功,两次熔断,全天交易3小时,"为了纪念这一天,股民称之为'头七'";1月7日,熔断机制再次发力,仅用29分钟(包括暂停交易的15分钟)便结束全天战斗。此时吐槽熔断机制的段子满天飞,"上联:十年一梦上浮零,下联:一朝醒来哥输清,横批:熔断削光!""割韭菜都鸟枪换炮,升级为联合收割机!"……在难以成眠的深夜,证监会"果断"暂停运行仅4天的股市熔断机制,然而,没有熔断机制的股市仍然暴跌,千股跌停景象接连重现,沪指竟然进入"2"时代(1月13日收于2949.60点),原来"婴儿底"下还有"胎儿底",两市灰飞烟灭近8万亿元,股民只好"含泪询问股市扶贫办电话",看自己是否符合"灾民"标准。由此来看,熔断机制并非股市暴跌的根本原因,不过是一只"替罪羊"而已。

把股市暴跌原因归结到人民币汇率连贬,境外敌对势力,万亿解禁大潮等,都是在制造"假想敌",寻找借口。实际上,目前股市尚无牛市基础,其根本原因就在于有关方面并未清算真正"股灾"总账,没有深入自我反思,一不留神"股灾"的底色就显露出来,以致开门惨绿。如果真有供需两端,那就是股民与管理两端,现在问题的主要方面是"管理侧"。其一,面对结构调整导致GDP下行的客观现实,依然幻想用人造牛市与此对冲,但硬撑起来的所谓"牛市"不过是一张"牛皮纸",一戳就破,更经不起风雨洗礼。明知后危机时代经济下行,却又害怕"打回原形";嘴上讲着淡化GDP,心里却还划着条条线线;既想要里子,还想要面子,内心如此纠结只能让行为更加紊乱。

其二,在股市运行机制远未到位、监管系统仍具有制度性腐败前提下,大力度持续"综合配套"出台一系列政策,其结果被坑了、被利用了、被腐败了。就拿熔断机制而言,这么一政策出台,证监会在之前3年内有无预见可能出现的负面影响,有无对中国近30年股市的历史数据做过分析,触发熔断机制的一级阈值(5%)和二级阈值(7%)曾出现过几次,出现的概率是多少,"广泛征求的意见"是否来自一线,是否客观、真实?再如2015年中的"救市",各种舆论造势，争取各大部委支持，好不容易"国家队"进场却通道失火，中信等证券公司利用信息优势进行利益输送，救火的国家队反而"半路遭劫"。

其三，资本证券上的两个原教旨才是思想根子上的原因。一是市场经济的原教旨，以为掌握了华尔街的精髓，中国股市当下的所有问题就能迎刃而解；二是计划经济的原教旨，以为股市就是"我的地盘我做主"，如力推熔断机制，在一定意义上，还是不相信市场，把股民当"阿斗"。两大原教旨自身的纠缠、冲突尚未解决，便仓促出击，以致政策在市场极端与行政极端来回"蹦极"。

其四，中国股市存在流动分置的历史性硬伤，直接彰显了股市的劣根性，然而，非但不去触动反倒还有扩大之势（国企改革整体上市）。股权分置就是国企成为股市主角过程中出现的，既要"圈钱"解决国企的"脱贫解困"，又要确保国有经济的地位及国有资产不流失，创造性地搞出的一个"折中法"——拿出一部分股份上市交易，结果加剧了中国股市的复杂度，造成公正、公平的缺失。但当下地方国资委想的、干的、谋划的都是推动国企整体上市，从各地相继发布"十三五"规划建议看，有11个省份明确提出加快推进国企整体上市。事实上，在流动性分置的情况下，整体上市的本质就是圈钱，一方面侵害二级市场流通股股东利益，另一方面给市场经济深化改革制造更多麻烦。正是由于上述原因，管理层一路抓人，推出注册制、熔断机制等都是治标不治本。

救市动机不纯，手段恶劣，尤其是问责全无人。尽管2015年，金融反腐浪潮中，证监会多名官员落马，其中不乏证监会主席的助手、副手、重要下属，如证监会原副主席姚刚、主席助理张育军、投资者保护局原局长李量、发行部原处长李志玲等，市场上则有中信为代表的国家队人员和徐翔为代表的私募力量被司法机关带走。但"股灾"对民心的伤害，已经严重折损了新一届政府上台以来反腐带来的社会收益与经济收益。从《2014年中国人权事业的进展》白皮书公布的数据看，2014年，各级纪检监察机关通过正风肃纪、反腐惩贪为国家挽回经济损失105亿元，相比2016年1月4日股市蒸发逾4.24万亿市值，1月7日蒸发逾3.8万亿市值，简直不具有可比性。而针对"股灾"的任一算账，都能带来相应行情。根据笔者判断，人事变局将是金融逆转前奏，成立金融事务局，协调"一行三会"与地方金融办，以及易纲国家外汇管理局局长职务被免去，可见端倪已现。因此，依然重申维持股市第二台阶判断不变，在实际操作中，不要碰"阴谋"——只能带来百点计的行情，而是要抓住政策不稳、混乱，忽左忽右带来的以千点计的行情，历史事实也证明真正赚大钱的都是利用制度差异、游戏规则的人。

股市"魂归故里"

政策已经启动，行情正在酝酿。继中央汇金和证金公司之后，外汇管理局下属子公司梧桐树投资平台，携旗下的凤山投资与坤藤投资"抄底"A股，拥有市值达271亿元。2016年5月1日《全国社会保障基金条例》实施，"国家队"主力之一社保基金终于有法可依，6000亿元基本养老金入市指日可待，来自日本的经验表明，退休基金投资日股比重提高后，日经指数在一年内的波段涨幅高达44%。管理层连续多日对债转股频繁表态和力挺，有消息称，正式的债转股实施方案最快或于4月份正式推出，预计中国将在3年甚至更短时间内，化解1万亿元左右规模的银行潜在不良资产。而A股也不负众望，在数次多空拉锯之后，站在了3000点上。清明节后的首个交易日，上证综指上涨1.45%，创业板指大涨3.36%，创出2016年1月14日以来的新高。于是乎，"不相信眼泪"的股民再次蠢蠢欲动，期待新一轮牛市的到来；"书生意气"的专家们又开始侃侃而谈，如"钻石底、地球顶、婴儿底之父""唯一创造者、缔造者、维护者、坚持者"——李大霄"申请给婴儿底平反"。股民、机构、专家以及有关部门在上涨行情面前，似乎不约而同地患上了"健忘症"，全然忘却了2015年中那场"惊天地、泣鬼神"的"股灾"。

事实上，忘却只是暂时回避了现实，反省才是为了更好地前行。然而，即便有对"股灾"的反思也还停留在外围打圈圈。除中国股市"圈钱市"、"政策市"、IPO等老生常谈的痼疾之外，还增加了新原因。如把场外配资等高杠杆认为是"股灾"的罪魁祸首，3月份博鳌论坛中唯一一场正面探讨"股灾"的对话，也把主题定为"闯祸的杠杆"，在此不做赘述。还有把"四天四次熔断"的熔断机制作为2016年初股市暴跌的原因所在，因其引起巨大恐慌，抛单砸盘。也有认为"悬在头顶上"的注册制，其将加速A股"撑死"，引发的后果比"股灾"更严重。更有指责散户不成熟，把散户当作A股市场不成熟的"替罪羊"，其实是机构散户化，同样热衷于"炒短"及炒作题材概念。还有归咎政策不稳定，如战略新兴板的"出尔反尔"、注册制的"无限期延期"，以及从"一人一户"的限制，到允许每人最多开20个股票账户。"我国股市不成熟，不成熟的交易者、不完备的交易制度、不完善的市场体系、不适应的监管制度"，诸如此类的原因分析虽然不错，但还流于表面，没有切中要害，如果对"股灾"反省不到位，2016年的股市行情也好不到哪里去，也走不远，毕竟2016年的股市行情建立在2015年基础之上。

笔者认为，"三个过度"与"两个原教旨"才是"股灾"的根本原因。三个过度，即伪市场化过度、炒作过度、行政化过度。一、伪市场化过度一个重要表现是没有严格的退市制度，只进不出，如同一个"只吃不拉"的貔貅（传说中的瑞兽，有嘴无肛，能吞万物而不泄）。自2001年启动退市制度以来，15年间沪深两市迄今共有75家上市公司退市，其中，绩差公司因连续亏损而退市的有49家，其余公司的退市则是因为被吸收合并，相比现在超过2800家上市公司数量，仅占比2.6%，而美国纳斯达克每年大约8%的上市公司退市，纽约证券交易所退市率为6%，英国AIM的退市率更高，大约为12%。另一典型表现即是信息披露缺失，轻描淡写，以致信息严重不对称。以阿里巴巴招股书为例，招股书共有400多页，而风险披露部分就有43页，占了近10%的篇幅，包括业务风险、公司治理风险、中国政策风险及发行风险等几大部分；再以苹果公司2014年年报为例，该年报共90页，但风险因素部分就占了10页。相比万科股份2013年年报，200多页中竟然没有一页提及公司存在的风险，中美股市公开、透明程度差别可窥一斑。

二、行政化过度的表现更令人瞠目结舌，直接导致股市严重缺失公正性、公平性。一方面，IPO虽然从审批制演变为核准制，但"审批"的本质没有变，证监会异化成"证审会"，根据"需要"收紧、暂停或开闸；另一方面，政企不分，上市公司高管在央行系统内进行调配，一行三会管控着金融，而公司又有拉高出货的动机和目的，政策调整时，就坐在后台上倾听，正所谓"春江水暖，肥鸭先知"。正是由于伪市场化与行政化过度，很多事情不是升斗股民能够按常理、规律分析、判断的，也不是一介股民所能掌控、把握的，故而催生了市场炒作过度，体现出中国股票市场独特的高度投机色彩——大家秉持着炒一把就跑的心理，盯着政策指挥棒，热衷于投机而非投资，短期操作，快进快出，在高峰与峡谷中博差价。与此同时，两个原教旨，即市场原教旨与行政原教旨也博弈、纠缠。市场原教旨往往以西方自由市场经济为典范，行政原教旨则把政策、调控当作终极手段，两者杂交出来的行情往往是在两个极端蹦极。也正是在这种情况下，中国股市魂飞魄散，没有收敛的地方。

显然，当下急需找回证券市场的灵魂——让市场起决定性作用，让股市首先追溯本源，"魂归故里"。具体表现为：其一，"魂归故里"的正解是要素优化配置。证券市场原本就是要素优化配置的场所，也是价值发现的场所，偏离或背离了这一本源必然将走偏，把股市异化为炒差价的地方。其二，遵循十八届三中全会决议，市场起决定性作用，更好地发挥政府作用，把市场与政府进行勾兑。其三，对市场充满敬畏，而不是不屑一顾，一如主流媒体的屡次唱多。当然，"魂归故里"另解是"穿新鞋走老路""旧瓶装新酒"，就看有关方面如何选择。

如前所述，2016年的股市行情是建立在2015年基础之上，对股市进行反省不到位，运作机制不到位，其结果将是短期见好，长期堪忧。但意识到并不代表深刻理解，理解也未必能做到，因此，在本轮由熊构成牛市的第二台阶，2016年的股市或表现为维稳运行，震荡行情。具体而言，一是股市客观上需要进入轮耕休养生息阶段，此前的各种过度需要时间和空间来消化、平复。如注册制必须搞，但不会单兵突进，原因在于注册制需要相应地配套制度，如严格的退市制度。二是树欲静而风不止，新证监会主席或希望行情是控制的、收敛的，但有关方面和股民对股市期望太高，把股市作为经济增长动力场；尤其是金融资本不答应、不愿意，资本要折腾，拉大离散度，博取差价。三是行情由对角线构成，即经济状况、改革态势、产业发展、资金量、市场意愿等各条边形成合力。

3000到4000点的雷区

2016年A股一月重挫25.4%（最高3538点暴跌到2638点）后就一蹶不振，迄今数次试图站稳3000千点却都无功而返，9月26日沪指暴跌近2%再度失守，即便站上3000点也力不从心，不单人气低迷，两市合计日均成交量仅为之前活跃日均量能的一半，而且沪指振幅连续收窄，创14年新低，已显现千股横盘的"葛优瘫"之势。然而，股市之冷却丝毫耐不住政策之热、争吵之盛。这边，"深港通"刚给点阳光，市场喊出"港股都涨了15%，A股的春天还远吗？"，外媒积极看好中国股市，就连大空头高盛都给出"增持"；未料那厢，"IPO扶贫"引得复旦专家死磕证监会，"592个贫困县IPO免除排队，中国股市还有盼头吗？"，甚至出现"民告官"都涉及国家队救市文件。可政策再忙、吵得再凶，股市依然徘徊在3000点。那么为何政策如此嚣张，股市就是如此不温不火呢？

首先，政策之所以频繁出击，一是，政策重心已从对股灾"算账"转向高压监管的常态化，当下集中于围堵IPO造假、违规违法调查等，可从欣泰电气欺诈上市被强制退市到慧球科技违规屡教不改看，浮出水面的只是冰山一角。而这源于"清算"的不彻底，违规成本太低，退市"花拳绣腿"，中国5年来才只有8家企业退市，比例不足千分之三，相比美国纳斯达克年均8%相差甚远。二是，救市正从单枪匹马集中火力转向了分散引入资金、为股市补血。比如推动养老金、社保基金入市，市场预计单养老金就将为股市带来6000亿元资金。遑论险资炒股肆无忌惮，前7月险资新入市约1600亿元，持有证券基金市值超1.7万亿元。媒体更是披露，国家外管局独资的"梧桐树"平台一季度进入23家沪市主板公司10大流通股行列（持股58.14亿股），持仓市值超428亿元（以4月29日股价计算），或是继证金、汇金后又一个"国家队"。证监会甚至推出深港通以求引爆行情，但从沪港通的经验看，深港通引入增量资金有限，仅在750亿—1500亿左右，约占深成指流通市值8.5万亿的0.9%—1.8%，可谓杯水车薪。更何况，当下沪港通最新余额1450亿，仅用了总额度的51.7%，成交金额1.47万亿，占比0.58%。沪港通玩了两年，仍跳不出被边缘化的魔掌，深港通如法炮制，自然也极有可能重蹈覆辙。

毕竟，股市政策的劣根性并未彻底改变。因为深港通丝毫未改变A股基因，打着互联互通资本开放的旗子，殊不知影子银行、热钱早已暗藏进入内地，也只是从暗到明增加一个渠道、外带借个舞台唱戏罢了。更令政策"原形毕露"的是，资本市场竟然干起了国家扶贫的活，这与当初建立A股"为国企脱困"异曲同工。虽说监管层出此政策是为平衡地区间资本流动，但对贫困地区IPO适用"即报即审、审过即发"违背三公原则不说，还将让贫困县不愿"脱贫"，引发当地壳资源炒作，进一步扭曲资源分配。更何况，扶贫本就不是资本市场的事，即便扶得了一时也扶不了一世。当初亏损的钢企扎堆上市，尚且让IPO募资打了水漂，以致当下只能靠重组兼并去产能。到如今，谁都把股市当提款机，向股市抽血变本加厉。相比2015年暴跌IPO一度暂停，2016年上半年从严审批只上市61个股票，筹资近300亿元，但新股发行已现加码，截至9月8日正常审核排队的IPO企业783家,101家通过发审会。不单大量IPO等着入市圈走真金白银,违规减持也蔚然成风。Wind数据统计,9月13个交易日竟有180家上市公司389次重要股东减持,累计套现近151.26亿元。为此,政策严打,两月调查774宗证券"异常交易",深交所更激进地遏制石墨烯等投机炒作,以致题材行情"昙花一现",龙头板块天天换,却天天上演套人游戏。即便证监会做出澄清,一则保监会制定新规要让6000亿险资分批推出的传言仍让市场就地趴下。可见,政策本义给点概念拉起牛市,可当初国家牛市尚且在2015年股灾中"现出原形",市场早已看穿这一伎俩,又岂会心甘情愿任人宰割?

尽管证监会一再强调今后若干年证金公司不会退出,维持稳定职能,一般不入市操作,但据wind资讯统计,国家队所持股票占比从2015年底的11.9%降至2016年6月7.3%,市值减少3450亿元,至2.76万亿元,降幅11.5%。剔除救市前存量部分,国家队季度新增市值从2015年三季度的1.07万亿元回落至0.91亿元、0.95亿和0.98亿元,持股也从2015年最高1399家到2016年上半年末1194家,一年内实现从205家上市企业退出。而从中报看,国家队确实在调仓换股,从高估值的中小盘股到金融、地产股,既有高抛低吸的利益使然(因为去年国家队持股中58个股票股价翻倍,表现最好的前100只个股中,中小创个股达78只,占比近8成),又有权重股的维稳需要,更有未来退出的预埋。毕竟,当初为救市,国家队不惜血本扫货,2015年10月30日账面就浮亏2132.78亿元,即便为挽救损失也进行了高抛低吸,可据机构估算,2016年5月证金持仓还整体浮亏23%(4000亿元)。加之,救市资金主要来源于银行,当下套牢在股市,只能向银行不断展期,媒体报道某银行甚至在公开场合追债:"如果真的到了4800点,中证金退出了,钱应该还给我们"。这显然意味,从长远看,国家队最终获利出局是大概率。

实际上,当下市场纠结的已不是政策怎么玩,而是股市究竟让谁先走?因为国家队2015年救市集中在7月初到9月末,4000多点入场,可越救越跌,直到跌破3000点。即便央企集体响应国资委"护盘"号令以增持自救(单2015年7月就有

881家上市企业增持44.08亿股，市值641亿元，其中111家央企成了增持主力）也无法力挽狂澜，因此，3000—4000点成了央企及国家队套牢的雷区。当初国家队救市，救的也只是流动性的暂时窒息，害怕连续跌停套牢大多源自银行的杠杆资金，导致银行坏账进而引发社会危机。同样地，当下政策千方百计想拉起牛头，可骨子里仍是"屁股决定脑袋"，打着自己的小算盘。可市场也不是傻子，尤其当市场看穿政策动机，谁会心甘情愿"为国接盘"？一旦人民群众不买账，即便政策再折腾也泛不起一点水花。股市自然非政策说救就能救起来。因为股市一有反弹，大量在3000—4000点套牢的筹码（以国家队为主力）就可能因解套蜂拥而出，以致股市立马被打回原形（这也正是为何股市3000点上不去的原因）。国家队若此时拉高出货，无异于火上浇油式的砸盘，维稳何在？因此，国家队势必将在维稳与解套的天平上左平右衡，既要稳住人心、拉高股市，又要获利解套、悄悄出货。这就不难预料，3000—4000点这个雷区将呈现反复震荡、胶着的拉锯行情。毕竟，相比国家队救市救在半山腰，更多的投资者被深套在高岗上。因此，真要突破4000点，还得股市改革动真格。不过，一旦站稳4000点就很可能打开上升通道。但就目前看，鉴于股市政策如此顽劣，股市真改革已非部委所能小修小补。这就意味，股市在十九大前或很难如政策所愿再现"国家牛市"。

散户的"命"

中国股市拥有世界上最庞大的散户群。证券登记结算公司数据显示，至2月末，沪深股市期末投资者1.016亿，其中自然人1.013亿，占比99.7%。尽管过去一年，股市跌宕起伏，散户颗粒无收：宝马进去，自行车出来；西服进去，三点式出来；老板进去，打工仔出来；开着小车进去，拉着板车出来；系着领带进去，扎着草绳出来；走着进去，爬着出来……但中国股民韧性强，"抛头颅、洒热血"后依然前赴后继。为此,官方和学术界对散户也是两种声音:官方始终喊着保护中小投资者权益,然而事实是大部分散户也只能是任人宰割的韭菜和肥肉。相比之下,学术界则要简单粗暴,称"我为刀俎、散户为鱼肉""猎杀散户"。更寒心的是,十年股海血茫茫,两手空空被套狼,多少散户在本次股灾中"套牢割肉血未干",到末了还要因"不成熟"背上"股灾罪名"。可见,中国是一个典型的"散户市"不假,但"散户歧视"更是泛滥成灾,杀人不见血。股市长征路漫漫,散户到底是被保护的对象还是利用对象?散户的命究竟在自己手里还是别人手里?

比之全球主要股市,中国股市的散户比例不是一般的高(美国10%、日本18%、中国香港25%、中国台湾48%),但如果从整个股市的演进历程看,面大量广的散户有其历史阶段性。以美国为例,早于18世纪末就诞生的股市最初也只是华尔街精英分子投机倒把、玩弄内幕的"游戏场所",直到20世纪初,散户逐渐开始进市,并在50年代达到93%的峰值。此后伴随机构投资者雨后春笋般涌现,散户数量大减,虽然期间的科技泡沫(2001年53%)和金融泡沫(2007年53.2%)一度令散户占据半壁江山,但并不影响斜率向下趋势。可见,散户从萌芽、壮大到"被剿杀"是一个否定之否定的过程,走过200多年风雨的美国股市也只不过是在半个世纪前开启了"去散户化"进程,虽然,中国不可能花几百年时间来笃悠悠地重复"别人的故事",但刚刚20多年的股市再高度压缩也需要一个缓冲的空间。特别是中国股市并不是市场经济的"一叶轻舟",而是一艘历史包袱沉重的"巨轮"。基于计划经济的思维惯性,股市从一开始就是一个优先向国资倾斜的配置场所:国有企业是VIP客户,中小板是一等舱,创业板是二等舱,新三板是普通舱……一言以蔽之,广大"船客"的成功抵航是需要有纤夫"拉船",而这个"纤夫"的角色无疑将落在1亿多散户的头上,散户注定将充当股市成长的催化剂,这是散户的历史宿命。

显然,任何普世规律一到中国就"走样",中国散户不仅带有世界股民的

"众生相"（买跌卖涨、赌博心态、粗糙的技术分析能力和怨天尤人等），更有"中国特色"的非典性：一是，信息不对称，公告不及时，散户跟风严重。由于信息披露机制的不完善，市场形成了上市公司、机构和散户三级"食物链"：上市公司因熟悉公司的经营情况和内幕消息站在了食物链顶端；机构投资者凭借广泛的信息搜索渠道和专业的信息处理能力，对信息源、信息数量、信息质量等各方面把握都"占尽先机"；而散户由于存在信息盲点，市场上任何风吹草动都可能刺激其神经，羊群效应愈演愈烈。二是，各种不规范令散户沦为"被忽悠"的对象。吴敬琏曾用"赌场论"来形容中国股市，的确，不仅仅是信息披露，上市审批、利益保障、价格机制以及监管约束等"漏洞百出"，就连政策都是"朝令夕改"，存在较大的随意性和主观性。基于此，股市变成了一个"千王"遍地的"赌场"，机构和上市公司都想"偷看别人的底牌"大捞一把，利用散户的"反身性"翻手为云覆手为雨也在情理之中，"太傻太天真"的小散们也只能"哑巴吃黄连"。三是，机构投资者散户化，小散拼不过大散。众所周知，中国股票市场的换手率全球第一（约800%），但如此高换手率背后的"推手"竟然不是散户，而是异化了的机构投资者。2012年，423只基金的平均换手率为232%，机构的"杀入杀出"简直比散户还要"不定性"。当"大小散"欢聚一堂，股票只不过是投机赚钱的筹码，机构消息比散户灵，进得比散户早，跑得比散户快，蚂蚁岂能撼大象？事实上，对于散户而言，一个"公开、公平、公正"的投资环境便足矣，但仅仅就流动性问题，就国有股、职工股、法人股等各种"不同待遇"，也难怪股民纷纷抱怨"太委屈"。

不过，"三公"的股市环境需要历史有条不紊地一点点打磨才能形成，急一点、慢一点都不到"火候"，恰如从散户市向机构市转化是一个必然的过程，但要实现渐变到突变的剧变，尚需相应的历史条件和社会环境。一方面，制度建设。证券市场的制度化、法治化建设，税收、复杂的交易机制和管理制度、法案保护力度等使得散户直接参与股市的动机减弱。同时，由于社会上大量存在运行完善的机构投资者，散户愿意将自己的钱拿给机构投资者管理。如美国私人养老基金、证券投资基金这两股"市场化"的力量正是感化并招安散户的重要原因。另一方面，散户的"七秒记性"不是口头教育就可以"根治"的，而是需要特大行情中的"血泪"折腾。如美国的股民历经20世纪30年代的大萧条、60年代的滞涨、70年代的石油危机、90年代末的科技泡沫等，一次次的熊市教训令散户痛定思痛、幡然悔悟。此外中国台湾、日本的股市都经历过满盘疯涨、全民皆股、断崖崩盘、关灯吃面等"刻骨铭心"的折腾，散户才一步步离场的。由此可见，制度建设和特大行情是股市"去散户化"的两大触发机制，虽说中国的"非典性"决定了股市绝非简单复制西方就可以实现"去散户"化，但多元复杂的国情只能预示着中国股市的去散户化条件只多不少，至少从这两条看，目前方方面面都不足以推动这一转化。因而，99.7%的散户不是历史缺憾，更不能横挑鼻子竖挑眼地加以指责，"不是不去，而是时机未到矣"。

从另一个角度也可以看出，去散户化必然要经历曲折和痛苦，"不折腾，不成佛"，而当下国家队的频繁出手，不仅没能轧平落差，熨平波动，反而加剧了行情的更大震荡。事实上，互联网时代，一个热点诞生全国炒作，一个题材破裂全民弃之，加之媒体超乎寻常的"凶狠"，股市的监管已经不是证监会的一家之事，而是"全民热恋"，散户也可以成为一股新监管力量。比如未来IPO的审核用互联网解决信息不对称，想上市的企业将满足条件的信息公开晒网上，利用广大网民"人肉搜索"的力量决定企业是否具备上市资格或者定价是否合理，这样一来，证监会才可能真正实现"监督"而不是"政审"。也就是说，广大散户不再简单地是保护对象和教育对象，而将成为推动经济和股市发展的基本力量，通过互联网进行信息民主化的改造，中国股市完全有理由在重用散户的基础上更快走向成熟化。

当然，经历过"熊在吼！牛在逃！机构在咆哮！股民在哀号！"一茬茬"割韭菜"的悲壮后，一小撮资质偏高的散户还是会有所"领悟"，未来的炒股策略也将更加"精明":1. 反身性中逆向操作。当广场大妈、买菜阿姨、马路课堂纷纷"疯狂"时,当网络爆传"闭眼买进莫较真"时,"反身性"效应来了。如果说昔日,这些散户肯定也是急吼吼地寻找"带头大哥",今后他们将"在别人疯狂时提前恐惧",进而悬崖勒马、见好就收。2. 利用政策市的魅力和行情。基于两个原教旨的杂交,政策的不稳定、反复性和探索性几乎成为中国股市的一种"常态"。当大多数股民抱怨政策的反复无常时,这些人却能反其道而行之,炒的就是政策市带来的千点波段大行情。3. 盯盘"才露尖尖角"的新经济、新产业。欧美股市发展历程已证明,真正大阳线的出现不是交易制度变革引发的,反而是产业革命爆发的果实。当下,老经济去产能,破土而出的新经济正在登上历史舞台,或许有先见之明的散户早已对未来可能力推牛市大阳线的新经济"垂涎欲滴",格外上心。

第八章　2017楼市风向

一线城市的房价不会涨到天上去,将与香港楼市看齐,但香港的今日也在遥远的未来警示着我们。

楼市"奇葩"

2016年,房市愈发凶猛,媒体上充斥着令人瞠目结舌的消息:一套二手房一天跳价三次涨了70万元,还未办理完过户手续的房子已涨百万,买房8个月涨了500万元,工作30年不如买套房;"日光盘"重现江湖,某楼盘352套总价千万豪宅一日被抢光,创下25亿元逆天销售额;上海二手房市场成交连续两月突破4万套大关,房产交易中心进入极限模式,排队排到马路上;四成上市公司一年净利润够不上北上广深一套房,精打细算的网友感叹道,"在上海买房还要啥卫生间,还要啥厨房,省下来的钱下馆子够吃上几十年,还不用买菜烧"……自1994年"房改"以来之未见怪现状比比上演,如果说股市当下行情已是见怪不怪,那么房市堪称一朵"奇葩"。

更令人奇异的是，房市冰火两重天格局愈演愈烈。尽管2015年房市已然分化，2016年伊始仍延续了上年的四个极端背离。1. 城市间的背离：一线城市与三四线城市天壤之别。2016年1月，深圳新建商品住宅价格同比上涨52.7%，创1998年以来历史最高涨幅，连续9个月领涨全国；上海凭借21.4%涨幅紧随其后，北京、广州分别上涨11.3%、10%。南京、武汉、苏州、中山等热点二线城市迅速接力，其中南京1月新建商品住宅价格同比上涨10.8%，二手住宅价格同比上涨7.7%，涨幅仅次于四个一线城市。相比一二线城市的"分外妖娆"，三四线城市却是"冰封万里"，房价萎靡不振，库存高企，如沈阳商品房库存接近3000万平方米。2. 房价间的背离：同一城市房价大相径庭。以上海为例，2015年内环均价超7万元/平米，约为全市均价的3.35倍；而到了2016年1月，原静安区均价已超10万元/平米，黄埔区均价接近9万元/平米，1000万已成为内环内高端住宅的起步价，而均价最低的金山区仅有1.1万元/平米，价格相差近10倍。3. 房地产企业间的背离：疯狂拿地者有之，主动去地产化者有之。前者如万科、恒大、融创等房企，定下2016年销售目标分别为3000亿元、2000亿元、1000亿元。千亿销售目标的背后是房企高涨的抢地热情，并催生"面粉贵于面包"的现实，如1月底，仅南京一天就诞生4个"地王"，其中河西地块"血拼"87轮，楼板价突破4万元，几乎超过南京99%的在售楼盘价格。后者如万达要降低地产业务比重，向国际化的消费服务商转变，下调2016年房地产销售目标至1000亿元，下调幅度近40%。4. 经济形势间的背离：形势总体向下，房地产却逆势而上。一边是国内经济下行压力明显，2016年2月，中国官方制造业采购经理指数（PMI）仅有49.0，连续7个月低于荣枯分界线，创逾4年来最低水平；官方非制造业商务活动指数降至52.7，刷新2008年12月以来的逾7年最低水准，这意味着制造业处于萎缩状态，就连服务业（考虑春节因素）也不是很乐观；另一边则是房地产业迎来"开门红"，火爆得不要不要。

然而，上述四大背离只是房市"奇葩"的表象，从深层次看，"奇葩"却有其无奈的基本原因。一、楼市供求关系是主要矛盾。近10年来，上海累计批准上市182.8万套商品房，累计销售178.5万套；同期累计新增外来常住人口538万人，大约相当于179万户，供需之间总是存在缺口。更何况供给侧改革在房地产这头怪兽面前，最终变成了对需求侧的压抑，但需求是不会凭空消失的，只会转移与绕道。即使是启动全面限购，在经济疲态需要房地产这根老支柱来搭把手时候，被压制的需求统一集中释放时，房价仍将刷新历史的天际线。如果2040年上海常住人口没有实现控制在2500万以内目标，而是达到4000万，上海房价还将突飞猛进。

二、资本避险是投资本性。水漫金山，资金横流，而优质资产太少，才出现资产荒。像上海、杭州这些热点城市的住宅用地，每一块都被看成一个优质的风险投资项目。相比创投，拿到过A轮的互联网公司，最终能熬到盈利或者上市不足5%，但如果以风险投资的方式合资拿一线城市和强二线城市的住宅用地，最终亏损的不超过5%，哪个更容易获利一目了然。对于开发商而言，"现在是没买到地纠结3天，买到地纠结5年"，这5年就是等待"时间让空间升值"，用今天的面粉做出明天的面包，并能够卖得掉。

三、货币廉价是最大推手，目前世界上还没有哪种力量能够节制政府印钞。从2006—2015年的10年间，上海房价上涨了2.9倍；而2015年末广义货币总量M2余额139.22万亿元，比2006年M2余额34.6万亿元增长了3.02倍，由此可见，房价涨幅与M2涨幅步调一致，房价与M2具有很大相关性。中国特有的土地性质+货币机制是中国房市异象的又一主因。中国政治经济的所有秘密都隐藏在土地中，从土地革命到土地财政一脉相承。"打土豪，分田地"的土地革命激发农民的积极性，使我党拥有了广大群众基础；土地财政既肩负着"分税制"下央地关系平衡器的重任，也扮演着城市化原始资本的角色，更是土地公有制下的制度"创新"。但无论如何，土地稀缺才是房价上涨的关键因素。而中国特有的复式货币制度（强制结售汇导致人民币被动增加）创造天量货币，为楼市提供了充足弹药。

四、经济金融化、资本化是内在逻辑。就进入资本时代的房地产业而言，房子不只是房子，土地不只是土地，充分运用金融工具做房地产，把房地产当成金融和资本来运作。以往的囤地、捂盘、炒地、炒房都太小儿科，大规模使用金融工具（贷款和金融机构的场外配资），尽可能加杠杆，利用地价上升来扩张资产负债表，用"负债"竞逐"资产"才是先进方式。房企联合拿地，或拿地后出让股权，所付出的资金成本甚至更少，这也正是融信110亿拿下静安地王的逻辑。正所谓"不怕钱少，就怕胆子小"。

五、房地产是中国经济的最大产能，按理来说应是去产能的主战场，事实上却在去库存中继续膨胀。房地产既是产能过剩的根源之一，催生水泥、钢铁、玻璃等关联行业的产能过剩，其自身也是产能过剩领域之一，楼市去库存其实就意味着中国住房短缺局面已经结束，进入到过剩阶段。尽管去产能与去库存同列"五大任务"之中，但意义与效果却有所区别，前者是"优胜劣汰"，针对的是落后企业与产业，后者是"清仓甩卖"，针对的是库存商品。对于商品房这样的"特殊商品"而言，行政化的"促销"反倒产生逆效应，不仅成为房价上涨的推手，催生购房者的恐慌心理，刺激投资客入场，而且激发房地产商拿地新建商品房的动力，在建与新建商品房或在政策退出时形成新一轮库存。

六、房地产是吸纳流动性的最大黑洞，也是中国通货膨胀的主战场，在一定意义上证伪当下是通缩。中国无疑是全球最大的印钞机，而对资产价格进行市场化确认时沉淀了大量的流动性，使得货币犹如泥牛入海，将通胀隐匿在土地房产中，但要素优化配置却以不管不顾的方式表现出来。

七、特殊性与共性的统一。北上广深的表现是这波楼市行情中特殊性，但在根子上还遵循着决定房地产价值的基本准则——地段，三四线城市的黄金区位也不例外，由此不难理解不同城市、同一城市不同区位的冷热不均。由此来看，房价"奇葩"不奇，只是无奈必然的结果。

如若仅是上述基本原因,房地产走势或许还相对清晰,然而,房地产政策作为外部因素,其翻手为云覆手为雨,却为楼市平添了诸多复杂性与不确定,甚至南辕北辙,可谓之添乱与添堵。梳理各种房调政策,长效机制似乎并不多见,更多的是救急而不治本。1. 从限购限贷到放松直至取消限"两限",在不到一年半的时间里,连续四次下调房贷首付比例,降低房地产交易环节的契税、营业税等政策,成功地拉动了楼市之后,面对深圳式暴涨,官方三天两度回应正在研究有关房地产调控政策,严格控制投资投机需求,一线城市房调政策又开始面临纠偏。2. "去库存"政策相对GDP还算小事,但相对银行却是大事。对67.67万亿元的GDP总量而言,房地产业产值占比不到10%,因此重心不在救中国经济,而在化解金融业潜在的系统风险。毕竟房企普遍采用高负债、高杠杆、高资金成本驱动的以债养债模式经营,房市行情不好,行业风险有可能传导至金融体系。3. 地方政府放大招解困房地产,河南买房获政府补贴,甚至沈阳闹出"零首付购房"乌龙,甚至让"农民工接力"买房,折射出三四线城市的无奈。4. 房地产企业债转股,是对股民赤裸裸的伤害,违背了市场资源优化配置的准则。5. 房产税。唯有房产税是悬在头上的"达摩克利斯之剑",将真正对冲房价,改变房地产的目前态势,也意味着永恒产权将成为可能。随着不动产登记全面启动,房产税这把利剑虽迟迟难以正式出台,但趋势已不可逆,只是早晚而已。

房地产会崩盘吗?中国土地制度是一朵奇葩,行政手段是调摆之手,中国并非真正意义上的市场经济国家,因此经典市场危机不可能发生在中国;一旦这样的风险到来,风险就不仅仅会波及房企自身,还会波及金融机构,甚至金融机构背后的个人投资者,这时候政府就会出手。更何况,目前中国经济还没有完成转型,还需要房地产业的支撑。综上所述,一线城市房价还未涨到位,上海房价将超过香港,中心房价与郊区房价拉开10倍距离。残酷的是,劳动收入不能支撑买房,当下热炒的地段已经与老百姓无关。具体而言,短期上涨,政策根据行情来,紧紧松松调整着节奏;中期波动,这与房产税正式出台有关;长期(10~20年)向上,高位横盘;远期终止,50年后因人口因素与几代人留下的房产太多有关,也可能与财产税的征收有关。

楼市博弈与变局

高房价扶摇直上,怪现象层出不穷,段子亦推陈出新。"上市公司卖房保壳,出了一道可以问鼎诺贝尔经济学奖的课题:近半上市公司利润不够买京沪深一套豪宅,但卖掉1%股份就能够买几套,请论证楼市、股市哪个泡沫大?""南京限购离婚,民政局新婚誓词更改为'我们自愿结为夫妻,从今天开始,无论房价上涨还是下跌,无论限购还是限贷,无论首付优惠还是拆迁分房,无论避税还是学区房,我们都风雨同舟,患难与共,同甘共苦,永不分开!'"……然而,创造出让人欢笑飙泪的段子,归纳出世间三大谎言——"房价要跌、股市会涨、永远爱你",机智、幽默的网友正是未能预知未来与变化而行差就错大多数人中的代表。2016年即将结束,连续飙涨数月的房地产市场是否会遭遇"黑天鹅"事件?

自2016年5月,"权威人士"提出"房子是给人住的,这个定位不能偏离",7月高层表态"抑制资产价格泡沫",一些城市出台"限购限贷限地王"老三篇之外,再无其他实质性声音:从财政部到央行,再到住建部,万马齐喑,一片沉默。就在此期间,楼市上涨冲击波已经从一线城市北上深,蔓延至苏州、南京、合肥、厦门等二线城市,目前正向2.5线城市(与杭州、南京这些二线城市相比购买力稍弱,但同样为副省级的城市如郑州、济南)袭来,上演相同的抢房剧情。而最大的不同是,如果说以前民众还在痴痴等待降房价,把买房希望寄托在政府身上;如今早已抛开这一"执念",鄙视自己曾经"很傻很天真",极力赶上炒房末班车，害怕错失最后的致富机会，跟不上泡沫膨胀的速度，以及对越拉越大贫富差距的真实恐惧占据上风，相比之下，对日本、美国、香港房地产崩盘等前车之鉴的恐惧则是虚无缥缈的。开发商更是经验老到，坚定不移地将"抢地王"进行到底，"捂盘"抬价、并购股权，一片"红火"气象，当然面对房企分化也是冷暖自知（2016年以来，频繁出现的地王再次推升了房企的规模膨胀速度，动辄百亿的土地拍卖，意味着小型房企要么与巨头结盟，要么被淘汰出局）。

究其原因，就在于笃定政府不会对楼市置之不理，更不会主动刺破泡沫，因为房地产早就绑架了中国经济与地方政府，只要房价下跌，中国经济就将步入万劫不复的深渊，所以他们有恃无恐。

一是GDP（保增长）的需要。在中国，楼市发挥了经济支点的作用，据测算，楼市对中国经济产出的直接和间接贡献高达19%，房价下降10%即会让GDP增速下降5个百分点，这决定了整个国家经济是增长还是下滑的天地之别，楼市的重要性可窥一斑。

二是地方政府的吃饭与投资问题建立在房地产基础之上。长期以来，房地产投资与政府以土地为杠杆的投资活动是支撑中国经济最重要的力量，在地方政府债务缠身的背景下，土地财政是地方政府更为依赖的收入来源。以"七税"加土地出让金的口径来计算，2015年，土地财政收入占地方财政总收入的47.6%，较2014年下降7.3个百分点，是近4年以来新低，但仍占据地方财政收入来源近一半，是地方财政总收入的核心组成部分。

三是中国金融系统的风险维系在楼市上。当新增贷款全部都是房贷，当货币通过放贷循环捆绑了金融体系，一旦一个市场发生险情和危机，会迅速传导到相关市场，就将爆发系统性危机，这是所有人都不愿意看到的，也是不堪承受之痛。即便如美国拥有全世界最成熟最强大的金融体系，但房地产资本主义最终让华尔街闪电般崩溃。此外，也与捍卫资产价格有关，有关方面担心房价下跌会刺激资本外逃并进一步打击资产价格，陷入恶性循环，造成政治与社会的不稳定。相反，房地产能够帮助政府完成KPI指标，让老百姓感受到财产增值的幸福感，一地一城的房价上涨，可以提升城市的购买力。因此，楼市看似脆弱，实则"坚强"，表现出来即是百业不兴，唯地产不破。

事实上，害怕房价下跌，恐惧经济硬着陆，这种只能做多的惯性让有关方面不知不觉地跌入"渐进式"思维陷阱，即希望以渐进的方式化解结构性问题，即所谓"以时间换空间"，渐进推动经济转型，结果保增长把时间消耗的越来越少，空间消耗的越来越小，风险也越来越大，这种拖延战术只能让结构性矛盾恶化。从另一角度而言，这种尴尬局面的出现，和房地产政策仍然难以脱离调控思维也不无关系。在过于追求短期效应的指导思想下，政策朝令夕改，无论民众，还是市场的参与各方，对政策的善变都无所适从，同时又反向博弈政策，导致政策失灵，如当下"去库存"政策的异化。

物极必反。当下一线城市房价的疯涨已不能让有关方面置若罔闻了，一方面缘于政府的"长袖善舞"，时不时"出手"的惯性；另一方面也是对房地产政策的纠偏。如今，房地产变局的条件已全部具备。从现实态势看，一是房产本身从刚需消费，走向投资，异化成投机的金融产品，买房本质上与配资炒股没有差别；二是已经劫持了民心所向，劳动买房成为泡影，资产增值加大贫富差距，做房奴成为"幸福的事"，底层解决不了居住问题，将影响社会稳定；三是阻碍了经济转型与创新活力，辛辛苦苦做实业，不如轻轻松松去炒房……

显然，有关方面不会任由其这样下去。如同2015年下半年到2016年上半年金融出现方向性、格局性的大变局——从闯关到收敛，因P2P的跑路引发调整，房地产市场的国策也会将有变局。从可操作性上看，一是房地产税已箭在弦上，二是不动产登记与联网已经完备，三是保障住房大规模建设，为政策调整提供了条件。其中，一个极为可能的由头是控制如水货币的自由流动，一如2015年的股市，监管方面悄悄的一个调查配资的消息就引发了整个系统的崩盘，连续跌停，很多人根本就逃不了场,直到失去全部;另一种可能是从地方层面根据面上的情况开始调整。由此或可以理解为,不是不发声,不是不调整,而是有关方面在憋大招。鉴于楼市政策的"变脸"可能,一线楼市的"火山喷发"行情或将暂时告一段落,但在货币、土地因素的支撑下,仍有几个小升浪。

当对房地产土地供应、信贷、税收、信息、住房保障等政策的全方位调整到位,调整成为必然,至于什么时候调整,只是偶然现象。按惯例,如每年11月或12月份的中央工作会议,或者2017年3月份的"两会"之后,都将可能是调整的时间窗口。如此一来,对普通民众而言,改善居住,避免投资、投机购房是原则,不要心存侥幸;那种一掷千金的豪赌行为,如坊间所传豪掷9000万元购买60套房产的极端事例,则将承担与政府、市场"对赌"的苦果。

房地产税虚实

从2003年十六届三中全会首提物业税,到2011年1月上海、重庆试点征收房产税,再到2013年十八届三中全会将表述调整为房地产税,关于房地产税的探索已有13年之久。其间每一次提及都引发关注,而每一次都是虚惊一场,风声大雨点小。房地产税出台到底是不是虚晃一枪?

而在此过程中,房地产税被赋予了多种功能,承载了各种诉求,寄予了太多期望,愈发变得面目不清。在官方语境中,意图通过房地产税的税收调节作用,引导居民合理进行住房消费,促进房地产市场平稳健康发展;地方政府更希望房地产税能够成为地方税的主体税种之一,提供长期的、持续的、稳定的税收来源;未买房者引颈期盼房地产税能够抑制投机,成为降房价的利器;而对已购房者而言,房地产税则是扎在心头的一根刺,不仅为"两次剪羊毛"(70年土地使用权出让金征收剪一次,房地产税征收再剪一次)而心痛,而且为无法承担房产持有成本而恐惧；学者们希望能够通过房地产税改革，明确土地产权的法理性；专家们期待房地产税发挥调节个人财富，解决收入分配问题，起到促进社会公平的作用。其中，关注最多的是房地产税能否降房价。在当下房地产市场中，高房价困扰着政府与民众，更是成为阻碍人才流动、科技创新、城市发展的藩篱。以上海为例，针对本市居民家庭在当地新购且属于该居民家庭第二套及以上的住房，家庭人均居住面积超过60平方米的，以及非本市居民家庭在本市新购的住房，适用税率暂定为0.6%，但从房产税试点的4年多来的情况来看，对房价的影响几乎可以忽略不计。据统计，2013—2015年，上海商品住宅成交均价逐渐上涨，分别为24177元/平方米、27165元/平方米、32284元/平方米，2016年上半年均价更是达到35006元/平方米，而且这还是在没有放开限购的情况下。

更重要的是，房地产税还面临着多重矛盾、悖论和纠结，在一定程度阻碍了开征的进程。其中最大的纠结就是土地制度问题。发达国家土地是私有制，对永久产权进行征税无可厚非。而中国土地性质是公有，房产所有者只拥有对土地的使用权，而无所有权，而且对国有土地或集体土地的使用也有期限，为50—70年不等。矛盾的焦点就在于，既然房产所有者对土地不具有所有权，为何要为其缴税；为获得土地使用权已经缴纳了土地出让金，再缴纳房地产税似乎又重复缴税之嫌？况且，住宅建设用地使用权到期之后，虽然《物权法》规定了自动续期，但该如何续期，需不需要交纳土地出让金以及交纳标准都没有明确。到目前为止，国家也尚未出台关于出让土地续期的实施细则，更没有对出让土地使用权续期出让金收取标准做出规定。于是，就出现温州约600套商品房的20年产权住宅土地使用权到期，业主须按房价1/3续期的"先行"案例，将此矛盾推向风口浪尖。其续期方法是基层国土部门参照国有土地出让的做法，先由第三方评估机构评估土地价格，根据单位地价或折算出楼面地价，算出总的土地出让金，重新签订国有土地使用权出让合同。毋庸置疑，房地产税开征之前必然要在此问题探索出一个合理的处理方案。

即便问题重重,也阻挡不了政府征税的决心,何况税收是国家的权力,财产税征收是社会公平的重要途径。如果把法治之争、道义之争放在一旁,房地产税出台的概率很大。从功利的角度看,解决地方政府财政收入是现实需要。营改增后,服务消费业的税收地方政府所留不多,只有两条突围之路,一是继续土地财政之路,二是寻找到一条地方的长期税收之路,相较之下,房地产税是对持有环节征税,并且是年年交,是长期的、稳定的税收。如果没有房产税与服务业税收,地方政府的掌控力将大幅削弱。从长远的角度看,促进社会的公平是政府的职责所在。随着市场经济深化,贫富分化必然加剧,社会稳定成为重中之重,以财产税征收均衡社会各阶层成为必要。从技术角度看,也并不存在那么大的难度与障碍。如在土地问题上,只要拥有永续使用权,其实与所有权没有实质性差别,只是表述上不同而已。何况国际上并不是只有终极产权为私有的土地才能开征这种住房保有环节的房地产税。比如英国房产税全覆盖,但英国的土地全部归国王所有,批租年限最高为999年,实际是永租制。更不用说香港,土地没有私有,但是在最终产权非私有的这片土地上,一直开征被称为"差饷"的房产税。显然,对于擅长实用主义的国度而言,一切变通都有可能,政策是可以调整,制度是可以完善的。

即便如此,房地产税出台的过程是漫长的,考虑到目前房地产税法草案在税率和征收范围等构成要素,以及是否给予地方一定自主权等立法模式方面,可能很难在短期内达成相对接近的共识,因此不排除房地产税法的草案要到下一届全国人大任期内,才能够得以解决,推出至少需要五年甚至更长的时间;而房地产税逐渐铺开的过程也是长期的,至少需要两三个年代,才能逐渐完善。由于房地产税是政府最大做空房地产市场的工具,投资者的收益将通过房地产税成为政府的收入,是抑制房地产资本利得的重要工具,当市场进行了充分的心理准备,多套房产者逐渐抛售完毕,如此一来,其意义也将削弱。鉴于中国一贯渐进式改革,房地产税出台的模式或将秉承先点后面(逐渐扩大试点)、先富后穷(从一线城市到二线城市推进）、先易后难（先豪宅后普通住宅，先多套房后一套房）的渐进原则。至于税率也不会太高，或将维持在较低水准，像上海、重庆一样，其目的只是希望房地产市场平稳健康发展，而不是大幅下挫。

如此一来，在增长与稳定前提下，经济转型船到江心之时，经济增长与楼市去库存、软着陆更被看重，冒进与急切是中国经济所无法承受的，当下显然不是房地产税的出台时机。于是，中国房地产税开征与美国加息如出一辙，时不时出来溜一圈，拿捏着过程，影响着市场的行情，以及GDP波动幅度。而关于房地产税消息与传闻，就像是一个飘浮在房地产市场上的"幽灵"，时不时跑出来吓一吓人，然后又不知不觉地消失在黑夜之中。

行业篇

第九章　寒冬里的制造业

当下中国制造业正面临着一场巨大的挑战，背后是全球制造业格局和趋势的深刻变化。中国制造在高端与低端的产业链"两极"画地为牢，锻造出中国制造业特有的"尴尬"。但制造业的一系列变局早已超出行业、地区乃至国家的以往经验，变革势在必行。

制造业寒冬的时代宿命

中国制造业2016年2月PMI为49.0%，比1月回落0.4个百分点，创近41个月新低。而此前国家统计局数据表明，2015年全国规模以上工业企业实现利润总额同比下降2.3%，这是1998年以来首次出现负增长。2015年，华为最大的供应商福昌倒闭，温州著名的庄吉集团破产，曾经员工数量逾10000人的东莞厚宏制衣厂老板跑路，制造业倒闭潮再次汹涌而至。种种迹象表明，历经多年挣扎，中国制造业仍然未能走出寒冬。面对这种状况，企业普遍感到迷茫无措，进退失据，没有方向。

这背后是中国企业已普遍陷入三大矛盾之中：1. 缺乏创新却又不敢投入。中国制造靠山寨"走别人的路，让别人无路可走"的发展道路已日趋收窄，创新已成为躲不过去的重大课题。然而，且不说面大量广的企业本就缺乏创新实力，面对创新有心无力，就是有创新基础的企业，要么没有方向，要么怕成为创新中的炮灰，也在创新上缩手缩脚。这种状况使得中国制造整体上缺乏安身立命的根基和底气，只能在危机的煎熬中"认命"。2. 在产业链上不断腾挪却找不到空间。一般来说，企业在自己经营的领域难以突破，往往会在产业链上动脑筋，向上下游拓展，但这一套现在也不灵光。比如富士康在产业链上四处伸手，从单纯制造走向产品设计和技术研发，并向产业链上游延伸，甚至跨向其他行业，如LED、锂电、光伏等新兴产业，但大多尝试都徒劳无功。当前制造业整个产业链都处在萎缩阶段，因此不管是向上游进入到基础产业或技术研发环节，还是向下游进入市场拓展环节，都缺乏足够的利润增长点。3. 做品牌却远水解不了近渴。品牌的号召力早已被普遍认知，然而品牌的打造本就不是一日之功，难以救急，更何况品牌的打造需要从生产经营到管理创新等多层次的支撑和打磨，而中国企业在诸环节上还停留在粗浅的层面，所谓品牌打造难以名副其实，自然也难以成为企业突围的利器。

事实上，不单是中国，全球制造业的日子都不好过。比如美国2016年2月制造业PMI初值降至51，为2012年10月来最低。金融数据公司Markit公布的一份研究报告指出，商业信心低迷和新订单分项数据下滑暗示最糟糕状况可能出现，连续第三个月PMI增速放缓，表明美国制造业企业生产有停滞迹象。而日本近年来以电子信息为代表的制造业也面临多重困境，一些声名显赫的大公司不断丧失阵地，甚至卖家产自救。德国制造业虽然被认为是全球制造业标杆，有抗危机的实力，但2015年部分行业也出现滞销，如其主要出口美国、英国市场的汽车销量下滑。数据表明，德国制造业增长持续放缓，2016年2月制造业PMI终值大幅下降至50.5，为15个月来新低，5个重要分项指标均显示下滑趋势。整体而言，全球范围内的制造业都处在艰难前行之中。

全球制造业低迷不振，甚至每况愈下，有其深刻的时代原因：1. 全球传统制造业都面临产能过剩。《经济学家》认为目前全球销量和产能之间的鸿沟是"自1930年代以来之最"。全球钢铁过剩产能接近20%，汽车过剩产能达到30%，而与近期在半导体和通讯行业出现的闲置产能相比，上述数字还算小。后危机时代，经济增速下滑已成常态，产能紧缩周期在较长时期内仍将延续，主要经济体都会经历若干年痛苦的去杠杆过程。2. 从传统经济到新经济切换。08年金融危机后，旧经济不断衰落，难以为继，市场经济的极限和环保压力不断压缩原有空间。而新经济尚未成熟，还在半道上，并未给制造业开拓出太多新空间。3. 互联网对传统制造业釜底抽薪。互联网惊涛拍岸而来，对传统制造业的生产模式、营销模式、渠道模式等都带来改变，而且引起了人们消费行为的深刻变化。这些都迫使传统制造业企业要不断地做出改变。4. 全球贸易格局已发生重大变化。以往大进大出的贸易模式已经改变，生产开始出现了本地化倾向，WTO框架下的国际贸易开始收缩，制造业过去所倚重的全球化的红利在不断减少。鉴此，某些企业即使熬过了寒冬，也未必能拥抱春暖花开。

中国制造业极端：大溃败与大突破

为了重塑制造业的"金身"，全球掀起产业革新潮。美国提出了"先进制造国家"战略、日本跟进了"工业再兴"战略、德国搞出了"工业4.0"、巴西抛出了"工业强国计划"，制造业的变革之火燃遍全球。反观国内，一边是制造业集体演绎"大溃败"，继夏普、松下等企业回迁后，中国纱厂出走美国、富士康出走印度、耐克出走越南，飞利浦走了、西铁城走了，就连微软也要走了……外资企业大唱"离歌"，还有温州制造业集体大溃败、东莞制造业家族跑路等倒闭、失联潮风起云涌，做实业的人几乎都成了茫然的"夜奔人"。为此，"预言帝"郎咸平"大放厥词"：全球工业4.0后中国制造业将全线崩溃。而另一边则是全国产"神威太湖之光"登顶世界超算冠军、"华龙一号"首台核电主泵泵壳锻造成功、国产大飞机C919正式总装下线等中国制造"大突破"捷报频传。一时之间，全球愕然：中国制造罹患上了"极端"分裂症，中国制造究竟还有没有未来？

事实上，无论是"大溃败"还是"大突破"都影射出中国制造业哑铃型结构的尴尬态势，其中一端表现为"世界工厂"的低端性：1. 长期游走于"四无"（无核心技术、无品牌、无信用、无系统）之境，竞争优势被荡平。短线文化使企业惯于"借梯登高"极速复制加工以获利，不仅核心技术惨遭扼喉，还弱化了品牌溢价能力，光纤制造装备的90%、芯片制造装备的85%等均靠进口，没有技术托底只能山寨其形。此外，信用也是中国制造的硬伤，吴晓波曾直言：温州制造业溃败的关键是信用在中国不值钱。"极端功利主义的社会共识"与"低廉的信用违约成本"硬生生将中国制造业的信用压缩成了"廉价货"，和同行拼刺刀、抹黑、跑路成常态。加之"两头在外，三来一补"使中国制造无法掌控整个生产过程，更遑论自成体系，只能与世界先进制造渐行渐远。2. 跟随战略面临前后夹击，中国制造饱受两线作战之困。作为后进国家，"师夷长技"被奉为赶超先进的金科玉律，"引进—落后—再引进"的逆向研究虽弥补了国内制造技术的短板，但也使其极端地将发达国家当做学习的"固定靶"。伴随历史欠账的"崩盘"，国内制造业"瞻前"还得"顾后"，遭受发达国家"高端回流"和发展中国家"中低端分流"的双向挤压压力山大。3. OEM代工生产模式使中国制造业深陷低端的泥潭。"外资+技术+工业设备+低价资源+廉价劳力"的OEM模式熔铸出了面大量广的低端制造，甚至有人调侃："8亿件衬衫才能换一架波音飞机"，"中国制造是靠广告'炸'出来的，凭网点'铺'出来的，以低价'杀'出来的。"由此，中国制造在低端里越陷越深。4. 中国经济周期性、结构性调整，产业、行业遭遇成熟前的大洗牌。中国经济增速换挡、短期需求减弱，钢铁卖出白菜价、煤炭卖不出沙子钱，在"越贱越扩张"的挣扎中遭遇政府主动调控和市场激烈竞争的双重绞杀，产能出清、清理僵尸企业已避无可避，行业洗牌在所难免。由此观之，中国制造业的低端态势与企业家自身和国内环境脱不了干系。

而另一端，举国体制和国外核心技术的"掐尖"战略又让中国制造呈现出惊为天人的高端性。一方面，举国体制下的"金牌战略"，从中央到地方纵横一体，以权力意志控制市场和社会偏好，为高端制造大搞政策倾斜、资源倾斜、资本倾斜等集聚性配置，借以瞬时提升国家实力，此时其政治效能已然凌驾于经济价值之上。由于中国与发达国家在制造业上存在技术时差，既要超速崛起又得对外形成震慑之势以保国家安全。更何况在智能科技时代，国家战略的调整背后倚仗的正是强大的高端制造力量，美军借助被高性能芯片所武装的先进装备，在战场上摧枯拉朽般"瞬间"击溃伊拉克军队即为明证。因此，在航天、军工、核电、高铁等特殊领域，国家"不惜血本"汇集大批身怀绝技的高端"工匠"，维持了高精尖制造与国际影响力的"水涨船高"。而另一方面，发达国家将关键零部件的研发制造与高溢价的核心技术牢牢掐在手心，并高高竖起技术壁垒，中国制造为了突破技术封锁，自力更生发起技术反攻，甚至形成了"技术一封锁中国就搞定"的铁律。为此，作为"工业之母"的大连现代数控机床技术追平至国际先进水平的95%；还有脉冲强磁场实验装置中的电源设计和磁体技术，全世界最先进、领先美国E-3C预警机接近一代的2000预警机等中国"黑科技"更是位列世界顶级。中国制造就在这极其高端与极其低端的产业链"两极"画地为牢，锻造出中国制造业特有的"尴尬"。

但如今，整个制造业运作的内在逻辑已然生变，制造业的一系列变局早已超出行业、地区，甚至国家以往的所有经验，这也为中国制造业熨平"两个极端"进一步造势。一是科技制造技术的迭代趋势，抽走了原有的发展势能，所有的技术都失去了前提，小系统没错，大系统错了。技术"疯"以"进托邦"的方式演进，从超精密制造到亚纳米级制造，科技制造迭代进化的速度堪称"生死时速"，极致科技超然于"上限"之外。这厢汽车发动机还在从四缸到十二缸顽强"进阶"，那厢新能源汽车的横空出世早已"格式化"了汽车发动机所有的技术前提。还有曾依赖小系统优势登顶的"手机霸主"诺基亚，一夜之间被苹果赶下神坛，碰上了时代切换和外部多元变量的挤压，单一的功能机岂能抗击多功能的智能机，传统制造业气势渐消。二是制造业的极端化、网络化和新媒体化势不可挡。互联网、机器人等让制造技术已由单纯的机械加工转为集机械、电子、互联网、多媒体等于一体，从线性模式向复杂性系统转变、从宏观到微观再到纳米层次转变。更何况CPS（虚拟现实交互系统）智能制造的利箭已经射出，生产制造系统的多元化和超复杂相交叉，此种大环境再次印证了破除中国"极端"制造的尴尬势在必行。

而在熨平两个"极端"之后，中国制造业自身蕴藏的巨大空间也将充分释放出来。1. 中国制造业不仅具有超大规模，还有完整的产业链。中国堪称世界老二，本就足以证明其经济体量之大，而从工业体系的完整度来看，世界500种主要工业品中，中国就有220种，且产品产量位居全球第一。从火柴到火箭，独立完整、门类齐全的产业链"无国能及"，不仅不用担心被外国"卡脖子"，还能保证国内"一揽子"产品的最低价。此外，基础设施空前绝后、超级开放的态度又为人财物的吸纳、储备留足了空间，而这正是国民禀赋中难以替代的一块。2. 超大的市场需求是关键。经历经济起飞期后，中国消费者的消费能力和消费水平大幅提高。2015年出境游游客数量达1.2亿人次，境外消费达1.5万亿元；外贸进口总额达10.45万亿元；中等收入人数跃居全球之首，而这些数据又说明中国足以捷足先登，从而获取高利润营销和客户服务的最大份额。一旦中国的工业化和市场化全部就位，军工、民用等领域的超大需求集中迸发，点燃制造业"冲天"的捻子指日可待。3. 中国经济超级混沌，各类界面极为模糊，到处都是边界和边缘。

智能化和信息化的发展正在打破各行各业的界限，打破只在传统延长线上的创新格局，边缘愈多，制造业科技创新"见缝插针"的机会也愈多。4. 国策导向将资本金融切换至实体经济，制造业版本升级势在必行。工信部提出中国要用中国制造2025和工业4.0接轨，旨在使中国制造2025年"由大变强"，2035年"由强到前"，2045年"由前到先"，同时还对诸如P2P、影子银行等资本金融大整顿，力图将其导入实体经济。国策转向以及资本金融的流向将为中国制造业的版本升级"添柴加火"。一旦中国制造业的潜力被激发，届时也将开启中国制造的一片新天地。

制造业"爆炸"，中国突围方向

中国制造业"极端"趋势下潜藏的巨大爆发力，恰恰碰上科技创新的"东风"。而纵览全球，科技创新又呈现出两大特征：一方面，"集成创新"遍地开花。其中，iPhone的高度集成化尤为显眼，拥有785家供应商，从螺丝到显示屏再到摄像头，数以百计的零件、数以百万的应用、数以千万的歌曲和视频，所有这一切，都被装进了苹果小小的机身里，还有航天器、现代飞机和舰船等都是系统大集成的创新成果。另一方面，纵向联合的"集群圈子"早已辐射全球。这厢产业集群的热度未消，美国的硅谷、英国的剑桥和印度的班加罗尔等高技术集群还在"各领风骚"，那厢"各个击破+共同研发"的创新集群意识又已锋芒毕现。我摆脱不了你的"综合强势"，你也逃离不了我的"专业优势"。总之，历经科技创新的反复打磨，各种各样的界面正在消融，科技创新的集群化与集成化趋势愈演愈烈。

而制造业作为科技创新的主战场，二者有着天然的裙带关系，因而科技创新的大变革又引发了制造业的大爆炸：1. 机器人如火如荼。无处不在的计算和自动化"串联",使得集成化机器人不仅冲破了工程实验室的阻拦,更插足到航空、物流、船舶等制造业的各个角落。全球覆盖机器人技术的年度专利申请在过去十年翻了三倍。在资本市场,机器人概念股更是"升"机勃勃。至此,既可"上九天揽月",又能"下五洋捉鳖",还会"扶老携幼"的机器人火遍全球。2. 智能制造呈蔓延之势。综合了技术创新、模式创新和组织方式创新的智能制造刚出世便备受恩宠,前有美国"工业互联网"、德国"工业4.0"和欧盟"2020增长战略"撑腰,后有以英国为代表的老牌工业国家、以韩国为代表的后发工业国家以及以印度为代表的新兴工业国家助阵,"王者之尊"大有震慑全球之势。3. 3D打印颠覆了传统制造。从毕昇的活字印刷,到平面喷墨打印,再到现代3D立体打印,印刷和打印技术已完成了由简单的文字信息传递,向以数字信息化为基础的立体打印飞跃。小到细胞、牙齿,大到房屋、汽车,就连胎儿都成了3D打印的产物。4. 材料革命为制造业提供了新的技术前提。碳纤维成就了隐形战机军舰、电子皮肤造就了现代机器人,而从苹果的可穿戴设备,到特拉斯的超强电池,石墨烯成为新材料市场名副其实的变革之王,抽空了传统制造的所有技术前提。由此观之,在科技创新突变时代,制造业早已炸向了各行各业、各个国家,全球制造业发生了翻天覆地的变化。

在新的格局和趋势下,中国制造业企业未来转型可能的突围方向主要有以下几种:1. 升级型。某些大型企业经过多年技术积累,或通过海外并购,已经具备了版本升级的基础和能力。比如一些电动车、空调、电子信息等行业的龙头企业不断引入智能概念,开辟了新市场。目前,"智能制造"正成为中国一些大型制造业企业升级的新方向。2. 追随型。一些中小企业受制于自身实力,不做老大,选择跟随策略,成为市场的补充,不求大富大贵,但求偏安一隅。对于追随型企业,在成长迅速的新兴市场,若能将追随策略进行合理有效地集成创新,不排除后来居上、成为行业新领袖的可能。3. 缝隙型。这类企业会通过寻找产业缝隙深钻下去,不断成长为"隐形冠军"。比如在蓝宝石时代,苹果公司目前所使用的蓝宝石产品，几乎有一半是周群飞的蓝思科技供应。在未来相当长时间内，这些"隐形冠军"企业很可能成为中国未来最具有全球竞争力的厂商，代表中国经济在世界分工体系中角色演进的方向。4. 迷你型。后危机时代，"恐龙型"企业身形笨拙、环境适应性差，容易灭绝。而迷你型企业却因为船小好调头，更容易在复杂多变的市场环境中存活。尤其在现代制造业日益精细化的趋势下，小型化、专业化将成为制造企业发展的新特征。比如军工产品有大量复杂多样的零部件构成，就需要迷你型的企业进行分散制造。迷你型企业若注入追求专注与极致的工匠精神，很有可能会成为未来中国制造业领域的星星之火。总之，未来那些能够找准方向和定位的企业将熬过寒冬，在山重水复疑无路中迎来柳暗花明又一村。

从企业层面看，对于面大量广的中小企业而言。由于上受"银根、地根、税负"之苦，下受虚拟经济"一夜暴富"的利润魅惑，不堪其扰的资本大量游离出制造业，"全民皆商"变成了"全民皆资本"。随着靠政府放水、靠海量投资、靠野蛮式增长"赚快钱、捞浮财"的投机泡沫被戳破，将倒逼制造业重归实业。更何况德、日之所以成为制造强国，很大程度上是有一批身怀绝技的"小众领袖"做后盾，十万分之一克的塑料齿轮、最精密的六角螺栓、飞得最远的铅球……这批潜心钻研、精耕细作的中小企业颠覆了"大企业高附加值、小企业低附加值"的传统规律，而这恰恰力证了实干精神的财富价值，实体经济由赚快钱转向做实业势在必行。但"对'匠人精神'的过度发挥，加速了日本制造业的衰败"又再度警示了过于苛求性能与指标的极致，而忽视市场实际需求，使自身陷于"有价无市"的困局同样不可取。日本索尼、松下、东芝一路下挫的"前车之鉴"，也将让中小企业不忘"匠人精神"与"矫枉过正"的两极平衡。此外，创新过程是多种因素聚合在一起促成的"化学反应"，打通中小企业任督二脉的还将是"高精研贸学资"的全产业链。"机器一响，黄金万两"的时代已去，"拿来主义"的善巧方便也行至末路，"红利"没了，"快钱"也不行了，这些都证伪了"放弃高端、精致的核心技术，放弃独立的贸易渠道和研发团队，试图在资本市场的泡沫中摸鱼打诨"的小把戏已然失灵，未来谁能在"小而全"的链上"长袖善舞"谁将走得更远。

针对大型企业。当"大"不再是目的，"强"便成为必然结果。因为"这是与残酷并行的最好时代，要么死，要么就按照新的游戏规则玩，不够和谐只能出局"，在全球都在专注于"大道至精"的时代，不够和谐的"大而全"注定会在"高端失守、低端混战"中被挤死在"明天晚上"。那些追求大而全的巨无霸，如摩托罗拉、诺基亚等等，都已经死了，根源就在于博爱式的"大而全"分散了精力，也吸干了企业的元气，时代系统一切换，立马惨死在胜利的前夜。此外，大企业的发展均绕不过七个经典阶段，即"生产经营—科技创新—生产性服务业—产融结合—嵌入式集成—战略引领—咨询"。这是大型企业的宿命，而到达第七个咨询阶段时，企业已身处"当局者迷，旁观者清"的迷雾中，旁观者的"第三方视角"恰恰能拨云散雾、指点迷津，当企业顺着七个台阶拾级而上，真正横到边、纵到底时，也将达至"在十字枢纽上，进可攻、退可守，把'宽度'做出'精度'、把'红海'做成'深海'"的极致境界。

第十章　科技泡沫？

VR强势来袭，大有颠覆既有软硬件及其商业模式之势，IT产业再临巨大变局。然而，应用受限等"缺陷"也招致强大质疑声浪。那么，VR风口到底是真是假？

VR的真与假

2016年以来，VR（虚拟现实）风潮强势来袭、热度一路飙升的态势。VR已被视作"未来唯一能有望替代手机的产品"，大佬纷纷入局，Facebook豪掷20亿美金收购Oculus，谷歌推出Daydream VR，火速点燃了资本热情。国内更是围绕VR做足文章，创业、风投削尖脑袋往里面钻，唯恐错失风口。当下，网络直播如火如荼，到2020年市场规模预估将达上千亿元，而与VR未来或将高达万亿元的市场相比则小巫见大巫。2015年初至今，VR产业企业从200多家暴增至1600多家。然而，理想丰满，现实骨感。正当业界为找到了"新风口"沾沾自喜之时，资本市场却狠狠地泼了一盆冷水。2016年5月11日证监会叫停上市公司跨界定增，涉及互联网金融、游戏、影视、VR四大行业，这是对过去一年这四大行业泡沫剧增的"反扑"，以VR为首的概念股惨遭重挫。回想VR进入媒体视线以来，一直恩宠备至，火爆异常，原因在于随着智能终端，既有体验经济模式的边际效益不断衰减，无论IT产业还是资本市场，都亟需新的创新突破来刺激新的消费需求，资本市场要有可供炒作的概念及广阔的未来前景作为诱饵。那么，VR风口到底是真是假？

要搞清VR真假，先要技术科普一下"VR是个什么鬼"。虚拟现实，简称VR，即用电脑模拟产生一个三维空间的虚拟世界，为使用者提供完全不同于现实的视觉、听觉、触觉等感官体验。VR、AR（增强现实）、MR（混合现实）并称黑科技三大势力，三者区别在于，VR看到的场景与人物都是假的，是把人的意识带入虚拟世界，而AR看到的场景与人物部分是真、部分是假，是把虚拟信息带入真实世界，通过两者间的互补叠加来提升感官体验。MR则是VR与AR的组合，融合虚拟与现实世界而产生新的可视化环境，虚拟与现实可实时互动。AR呈现的为二维图像且无法自然互动，VR与MR是三维可互动的。鉴于成本等诸多因素，真正意义上的VR体验馆少之又少，仅荷兰开出了首家电影体验馆、墨尔本开了首家游戏体验馆。即便如此，也拦不住各路资本为抢占战略制高点而逐鹿VR市场，且国内外呈现出不同的投资特征，国际上主要是产业资本投资VR，作为产业延伸，而国内则是投资资本金融化，重在"掺和"，利用热潮炒作与圈钱。VR领域究竟是又一个大骗局还是必须追赶的"风口"，还得对其本质加以全息全维的考量。

VR兼具梦幻性与颠覆性。VR的横空出世，是人类千百万年来对超现实孜孜以求的延续。近年来，超现实主义作品频频见诸影视，无论是穿越剧还是科幻大片，无不折射出人类试图超越现实探索未知世界的饥渴。而VR可提供超越现实存在的如梦如幻的虚拟世界，恰好迎合了这种需求。社交化生存日益重构人类生产、交易、生活方式，相对应的，单向度的电视（包括PC终端）逐步被交互式的智能终端（以手机为主）所替代，如今，智能手机的边际效用也开始大幅衰减（苹果等时代标志性产品正显露出疲态即为明证），VR作为潜在的手机替代品，成为新交互方式载体的可能性便被凸显出来。从行业角度而言，VR与以体验经济为主的诸多产业的叠加融合，看似简单，实际上是为这些产业增加了一个维度，而增加一个维度，往往意味着对这个产业颠覆性重构。其中道理相当浅显，与电商颠覆传统商业类似，前者无非是在后者上面增加了一个互联网维度。

　　当下与未来，VR均具有相当广阔的应用领域。当下比较热门的是游戏与影视产业。目前VR游戏尚以益智类、冒险类为主，随着技术不断突破，互动性、联机性游戏开始崭露头角，甚至有些角色扮演类游戏也逐步出现，充分显示VR游戏的盈利模式要明显强于其他VR领域。因此，微软、谷歌、Facebook、索尼等大公司纷纷把游戏产业作为与VR的接口，大型游戏VR化已成大势所趋。提及VR电影，更多指的是小电影，鉴于制作成本（相同时长下是普通电影成本的5倍），目前基本停留在10分钟左右的短片阶段，但在国外有着巨大市场的"成人电影"领域，VR将"大有作为"。未来比较有发展空间的领域包括旅游、医疗、社交、制造等。以旅游为例，用户通过VR头盔便能观看到平常所无法去到的地方，体验美景。某全球著名蔓越莓供应商就曾利用一套由6台GoPro相机和无人机组成的定制摄影套装制造了一部5分钟的VR短片，向人们展示蔓越莓大丰收时的美景，大获成功。当然，还有一个超级大用户，即军事。VR可模拟真实军事战场环境，增强受训者的实战临场反应，大大提升训练质量。事实上，最早的VR技术雏形来自于前苏联审讯犯人时所用的逐一阻断受审者感官的技术。未来，VR技术一方面降低军事成本，另一方面也将衍生出新的军事冲突样式。

　　VR之于经济的现实意义还在于其多面性，它是现代哈哈镜，折射出技术、产业等不同的侧面。VR在技术上的两面性体现为，既为山寨创造了又一个肥田沃土（国内普遍热衷于将现有产品与VR做简单匹配，从而包装成"创新"去圈钱），同时也因其超前性及包容性而使得产业想象空间无穷大，但凡能搭上边的，都可从中受益，如同+互联网一般。VR在产业特性上也表现了两重性，虽然产业规模当下较小，但其影响力无可忽视。产业化实现尚处于"摸着石头过河"的初级阶段，但作为科技重大突破，其爆炸性、引领性、颠覆性，包括赢家通吃性，经得起最为苛刻的挑剔。对宏观经济而言，VR既代表未来发展的方向，同时当下又不能免俗地重蹈着诸多曾经独领风骚的先行者们（如光伏产业等）的覆辙，即陷入疯狂炒作（并极可能对其造成严重伤害）的窠臼。而VR最遭人诟病的便是其社会性"道德瑕疵"。一方面，VR的深度沉浸式体验（以"成人电影"为代表），是体验经济梦寐以求的高度，但另一方面，却引来对伦理道德的质疑，以及"哄骗"式精神消费对实体物质消费的挤出效应。VR提供的体验再怎么使人灵魂出窍，毕竟还是假的，某种意义上，它阻隔了人与人之间实实在在、面对面的交流，而后者才是人类区别于其他物种的社会性的核心要义。

VR要真正进入普罗大众的生活，仍需几大基础条件。一是技术与效果。目前模拟器综合征是困扰VR头戴设备的一大难题，由于视觉系统与前庭系统的不协调，使用超过一定时间，用户便会出现眩晕欲呕等症状，而解决导致出现这一问题的低帧率技术目前尚未取得完全突破。二是基础科技的突破，包括芯片、镜片、像素密度、分辨率、传感器、电池续航能力等。每一次软件技术的突破，几乎均建立在基础技术及基础材料突破的基础之上，VR产业概莫能外。只有当以上这些（甚至某一两个）领域发生革命性突破，VR都将迎来最大产业利好。三是社会基础性技术突破。VR技术最为可怕之处在于它可用足以欺骗大脑的影像替代原有的视觉输入，终极目标还包括其他感官输入，前提是首先要有能支持VR计算的（经济实用的）计算机。而仅是视觉上，人眼每秒接受的信息全部数据化的话，这个数据文件就大到无法想象。因此，在数据计算能力、传输流量、制式未发生指数级变化前，VR优势仍难充分展开。四是内容大瓶颈。众所周知，内容供应商在互联网、IT经济中自始至终具有绝对稀缺性，VR也是如此，一旦技术不成问题，拿什么内容来支撑这个行业？何况，相对技术，内容创业不仅周期长，且可遇而不可求。换言之，这或将成为VR产业大爆发的终极拦路虎。

客观上，一个产业的发展前景还要受制于前提经济与环境经济。对VR而言，前提经济为其发展提供了肥田沃土，而环境经济尚未完全到位，两者之间的错位，是导致VR呈现亦真亦假态势的重要原因。VR的产业热度与资本热度竞相上升至滚烫，与互联网特别是移动互联网所带来的社交化生存泛化紧密相关。作为世界上用户量最为广泛的社交平台Facebook，之所以不惜斥巨资并购VR企业，就是为了打造体验感更强的未来社交平台。可见，如若没有前面的铺垫，对VR需求肯定没有这么强烈。强烈的需求，让VR市场看起来"很真"。然而，VR尚有七八种核心技术未取得突破，包括网络带宽、芯片、镜片等，将严重阻碍VR的普及化，从而使其长期背负"空中楼阁"的名号而显得"很假"。如现有绝大部分设备屏幕分辨率在2K及以下，而一个好的虚拟现实体验至少需要4K屏幕分辨率及更高刷新率。曾引发热潮的谷歌眼镜项目基本宣告失败，其最大败笔之一，即棱镜与眼睛距离太近，可能会造成左右眼视力不均问题。Oculus联合创始人直言，制约VR发展的一定是带宽，因为捕捉更精细的动作需要无穷大的计算能力，这要求比现在大得多的带宽，而更大带宽意味着更为高昂的运营成本，这一问题已在VR直播上暴露无遗，带宽几乎成为吸纳成本的"无底洞"。

VR前景"亦真亦假"，投资者更是"雾里看花终隔一层"。当前VR创投领域鱼龙混杂，山寨创业心态泛滥，画大饼骗投资者的钱，捞一把就走，就像当年只要建个网站就能坐等巨资收购一样，这某种程度上加剧了VR领域投资的复杂性，使得鉴别真假VR项目变得更为困难。基本上，VR产业链至少包括三大块：硬件（以头盔等为主）、应用（软件、领域）、内容。最容易入手的是硬件设备，但竞争已呈红海状态，据统计2014年国内VR头盔生产商有200多家，到2015年就只剩下60多家，未来如无技术性突破，将有更多的厂商倒下。因此，硬件设备的技术创新（包括大幅削减成本，毕竟先有便宜的智能手机才有大量的APP开发，VR硬件设备也可视作新的终端设备）而非简单山寨的"拿来主义"将是此链条的关键领域。以此推导，发挥中国式集成创新特点，纸卡+镜片、插入手机式简易VR等均可待挖掘。当然，投资更大的方向是，研发出如VR所宣传的沉浸式、无死角、无拖曳影像的硬件设备，这已是处于领先地位的硬件生产商的必争之地。此外，拓展应用领域也是做大产业链的关键，推广VR+，促进它与其他产业的叠加，如与军事、医疗体系嫁接，与体验经济融合（建设VR体验馆）等。相对而言，内容供应最难，比较流行的做法是将现有IP进行VR化处理，但普遍体验效果不佳，这一方面是出于拍摄与转换的技术性缺陷，技术与内容无法一起跳舞所致，但另一方面则在于VR自身对内容有自己的要求。因此，"内容为王"将是未来最大的"蓝海"，得内容者得天下。

VR热潮引发资本蜂拥而至，但"疯投"与"风投"不是一回事。前者大多将化作并不太绚丽的"炮灰"，而后者要避免大多数时候不成功的"宿命"，则需关注投资的点与线，即从单一产品投资到产业链、产业生态投资。综上，某种意义上，VR更像是场梦，万一实现了呢？而"梦"是资本市场炒作最好的噱头，可以肯定，无论最终是真是假，VR所带来的"市梦率"，使其天然地成为金融化的好标的，未来概念炒作的红利将持续释放。

机器人的机遇与风险

2014年机器人产业拐点凸显，2015年被称为"中国机器人元年"，仿佛突如其来一阵风，没有一点点防备，也没有一丝丝顾虑，机器人产业就这样闯入了中国人的世界。然而，这股大风究竟是怎么刮起来的？1.国际竞争异常激烈，抢夺制高点战役已然打响。前有欧美堵截（美国有"国家机器人计划"，欧洲有民用机器人研发计划"SPARC"），后有中韩追兵（中国是最大消费市场，韩国为最大出货量市场），机器人产业强国日本唯恐优势不再，不惜倾一国之力，由政府主导成立"机器人革命行动委员会"（安倍专门出席成立大会），联合200家研究机构与企业，要在日本搞一场机器人革命，将其"拓展到我们经济社会的每个角落"。用文化大革命式的运动来搞产业，这在向来理性冷静的日本经济发展历程中甚为罕见，更从侧面反映出机器人产业已不限于一国一企，而是上升为国家战略比拼，轰轰烈烈的革命运动正席卷全球。2.中国成为主战场。2014年中国机器人销量达到5.6万台，连续第二年成为全球最大产业机器人市场，而当年的全球总销量为22.4万台，中国占世界总销量的1/4。预计到2020年，中国工业机器人年销量将达到15万台，保有量达到80万台；到2025年，工业机器人年销量将达26万台，保有量达180万台。之所以机器人大战爆发在中国，原因在于中国既是最大消费国，作为世界工厂未来也将是最大生产国。世界上任一产业，无论之前多么高不可攀，一旦中国"染指"，制造成本直线下降，市场空间立马火速膨胀，类似案例不胜枚举，自然成为兵家必争之地。目前四大家族纷纷在中国设立合资公司，占据了70%的中国市场份额。3.人工成本的急剧变化。劳动力紧缺、人力成本畸高成就了日本"机器人王国"，制造大国中国也面临同样的困境。2005—2012年，浙江规模以上工业企业人均劳动报酬从14847元/年增加到41370元/年，年均增长15.8%，甚至超过了GDP增速，企业本已微薄的利润被不断高企的用工成本吞噬，举步维艰。而全球大通胀背景下，用工成本单边上涨的趋势不可逆。同时，中国人口红利进入加速衰减期，农民工呈现代际断层，制造企业日益受困于招工难。鉴此，机器换人势必成为企业的理性选择，客观上将机器人产业推向前台。全球来看，金融危机以后唯一逆势增长的行业就是机器人行业，全球增长率接近30%，中国这一产业的增长率更是接近60%，即为明证。4.产业升级的迫切需求。"机器人革命"极可能是"第三次工业革命"的切入点与重要增长点，将深刻影响世界制造业格局。中国显然不愿被排除在外，"中国制造2025"即把机器人产业为代表的智能制造设为主要抓手。作为世界工厂，挣了30多年苦命血汗钱的中国付出了高昂代价,要彻底摆脱为他人做嫁衣的低端地位,沿食物链向上走,机器人的生产与应用不仅不可回避,更提供了弯道超车的绝好机遇,毕竟机器人产业起步晚,各国差距相对较小。5.综合大市场的形成。市场经济日益深化,机器人产业通用性特征决定了各地更容易处于同一起跑线,形成你追我赶、万马齐奔的局面。统一大市场既有利于刺激竞争,也有利于促进生产。6.相关技术的大突破、大集成、大融合。机器人产业成型于上世纪80年代中期,之所以近两年进步神速,与相关技术突破、集成创新紧密相关。信息技术、生物技术和纳米材料技术的引入,使得机器人具备拓展人能力的基础。尤其是与大数据、云计算、人工智能等众多先进技术融合发展,大大提升了产业内涵与升级速度。事实上,正如智能手机为移动互联提供载体,反过来移动互联又颠覆了智能手机的固有形态,新技术与机器人产业的相互促进作用只会令未来之路越走越快。

那么,机器人产业未来的空间有多大?众说纷纭。总结下来,基本有三种观点,涵盖三个能级。第一个是百亿元能级。持此观点的专家认为,中国现有机器人市场中,国内企业自己制造的仅占13%左右,2014年为7000台左右,对中国企业而言,该产业的产值容量将以百亿元为单位。第二个是千亿元能级。中国正逐步形成重庆、广州、沈阳、上海等四大机器人产业重镇。其中,重庆号称要打造"中国机器人之都",而业界向来就有"北新松"、"南广数"的说法,这两家在当地已构建相对完整产业链,产业集群初现雏形。而上海在全国首当其冲面临后工业化时代全面兑现,市场需求最大,且云集了ABB(阿西亚—布朗勃法瑞集团)、库卡等世界巨头,在研发、集成、应用等方面占尽优势。这四大区域,每个产业集群至少都是千亿级别,意味着未来市场空间也将以千亿计算。第三个是万亿能级。这个预测来自麦肯锡,到2025年,机器人在制造业、服务产业应用创造的产值为1.7万亿到4.5万亿美元。这三种估算方式看似天差地别,到底谁更代表未来?第一种显然相对保守,无视中国市场爆发式、跨越式增长的前景。第二种相对客观,第三种则比较乐观。实际上,依上文所述,随着产业升级与应用拓展，机器人改变的不止是生产方式，更在于颠覆了交易方式、生活方式。换言之，未来机器人产业就如同当下的互联网，将完全渗透到社会经济生活的方方面面，无处不在，以至于可以被"忽略不计"，但绝对不可或缺。就此而言，机器人产业的市场空间怎么估算都不为过。

未来三类机器人将终成气候。第一类是工业智能制造，主要用于汽车及大型制造业。目前，机器人市场主要驱动力来自于汽车行业，去年销售的23万台机器人中，应用于汽车行业的就有10万台，其他行业则包括电子、金属、橡胶、食品、制药、化妆品等。随着中国普遍进入工业化后期，重型装备制造业也将成为工业机器人大展拳脚的场所。第二类是服务业机器人，如伺候老人、物业服务等。服务业机器人是产业内方兴未艾的蓝海，预计在未来3年，服务机器人将会超过1500万台，销售额将超过200亿元。最近软银与阿里合作开发的Pepper便是一款专门用于老年人情感陪伴的机器人，对于日趋老龄化的中国社会，此类机器人前景不言而喻。房地产龙头万科也不甘人后，首款机器人"悟空一号"问世，寓意火眼金睛，可承担社区全天候安保责任。第三类是特殊机器人，适用于军工、医疗等领域。军工与医疗领域，或相对危险不适于人类直接作业，或受限于人类自身的生理极限，借助于机器人则可大大拓展人类探索世界的空间。仅以医疗为例，世界上顶级的达·芬奇手术机器人系统，其机械臂自由活动度远超传统腹腔镜手术器械，放大20倍的三维成像系统远超医生肉眼观察范围，不仅微创手术更清晰、更安全、更精准、更微创，且将外科手术向更高难度、复杂度突进。这对于人口基数庞大、医疗资源紧张的中国而言，无疑是个福音，市场潜力无穷。

机器人产业大风已至，谁将有幸成为那只被吹起来的"猪"？目前，国内市场的对阵局面是500∶4，即国内约530家机器人企业对垒世界"四大家族"（库卡、ABB、发那科、安川）。中国机器人产业的未来取决于七大关键点：

一是后发优势还是劣势。日本曾口出狂言："日本人说跪，全球机器人没几个能站着。"口气之大，明摆着不把其他国家放在眼里。当然，底气源自实力，工业机器人关节用的RV减速机，90%以上市场被日本帝人精机公司占据。而中国现状是，2013年搬运机器人量首超外国，处领先位置；AGV小车方面国内绝对领先；出货量集中在三四轴电子行业的点胶、覆盖机械等领域。目前中国的工业制造能力做做本体外壳还行，核心部件则完全靠进口。后发既是劣势也有优势，劣在市场已被瓜分、技术遭垄断，靠传统模仿跟踪发展路线要摆脱产业链低端谈何容易。优势在于市场大、世界大工厂的底子厚，实现弯道超车也并非不可能（互联网技术发端于美国，却在中国发扬光大、登峰造极即为明证）。中国工业体系完整，是全球唯一一个能覆盖21个工业大类的国家，装备制造能力强，在机械工业、电力、钢铁等领域尤为领先，市场前景充满诱惑。

二是像高铁那样独占鳌头还是重蹈汽车业覆辙。同样用市场换技术，高铁与汽车业的结局却大相径庭。中国高铁技术世界首屈一指，是少有的能让国人在国际上扬眉吐气的产业，就连总理都乐当推销商，勇闯各国高铁招标屡有斩获，开疆拓土不在话下，当年的老师也不得不甘拜下风。而汽车业，用某经济学家的话说，属于产业发展失败的典型案例。世界最大汽车生产国，不仅没有拿得出手的过硬的自有品牌，连自己的发动机等核心技术也没有，看似行业很大，生产的都是"万国牌"，盈利都被"洋狗"拿去了，赚点可怜的"搬运费"还洋洋自得，其实只是表面繁荣。同样是集中力量办大事，差别咋这么大？高铁走了一条先用市场换技术，再用技术占市场的正向发展路径，而汽车业则是市场让出去了，技术没换回来。两者的本质区别在于，高铁产业作为国家战略，集中力量体现在顶层设计层面及各部委、相关央企间跨界决策、合作，而汽车业则表现为各地各自为政，貌似集中化，实则碎片化，结果被各个击破，一盘散沙。目前机器人产业态势，更多地展现出类汽车业特征，裹挟政策春风，各地一窝蜂上马，低端重复建设体量惊人，除非"前事不忘、后事之师"，否则将为其未来前景蒙上一层阴影。

三是三大核心技术的突破前景。机器人产业核心部件三大块：伺服电机、控制系统与减速器（占机器人总成本的七成）基本被四大巨头把控，前两者的研发相对容易，减速器却很难突破，是中国制造的瓶颈。机器人传动比要求非常高，对加工精度要求很高，而中国在这方面至少存在两大致命缺陷：制造业领域有条母性定律，好的机床才能造出好设备，好设备才有好产品，因此相对落后的机床产业水平直接束缚着机器人减速器的技术突破；中国机器人精度差、寿命短、质量不稳定等工艺问题，需要通过使用后反馈的数据去改进，这是无法回避的"成长的烦恼"，但整个产业跃进的脚步却不会有所停歇，中国机器人核心技术将成为横亘在产业发展道路上的一个巨大障碍。

四是核心技术无法合资、无法买来。以汽车业普遍采用的工业机器人为例，汽车工业长期被外资所垄断，生产线设备提供商也是从国外带来，欧系大众系列用的是库卡、ABB等厂商，日系汽车品牌商用的则是安川、川崎等日本本土机器人厂商，外资无需倚仗中资便已控制了市场份额。即便是合资，顶多是这些企业在中国的生产基地，把过去的产品放到这里来生产，核心技术永远无法掌握（某机器人企业使用日本安川电机系统，再开发还要密码，根本无法触碰到最核心的东西），5年、10年之后，这些加工基地又变成传统制造业，再次需要转型升级，依然是走世界工厂的老路子。

五是有关方面的误区。机器人产业在战略层面已获得共识，但具体路径选择上却存在诸多误区，如有关方面习惯于贪大求全，意欲打造全产业链，孰不知这反而违反了产业发展规律；各地争相引进国外机器人企业，"示范基地"遍地开花，全国类似产业园区突破80个，不仅谈不上"示范性、引领性、辐射性、带动性"，更是埋下"未富先老"的过剩隐患；地方政府为抢占先机，不惜频频推高政策补贴力度，问题是补贴一断就死，难以实现产业化……这些误区不消除，机器人产业恐将难逃制造业"怪圈"。

六是杠杆与支点。对于机器人这样既具有战略意义又代表未来的平台型产业而言，要发展壮大，离不开杠杆与支点的共同作用，即政府与市场、资本与社会的有效结合与衔接。战略新兴产业，机会成本与沉没成本极大，单靠企业、资本自身力量很难撬动产业发展，这时便需要模式创新，以政府背书、资本牵头（如产业引导基金）的支点，撬动组织化、社会化的杠杆式资源配置形式，迅速破解市场发现与创造、技术创新突破等瓶颈。

七是风口与事业。机器人产业奇点已现，引各路英雄豪杰摩拳擦掌，站在大风口上，充分享受猪被吹上天的快感，固然是眼光独到的时代弄潮儿，无可厚非，但显然更为长久的红利将来自于做事业而非做事。做事业不仅要有眼光，更要有眼界、情怀。事实上，机器人产业正处在两条路线的岔路口，一条是其自身的转型升级，一条是来自其他领域模式创新突破的颠覆（类似特斯拉对汽车业的颠覆，机器人本身或许也将被颠覆），没有定力与韧劲，缺乏踏踏实实做事业、怀抱改善人类福祉的自我激励，人人争当"追风少年"，无视创新与坚持，结局很可能就是一地鸡毛。

综上，行业发展面临诸多不确定性，但对企业而言，机器人究竟是蓝海还是红海？企业如何把握机遇，精准投资？某种意义上，机器人产业既是蓝海亦是红海。如上所述，作为一种代表未来的平台型产业，牵扯制造业上下游不说，还横跨数个产业，如互联网、人工智能，不仅技术创新空间无穷，且是商业模式创新的肥田沃土，这都是平台型产业无法比拟的，类似于"+互联网"，潜力与市场空间足以令人脑洞大开。就此而言，机器人注定是蓝海。然而，硬币的另一面是风口经济的宿命，即极少数存活，大多数沦为炮灰。资本蜂拥而至，短时间内势必杀红眼，血流成河，机器人行业对多数闻风而至的企业而言，已是毋庸置疑的红海。就当下市场格局而言，国内标杆性企业如新松、广州数控正在崛起。新松机器人可保证两年无故障生产、移动机器人的动态定位精度能达到正负0.05毫米，在国际上都处于领先水平。广州数控减速器技术已规模量产，2015年装配在六轴机器人的减速器达到百台以上，占国内六轴机器人产量约10%。可见，行业龙头日趋成形，但总体离散度依然很大，量大面广的是规模低于亿元的企业。未来投资机会关键在于新技术、新发明的应用精准度，即据新技术在成熟度曲线所处的不同阶段，进行精准投资。基于技术发展规律模式，各类技术可按技术成熟度和期望值分类。横轴上越往左，技术越新潮，越处于概念阶段；越往右，技术越成熟，越进入商业化应用，据此分为"创新萌芽""期望最顶点""失望低点"、"重新启蒙""生产率平台"五个阶段。纵轴代表预期值，人们对于新技术通常会随认识深入，预期不断升温，伴之以媒体炒作而到达顶峰；随之因技术瓶颈或其他原因，预期逐渐冷却至低点，但技术成熟后，期望又重新上升，开始发挥对生产率的实际贡献。中国机器人产业目前应该尚处于成熟度曲线向上攀升的部分（横轴在第一二阶段之间，纵轴在第一阶段），蕴藏丰富机遇，企业要做的是"在合适的时点选择合适的技术"，红海中，精准创新方能带来精准利润。

区块链是互联网本质深化

比特币"王者归来"，继2013—2014年暴跌近9成后，2015年下半年"复活"，整体上扬35%，到2016年仅一个月就暴涨6成，从年初2351元最高涨至5180元，相比2015年9月低谷已暴涨超过两倍。火爆的不仅仅是比特币，其底层架构——区块链的火爆程度也不遑多让。2016年夏季达沃斯就把区块链作为金融科技的"座上宾"。且不说，美国R3 CEV联合花旗等43家银行试图用区块链颠覆全球SWIFT系统；中国也不甘示弱，不单金链盟（中国版R3）在深圳成立，全球首个能源区块链实验室也在北京呱呱落地；就连央行行长们都来凑热闹，全球90家央行齐聚美联储总部参加区块链会议，希拉里甚至以支持区块链技术应用于政府公共领域来讨好民众"拉选票"。区块链技术"忽如一夜春风来"，不仅被IBM称为"革命性技术"，被普华永道赞为"千载难逢的机会"，更被经济学家当成"信任机器"的法宝,这或许是当初中本聪在发明比特币时都始料未及的。那么,区块链到底是新技术、新应用的曙光,还是又一次炒作概念的昙花一现?

要弄明白这个问题,首先要讲清楚"区块链究竟是个什么鬼"。据百度定义,作为比特币的底层技术,区块链是一串使用密码学方法相关联产生的数据块(包含比特币交易信息),用于验证信息有效性(防伪)和生成下一个区块。其特点为去中心化存储、信息高度透明、不易篡改等。通俗讲,区块链就是用计算机程序记录所有交易信息的"公开大账本"。它以一种程序算法或共识机制生成并连接不同的区块,从而形成透明公开的分布式账本。中本聪一开始发明区块链也只是想让比特币打破金融垄断,殊不知这一底层技术恰恰打造了一个成本极低、去中心化、去第三方、集体协作的网络体系。说白了,区块链是一个互联网共识机制,比特币则是区块链最火的一个应用而已。而正因2013年疯魔的比特币伴随黑客盗窃、平台覆灭等回归理性,巨头才开始醉心区块链。从纳斯达克使用区块链技术开发股票上市系统,到比特币掀起了一场去央行抗衡纸币的革命,区块链在金融领域已一石激起千层浪,更延伸到能源、医疗、游戏、人工智能等多个领域。不管是Linux基金会推进的超级账本,还是Colu通过数字令牌管理资产,Verisart以分布式技术验证艺术作品真伪,区块链都从理念进入应用,迎来了寒武纪大爆发。

只不过,这种火爆已呈现泡沫化,单是各种区块链的峰会论坛就如雨后春笋之多,可主题仍在讲概念、讲理念,缺乏实际技术、算法与真实应用,在业内看来是"一分实九分虚"。毕竟,当前区块链技术,谈理念架构尚不清晰,恰恰正因模糊才有想象,说应用嫁接仍处于概念设计阶段,既然有概念就有炒作,加之,血腥资本的闻风而动,又岂能不将区块链这个猪吹上天?区块链的风口由此打开,人们憧憬着"区块链金融"围剿美联储、想象着"能源区块链"颠覆传统油气,可理想很丰满、现实很骨感。即便央行们都打着区块链的算盘(各国试图联合发行超主权货币eSDR来构建跨国支付清算体系），至今也无十足把握颠覆原有金融格局。因为区块链颠覆金融体系的两大难题恰恰出在去中心化和去信任化两大优点上。一来，去中心化注定只能在特定领域（即不适合中心化的领域）发挥作用。若让每家银行都和所有交易对手点对点，又如何保证比之前更有效率，成本更低？显然没必要对中心化"一棍子打死"。二则，区块链实现去信任靠的是全民记账，这将带来交易信息的爆发式增长。大数据的前提若"皮之不存"，则区块链的"毛将焉附"！更为重要的是，区块链还面临三大根本性的坎，即与金融原罪相关的内在性、与互联网域名根有关的不平等性，以及与主权国家确保自身经济底线的不统一性。因此，即便金融界预测2020年全球银行内部使用区块链技术将省下200亿美元/年，可这仅限于分布式总账技术对支付清算的变革，区块链之于金融依然难以在现实中接地气。

这却丝毫阻挡不住"区块链+"的横冲直撞，尤其因其可信、可追溯、唯一性、不可篡改等特征备受公证、股权交易、智能管理等领域"青睐"。IBM就试图以区块链的分布式云网络实现每个设备的自我管理与智能交互。因为区块链解决了两个个体交易不信任的问题，过去不信任找中介背书，现在区块链提供一种无需信任单个节点，还能创建共识的网络方法。比特币就借助算法工程在金融市场无需任何人工干预。正因区块链有史以来第一次从技术层面建立去中心化的信任共识，使得"个体经济"成为可能，才被认为是继蒸汽机、电力、信息和互联网科技之后最具潜力触发第五轮颠覆性革命浪潮的核心技术。可要超越互联网，或许言之尚早。且不说，开放、共享、去中心化，这些区块链的核心精神与互联网不谋而合；单从IT技术发展看，如果说，PC时代是用户面对电脑的二维时代；互联网则将不同电脑相连，进入超越时空的三维时代；那么，如今区块链简言之，就是将一个个独立系统作为不同区块进行再链接。说到底，区块链仍是互联网本质的深化，只不过相比互联网的三维，区块链既可在某一领域高度集成（纵到底），又可以不同区块无限衍生（横到边），可谓进入了一个集成与集约化的四维时代。

更进一步理解，就要说起互联网的鼻祖——美国国防部的军用网ARPAnet在70年代已形成几十个网络，但不同网络因缺乏通讯而变成信息孤岛，直到1974年设计出连接分组网络协议（包括传输控制协议TCP/网际互联协议IP），才构成了现在的因特网。同样地，如今正在萌芽的区块链，类似于当初的TCP/IP，或将成为互联网升级物联网世界的底层架构核心。因为互联网正从信息传递进入价值服务，但信息与价值本质不同，信息是不守恒的，几乎可零成本无限度复制，而物质是守恒的，这就让人类在数字化进程中出现一个难题，那就是信用，信用就是价值兑现的预期，需要自证。比如线上线下的无缝对接，就要对物进行数字化改造，从互联网延展到物联网。因此，相对于TCP/IP协议为信息自由传递而生，区块链更像是一种价值传输协议，它重构的是一个信用社会——用理性的技术解决人性中的不信任。加之，传统互联网是"中心—去中心—中心"的结构，本质仍在形成数据的中心；而区块链则是"去中心—中心—去中心"的结构，让交易完全无需中央控制，所有的物体都能彼此信任、自发感应、自动交易。互联网由此进入区块链的物联网时代，出于价值交换的需要，数据也将进化成附带计算机程序的代码自我计算与运行。这就不难想象，未来数百亿的智能设备相互连接，呈现爆炸式增长，却在区块链的架构下有条不紊——每个设备都能自我管理，物联网的未来也就不远了。

显然，区块链将是未来互联网乃至物联网创新的摇篮。至少当下数字货币已"从0到1"，虽然局限于金融，但伴随金融到能源等其他行业，2020年数字资产与智能合约或将逐步流行，甚至在未来出现大批行业应用的区块链"独角兽"开始颠覆行业。尤其在人工智能、物联网等新经济重塑生产关系下，企业和商业模式将被区块链重新定义，21世纪上半叶所谓的区块链大社会也将逐步形成。正是这种未来前景极大地刺激了当前的炒作，但区块链的真正落地还需一系列的技术攻克和制度匹配，前者在于密码学、计算数学、大数据等跨学科、跨领域的前沿技术还未"水到渠成"，后者则在于对法律管辖、税务、国家等概念的"忽略"，尤其在安全性、隐私及治理监管等都还有很大操作问题。在这些障碍未除、前提未形成前，当下的概念炒作就是"忽悠"，出现泡沫化也是必然。毕竟仅靠一个底层技术不可能爆发颠覆之力，区块链的具体应用还需要与物联网、人工智能等配套技术共同实现。因此，目前区块链技术尚不成熟，其应用仍处于一个群雄并起、浑水摸鱼阶段。尤其在中国，赚钱仍主导区块链应用的价值观，人们沉浸于技术极客的对垒，比特币炒作的兴奋，风险投资接力和上市套现的游戏中。但也正因当下概念构想多过应用实践、浮躁喧嚣多过理性推敲，或许在大量资本进入、机构豪赌与实验急功近利中，中国的"非典"反而可能"无心插柳柳成荫"。

网红经济的未来空间

"胸平何以平天下，人不穷怎么当网红"的papi酱轻松擒获1200万元投资，当仁不让荣登"2016第一网红"宝座。papi酱凭啥值这么多钱？且看她与"网红"前辈罗振宇的对比：罗花了3年多，粉丝到600万，papi酱花了4个月，粉丝1000万；罗甩脑浆、讲哲理故事，papi酱网上刨几个段子掰几句；罗团队上百人，年收入2亿多，现估值13亿，papi酱一个人，还啥也没开始卖，估值3个亿。papi酱的爆红令由来已久的"网红"再次被推上风口浪尖，并很快横扫各圈，迅速蔓延到财经圈，某美女证券卖方分析师着汉服以搞笑形式解读研报，被推荐的公司股票没见起色，自己倒是立马"网红"加身，广受业内追捧。有投资方认为，李大霄、叶檀、郎咸平、马光远等一票活跃在自媒体上的大咖们，如像papi酱一样融资变现，"只要好好包装，个个能站上亿元"，把知名度兑现成真金白银的空间极大。甚至只要与"网红"搭上边便与有荣焉，杏花楼"网红青团"、外滩"网红邮筒"排队排到"地老天荒"依然有人乐此不疲，即为明证。一时间人心浮动，皆以争当"网红"为荣，网红经济俨然成了互联网新风口，网红与资本结合成为新商业模式。

然而，对于往往以现象级刷屏、前赴后继、组团式轰炸的"网红"，各方却是毁誉参半。有观点认为一个社会越是经济萧条，娱乐业也越泛滥，参考一下日本经济迷失的二十年——动漫、二次元、宅文化、情色文化空前发达。经济萧条之时，网红经济却逆势飞涨，可见网红泛滥正是预判趋势的先行指标。另一种提法更尖锐：仅凭几段视频动辄估值超亿元，完全有悖于商业本质，根本就是江湖骗子。持肯定态度的也不在少数：网红经济是颠覆经典商业规则的新动力。2015年淘宝平台公布的女装C店（非天猫类店铺）年度销售额排行TOP10中，5家来自网红店铺，可谓包揽半壁江山。2015年双十一过后，有媒体报道，排名靠前的几家网红店铺，在没有任何会场资源和流量倾斜的情况下，单日销售额均突破2000万元，第一名更是卖出了6000万元。仅仅因为这家店主所"贩卖"的生活方式受追捧便可秒杀大型百货商场，网红对传统商业思维的"杀伤力"惊人。事实上，网红经济的出现有其必然性，是注意力哲学延伸、粉丝经济细分的必然结果。注意力经济伴随互联网而生，争夺眼球为网络生存第一要义，并在此基础上衍生出粉丝经济，得粉丝者得天下。注意力先分散后聚焦，必然导致市场细分化。因此，网红大批涌现既是必然也是偶然，对个体而言，谁会在某个时刻脱颖而出或许难以预测，但对整体经济形态而言，网红经济异军突起属于互联网发展阶段性特征，不足为怪。

其实，网红自身也在不断版本升级，尤其是变现方式。2004年进入大众视野的"芙蓉姐姐"被誉为网红鼻祖，与后来的凤姐同属一类，顺应了反主流的"审丑"价值观；紧接下来的一批网红，以车模兽兽等为代表，靠打情色擦边球一炮而红，这两类网红运作模式类似，幕后推手策划，聚拢人气后，接拍广告、影视剧等获利。网红3.0版，是以"锥子脸大长腿"为特征的大波淘宝店主及知名博主，小有姿色、略有才情，以售卖穿衣打扮等生活方式吸粉，并通过"收割"影视明星、富二代等大幅增加曝光强度，从而进一步扩大知名度，其商业模式为网红+电商模式。网红最新版本则是罗振宇、papi酱、咪蒙等，商业模式是原创内容供应商+风投，也是目前最火的商业模式。投资圈评价一个网红的价值，首先是粉丝情况，其次是曝光率，第三是内容。纵观以上网红进阶过程，不难发现，前两者只要肯砸钱，相对容易做到，第三条却可遇而不可求，这也是普遍看不懂网红经济的主要原因，若不能持续稳定地提供原创作品，papi酱还能火多久？同样的，粉丝注意力转瞬即逝，网红经济未来空间在哪里？

事实上，网络自媒体时代的长尾市场，网红的品牌价值通过电商、广告和虚拟收入变现，已经形成新生代的互联网产业链条。换言之，仅网红经济自身产业链条就相当庞大，有待充分挖掘。基本套路为一个负责貌美如花的"前端"吸引粉丝，维持黏度；一个以文娱公司的手法炮制偶像，贩卖生活方式，将流量变现。简言之，前端吸粉、后端孵化。借助互联网圈养平台，包括社交媒体（微博、微信、美拍）、游戏类平台、秀场类平台，造星难度与成本大大降低，一个非一线网红（颜值类）或许只能红3~6个月，但只要策划到位，在此期间足以创造远超成本的利润，如某个游戏类网红10个月引来300万现金流，扣去10%的税，背后的网红孵化器公司赚得盆满钵满。网红经纪公司才是真正的大赢家，也成为风投们竞相追逐的对象。此外，只要比较一下国内明星（网红是互联网时代的明星）周边产品链与韩国的差距（在韩国明星周边产品已达到"只有你想不到，没有我做不到"的极致），国内周边产品链空间有多大就可想而知。鉴于网红经济爆发性增长，产业链开始拓展，出现了一种"供应链+代运营+经纪人"模式，即供应链端自身组建服装代工厂，对接网红品牌；代运营端在店铺经营、ERP管理、产品上新等方面对红人店铺提供支持；经纪人端则直接做好网红营销、网红孵化等工作。这充分体现了互联网整合既有资源后，反过来颠覆原有游戏规则的能力与魅力。尽管目前仍停留在有形产品领域，未来势必将向视频类、游戏类领域传递。

网红经济的未来空间，至少取决于三大维度：一是网络技术。她之所以火速走红，与短视频技术成熟、产业进入全面爆发期紧密相关。长视频普遍采用PGC模式，对专业性要求颇高，门槛、成本高，而UGC（用户上传）模式，时长控制在几十秒至3分钟之内，借助日益精进的移动终端便可轻松完成，而4G、5G网络基建日臻成熟，使得短视频的上传、下载、转发门槛急剧降低，病毒式传播甚至成为移动互联网的基本元素。回溯历史，每一次互联网技术创新必然改写两大市场，一是平台市场，二是内容市场，两者相辅相成，相互推进。网红经济也不例外，随着未来AI、VR普及化，网红经济也将与时俱进，展现出更多更大的红利窗口。二是新时代精英的涌现。时代不断切换，精英出没的领域也加速更迭。可以肯定的是，传统经济领域精英含金量正在衰退，而新经济领域精英在不断涌现与崛起。网红3.0版，颜值为王，但进化到4.0版，就得要"集美貌与才华于一身"，显然后者的稀缺性更大。正如papi酱你也学不会，看似短短的视频，无论拍摄、录制、剪辑，包括节奏控制、变声效果等等，看似凌乱无章，实则是papi酱多年专业积淀与天赋的结晶。因此，未来网红不会缺，但超越前人的难度会越来越大，精英的数量与密度及多元化涌现的程度，将影响网红经济的空间。三是新商业模式的支撑。即便是视频产业变现元年，真正能勇立潮头的只是极少数人，归根结蒂，还要有商业模式创新来支撑。目前，商业模式同质化已初现端倪，某些孵化器公司，一家手上就有100名艺人，很难避免不出现盈利方式固化。网红经济是注意力经济，更是体验经济，当下相关领域的商业模式更多地围绕注意力经济展开，而缺乏对体验经济的深度开发。体验经济的商业模式显然将更加注重互动性、更深层次的灵魂交流，毕竟技术越先进，人与人之间看似更紧密的联系仅存在于朋友圈的表面热闹中，实际上却越加速沦为一个个"孤岛"。网红经济一旦借助更新的商业模式从注意力经济转化为体验经济，那么另一片纯净的蓝海正在静静等待。

第十一章　电影产业井喷趋势

中国电影产业井喷式发展有其内在逻辑，而电影产业横跨多领域，自身又充满诸多变数，因而投资电影业恐将面临前所未有的复杂度。电影的本质在于回归生活，表现人与人之间的关系，而要打造一部成功的影片，还在于从眼耳鼻舌身意的感官刺激，到情感、思想、心灵的震撼和升华。

电影市场大爆发

在当今中国，这是票房纪录被频频刷新的"黄金时代"，也是电影面貌焕然一新的"跃动时代"，更是电影导演、演员新人辈出，每出就让人咋舌的"奋进时代"。中国电影产业迎来了大繁荣、大发展。

其实，电影市场在中国大爆发并非偶然，而是有其内在逻辑：1. 城市综合体持续扩张。城市综合体不仅从硬件规模上增加银幕数量，更能延长消费者滞留时间，激发观影欲望。观影正日益成为购物休闲必要环节，2014年进入综合体观影人次已达8亿，而2015年更达12亿人次。2. 体验经济崛起。笔者曾提出

"7+X"新经济,其中体验经济就是支柱。随着体验经济时代到来,国人需求层次逐渐提高,物质消费已达极限,人们更注重精神体验。因而"表演型"电影大行其道,不再试图牵引观众深入肌理、探究所谓,而是迎合大众即时的体验需求。3. 民营力量介入。凭借市场化基因、灵活化机制和差别化经营,以万达为代表的院线力量,以乐视为代表的互联网力量乃至明星个人纷纷加入电影热潮,多元社会资本成为中国电影井喷新动力源。4. 国际资本布局。中国在世界电影市场地位凸显,加快国际资本布局中国电影市场步伐,借助在海外上市的博纳等影视公司,大量国际资本开始涌入中国电影市场,进一步抬升中国电影市场火爆程度。5. 现代人情感寄托。现代人精神家园迷失在城市化浪潮中,而国人又大多缺乏宗教信仰支撑,因而无法通过回归教堂来寻求情感寄托,此时多元化电影市场可以提供从单纯的科技化刺激到远离高大上、回归生活甚至追寻未来去充当情感寄托,这无疑暗合国人心理需求。循此逻辑,中国电影井喷就在所难免。

中国电影产业以爆炸方式前行,然而前方却并非"康庄大道",这是因为电影业远比想象中复杂多变:1. 电影首先是艺术品。很多电影制作人并不具备在创作阶段将商业卖点和艺术创作相结合的能力,剧本出来之后,其是否迎合潮流,技术上是否能够满足天马行空的剧本想象,以及是否符合众口难调的口味要求都不在考虑范围之内。因而流水线步骤错了,在没有算明白账之前就启动了制作流程。此外电影艺术中蕴含的激情、想象力以及情怀等个性化特征导致电影刚性弱、弹性大的产业特征中"潜伏"着诸多不确定。2. 电影产业链长,涉及变动元素多。电影产业是文化、工业、科技以及金融等行业间混搭的产物,涉及面广而杂,牵一发而动全身。以《大圣归来》为例,中国元素是其文化内核、工业化生产是其品质基石,科技元素提升画面感,互联网众筹则是资金保证,任何环节的错误都很可能让投资方"血本无归"。3. 大牌明星价值难以确定。施瓦辛格主演《终结者3》酬劳达到2925万美元,这显然超出其自身劳动价值,显然明星凭借天才演技或者颜值所获得的报酬给电影制作过程带来各方面不确定。4. 影视的特殊审查。电影希望以刺激的内容来吸引观众,但把握尺度的却是影视审查机构,比如当年美国《海斯法典》和韩国《电影振兴法》都对形体语言尺度有规定。因此,影视审查作为文化权力象征肯定会给电影产业增添复杂度。而在中国,这种审查又很难随外界气候调整,导致电影审查往往是"领导态度定生死,标准基本靠猜",这更加大电影产业不确定性风险。从这个角度来看,中国电影产业虽然处于井喷周期,却又暗礁涌动。

进一步看,不仅电影业自身复杂多变,更有外部力量可能成为电影产业未来的掘墓人:1. BAT的搅局与稀释。互联网巨头正取代煤老板成为电影行业大玩家。相比于中国电影业蛮荒时代下,煤老板为了一个女人就投资电影的盲目投资,BAT显然野心更大,这些互联网巨头不仅要做电影圈的"小伙伴",更可能是门口的"野蛮人"。毫无疑问,BAT将会根据自己行业逻辑刷新电影产业,未来电影行业从创意、制片、发行到融资环节,都会被互联网格式化,业已存在的商业模式和分利模式也将被稀释进而难逃边缘化命运。2. VR颠覆电影内涵。VR技术将带来感官体验,即使时空错位也可以完成有触感的接触和交流,虚拟与现实这样悖论性的存在却借助VR技术在电影制造中成为绝配。而观影也就从被动接受变为主动参与,根据不同菜单的自助式选取,人们可以在虚拟现实中进行社交活动,"平台化"趋势对电影本身不啻于一种颠覆。显然VR就像当年电视半路杀出对电影业产生颠覆,电影在冲击中自我调适之后恐又将面临VR的颠覆。

综上可知,正在爆炸的中国电影产业风险与机遇并存,而未来中国电影又将炸向何方很大程度上取决于资本在中国电影市场的"鲶鱼效应"。从目前来看,现实中的电影投资依稀透露出以下趋势:1. 电影投资介于风投与豪赌之间。电影产业如今的大好时光让很多资本大佬纷纷扛着钱箱往里"砸"。资本的介入催生了很多投资新套路。比如《美人鱼》这次搞的保底发行,风传保底票房已达18亿!毫无疑问,在中国电影持续井喷的当下,借用保底发行确实可以充分发挥资本杠杆作用,一旦赌赢,投资方就能赚得盆满钵满,然而一旦赌输,投资方恐将背负巨额债务。资本投机搅动下的电影市场持续发烫,越来越多追求小规模理性投资的风投开始边缘化,粗放式、豪赌式的投资开始甚嚣尘上。正因此,VC大佬熊晓鸽才认为在中国,介于风投与豪赌之间的电影产业投资风险最大。2. 电影投资游弋于商业与事业之间。对电影进行投资缺乏清晰界定。如果将电影投资当做事业,那么长远的战略规划肯定会盖过眼前的蝇头小利,但是当下中国已然进入资本套利的狂欢时代,很少有投资方能够按捺住短期冲动从而换取长远回报。电影投资在商业与事业之间游移无疑将会撕裂中国电影的魂。3. 众筹成为未来电影投资方向。利用众筹平台为电影筹集资金正成为潮流。创立短短4年间,美国Kickstarter已获得超过1亿美元投资,帮助近5000部电影成功完成众筹。但是在中国,众筹很可能面临金融管束。因为中国并非价值引领型国家,而是问题倒逼型国家。如P2P本来还在有关会议被讨论鼓励,但是接连出现问题之后,相关部门就很快收紧P2P。因此虽然众筹将是电影资金募集主战场,但未来众筹会否面临类似P2P的命运尚不得而知。4. 投资电影是"目的"也是"工具"。电影业迫切需要大量资本背书。然而在投资方看来,借助"互联网+电影+金融"实现资本积累的逻辑线条已然成熟。包括基金公司在内的资本方借助电子票务、互联网金融等平台,越来越把电影市场当成一个能带动资本拉升的"催化器"。无疑,这种将电影作为击鼓传花工具的模式对电影业发展究竟意味着什么尚待历史拷问。5. 精准投资与盲投。中国电影市场井喷带来专业影视投资基金开始不断涌现。但是资本追逐电影产业并不一定换回预期收益,在"人多、钱多、机会多"的中国电影市场,精准投资很可能血本无归,盲投也有可能带来回报。从上可知,投资中国电影市场面临不同趋势,进一步而言,多样化的投资模式将促使中国电影市场格局孕变,产业链竞争、多元化投资竞争将空前激烈,并进而可能出现细分领域的巨头。

影视回归生活本质

影视产业迎来诸侯混战的春秋战国。正在爆炸的中国电影产业步入切割、纠缠、迎新的拐点期：一方面，草根文化兴起，另类风格的影片如《泰囧》《夏洛特烦恼》等与昔日的"假大空"形成鲜明切割，并创下高票房收入；另一方面，草根电影被"自来水"（免费水军）疯狂刷屏，商业大片靠"明星+首映+红地毯"风光无限，新旧碰撞，各霸一方，纠缠不休；最后，体验经济大行其道，管控制度下的影视作品正遭遇冷暴力，为消费者私人定制的新影视生态火爆。另外，作为最大的电影生产国和消费国，中美电影峰会"华山论剑"。事实上，面对440亿的巨大消费市场，好莱坞早已"动心"，2015年不仅派出《速度与激情7》《复仇者联盟2》等组团捞金，昔日和中国没有半毛钱关系的大片更积极融入中式元素，如《功夫熊猫》中的阿宝，《变形金刚4》中的鸟巢、水立方和"中国拳王"，更有《钢铁侠3》《环形使者》纷纷加入中国演员。混战已经遍及到世界范围，好莱坞与×莱坞开打"影球大战"。凭借科幻特技、战争暴力、浪漫梦幻三大法宝，"常青的橡树林"（HOLLYWOOD直译）成为享誉世界的"影都"。然而近几年，载歌载舞的宝莱坞，低成本、高产量的诺莱坞（尼日利亚电影），人文的欧莱坞以及融武打、情感、世俗生活于一身的华莱坞纷纷崛起。数据显示，2015年，宝莱坞、华莱坞和"家庭录像闯天下"的诺莱坞年产量分别为1500部、737部和2500部，数量惊人。腥风血雨的厮杀已来临，想在群雄逐鹿中胜出，关键是找出影视文化的底牌在哪里。

众所周知，电影属于文化，而文化的特殊性就在于它是一种具有强大渗透性、"不战而屈人之兵"的软实力。利用文化扩张不仅可以网罗人才，还可以推行价值观，实现经济、政治的"一箭双雕"。基于文化对国家战略的重要性，各国不仅以"文化例外""民族的就是世界的"等名义保护本国传统文化，还积极推动本土文化在全球的扩张。如好莱坞的钢铁侠、蜘蛛侠、美国队长等超级英雄风靡全球,"鸟叔""都教授""继承者"们刮起"韩流",就连日本都"背靠动漫好乘凉",国家竞争正在从硬实力、硬制造向软实力、软制造升级,文化博弈愈演愈烈。笔者曾在《问鼎21世纪新文化》中指出当今世界的两种经典文化:其一,重视历史沉淀,封闭、保守。凡事追根溯源,喜欢从历史中反省内敛的树根型文化,典型如中国,反映在电影上如《寻龙诀》、《花木兰》等。其二,强调冲撞、冲突、扩张、否定,以探索、征服未知为导向的星云型文化,如美国,代表影片《黑客帝国》、《星球大战》。显而易见,在这个创新与颠覆的时代,饱经风霜的树根型文化已经与时代背景格格不入,那么星云型文化是否就能横扫全世界?法国号称欧洲电影业"最可靠的碉堡",但其市场占有率却被美国独霸58.7%的份额。表面上看,凭借好莱坞、麦当劳、星巴克甚至NBA等标签,美国文化确实是全球文化中的一支劲旅,然而在快速进攻同时,只知发散、没有收敛的美国文化却正在走向"文化霸权",妄想格式化全世界。在全球化、网络化、个性化时代,这种文化模式必然将面临着"被颠覆"的命运。费孝通曾说过"各美其美、美人之美、美美与共、天下大同",事实上,文化的本质在于寻找人与人之间的界面友好,因而,以未来引领今天的眼光看,未来型的文化将在不同的文明冲突下勾兑而生。

回归到电影层面,就是要回归生活,回到人本身。如港式影片市井、大俗、无厘头,甚至以粗口和色情为乐,但恰恰是这种"尽皆过火,尽是癫狂"所包含的无穷意蕴捕捉到了20世纪七八十年代香港经济起飞后"小人物"的世俗生活;再比如,小资、清新的台湾影片创造了20世纪八九十年代的新浪潮电影运动,"失落的青春,永远的乡愁",或许校园、操场、单车、海岸线背后除却朦胧的青春情愫,还流淌着人们对乡土的关怀和眷恋。相比之下,大陆"古装+功夫+江湖"的大片始终远离本土关怀,充斥着"假大空"。事实上,电影不仅要有曲折的情结、精美的画面,更要吻合时代潮流下的人际关系。《美人鱼》何以炼成票房神话?表面上看这部影片简直是一锅"东北乱炖",但不管是爱情、人性、纸醉金迷还是环保都戳中了当下人与人之间最敏感的关系点。

当然，不同时期的时代症候是截然不同的。以美国百年经典影片为例，《愤怒的葡萄》反映了大萧条后过度工业化对西部农业家庭的颠覆，《毕业生》展现了上世纪60年代社会革命如火如荼下，年轻人缺乏生活目标的迷茫心态，《克莱默夫妇》则描述了70年代在女权主义感召下妇女走出家庭、寻找自我给家庭带来的变故……这些不朽杰作都是在讲述普通人的情感中折射出大时代剧变。纵观当下，事实上港澳台的社会转型已悄然进行：首先，曾经的东方明珠香港已渐渐失去了往日的温馨、安宁与祥和。近年来频频爆发对大陆观光客的攻击与抗议，"占中"更是将社会的矛盾推上了顶点，年轻一代、中产阶层正在成为影响香港的重要力量。其次，曾经人情味浓郁的台湾社会正流窜着一股暴戾之气。且不说因历史原因形成的省籍与族群分裂难以弭平，近几年两党阵营为选举而进行的争斗更是花样百出，阴阳皆使，社会普遍浮躁。从这些层面来看，虽然港片、台式青春曾经红火一时，但伴随着社会变迁，原有的无厘头、小清新已经与时代不符，花样年华已过。几年前，文革时期的《红灯记》在台湾场场爆满，影视剧《雍正王朝》播放时几乎万人空巷，这些作品受到意想不到欢迎的背后，或许已经预示着社会氛围的转变。最后，大陆正处于城市化的高速发展阶段，以血缘、地缘为坐标的人际关系已被腐蚀，不同群体分化和撕裂加剧，相当一部分人的精神家园在城市化浪潮中迷失。与此同时，人际关系错综复杂，西方人看不起到处爆买的中国土豪，中国的城市人又看不起乡下人，城市化浪潮中的恩爱情仇甚至比越剧的主旋律还要迂回曲折，《蜗居》《奋斗》《北京爱情故事》《北上广不相信眼泪》等一批影视作品应运而生。归根到底，城市化最大的冲击还是对了人性的冲击，这一点类似于《叶问3》通篇以"武"为线，并贯穿着民族气概、豪杰狭义等宏大主题，但内置的灵魂却是"身边的人"，再次回到人本身。

由此可见，电影来自于生活，生活推动电影，漠视生活的电影是没有温度的。如《疯狂动物城》看似是一部脱离现实的动画片，其中熟悉的地铁、摩天大楼、空调墙等几乎是"卡通版"的现实世界，你可以说它像纽约、东京、伦敦，也可以说它像北京，上海。但另一方面，电影又不仅限于素描生活，而是高于生活，引领生活。如《功夫熊猫》的正义战胜邪恶、《荒野猎人》的生存意志等都能给人以"真善美"的启迪和精神的振奋，而要达到引领精神的境界，贴近真实的"人性"非常关键。还是以《疯狂动物城》为例，励志少女兔朱迪，花花渣少狐尼克，大男子主义的狮子市长，虚伪的绵羊副市长……你可以看到，善良的人隐藏在坏坏的外表下，之所以如此是有着过往的伤痕，邪恶的人披着美好的外衣，因为曾经努力被无视而心理扭曲。虽然他们并不完美，但如此的设计却非常符合人性，因而能够打动观影者。

　　显然，充满人性的电影不仅可以满足观影者眼耳鼻舌身意的感官刺激，更重要地在于情感、思想、心灵的升华，从而起到深层次的引领意义。具体来看，"好电影"至少将满足人性的五个层次：1. 娱乐。让人感到轻松、愉悦，获得身心休息，或开怀大笑、或感动落泪，甚至充满好奇心，这是电影好看的前提，然后才能"寓教于乐"，展开更加深刻的东西。2. 嘚瑟。移动社交时代，生活被朋友圈"绑架"，旅游晒一晒、美食晒一晒，电影更要晒一晒，如此才能在"众人皆蒙我独醒"中嘚瑟一番，刷出"存在感"。鉴此心理，美国六大电影公司的排片也是相当独到，一到节假日就是"电影档"，其他时间才安排电视剧。3. 知识。电影带来的不仅仅是眼耳鼻舌身的刺激，更有知识层面的东西，如《蚁人》中蚂蚁的分类和特性、《星际穿越》中的四维空间和《狼战》中的野外求生技能等，感兴趣的观影者通过看电影学知识反而更轻松有效。4. 感触。人们在看完《阿凡达》之后会产生一连串挥之不去的奇思异想：地球何以不堪人类重负？世外桃源潘多拉星在哪里？地球人与外星人能否和谐共处？可见，电影不仅仅是现场的"会心一笑"，更是观后的深刻感触。5. 净化。更进一步，最高境界的电影还在于点化、启蒙生活甚至净化心灵。如杀人犯、纳粹分子、小偷在看完《耶稣受难记》后，心灵受到震撼纷纷选择自首忏悔，足以见得电影的力量无形而强大。综上，影视文化的底牌已经呼之欲出，即回归生活，回归人性。未来，伴随着国内影视文化产业的大爆炸，加之贴近人性的内容设计，打造中国软实力在世界上的影响力难道还怕不成功吗？

第十二章　体育产业要火了

中国体育产业的大火已被点燃,未来烧起的不只有数万亿的经济价值,更在于"生命在于运动"的人生真谛。

点燃体育产业之火

自国务院出台《关于加快发展体育产业促进体育消费的若干意见》("46号文")将体育产业上升为国家战略,提出2025年产业规模达到5万亿元开始,资本大佬闻风而动,群雄逐鹿。向来"买买买"的马云斥资12亿元入股两夺亚冠的广州恒大,并以多种方式与拜仁、皇马、"超级碗"等世界顶级体育商合作。与马云争夺首富的王健林也毫不相让,要打造"全球最大体育公司",2015年豪掷近20亿美元,购买马竞、盈方体育、德甲美因茨、美国铁人三项等高端IP。腾讯"小马哥"则斥资5亿美元取得5年NBA的网络独家直播权;乐视体育则拿下欧洲五大联赛等世界顶级赛事转播权,其目标是"拥有90%以上的国内外体育赛事版权,无死角覆盖";华人文化入股豪门曼城,其控股的体奥动力以80亿元抢下中超版权。这五家倚仗资本实力在洪荒初开的体育界跑马圈地，抢占先机，堪称"春秋五霸"。其他"诸侯"也不甘示弱：苏宁以2.7亿欧元收购国际米兰，5.23亿元收购江苏舜天；上海重量级国企绿地和上港投入重金打造上海申花和上海东亚；睿康集团以5.7亿元收购拥有142年历史的英超维拉；华为、中兴、海信、长虹、上汽等企业与体育商合作频繁。据统计，中国福布斯榜排名前10位的富豪，一半以上投资了体育产业，有人称"今天衡量一个优秀企业家的标准不是在三亚、迪拜拥有多少房产酒店，而是是否拥有一家顶级足球俱乐部"。

资本大佬如此青睐体育产业，绝非"石崇斗富"，而是"无利不起早"，当年退出甲A如今又卷土重来的王健林明确宣称体育产业是未来三大赚钱行业之一。对标全球体育产业最发达的美国，中国体育产业与其的巨大差距恰恰意味着未来发展的广阔空间。

一、从产业规模看，美国体育产业与石油、汽车、钢铁业比肩，为四大支柱产业之一，2015年产值高达4980亿美元，是汽车产业的2倍，影视产业的7倍，占全球总规模的33%，对本国GDP的贡献超过3%，增速是GDP增速的3倍，带动130万人就业。而中国体育产业2015年总产值刚及600亿美元，占GDP比例仅为0.7%。

二、从产业结构看，美国体育产业结构均衡，体育各领域的贡献值势均力敌。上游由体育赛事构成产业核心，中游由体育营销、体育中介、体育传媒等形成产业纽带，下游则是由各种衍生产业组成；而且各环节都拥有多个变现出口，如企业赞助、转播收益、球星代言、周边产品等。2014年美国职业体育共创造收入369亿美元，其中四大联盟（NFL、MLB、NBA、NHL）获得收入260亿美元（占比71%）；2015年体育广告赞助总支出高达349亿美元，诞生了世界最大的体育经纪公司CAA和全球体育营销巨头IMG。而中国体育产业主要集中在低端领域，体育用品制造及销售一家独大，占到79.1%，在赛事组织等高端领域的贡献值微乎其微。

三、从产业带动看，美国体育产业通过产业辐射带动众多消费领域。以全球最具商业价值的赛事"超级碗"为例，除创造3亿美元的直接收入外，还能给主办城市带来4亿美元的经济收益，旅游人口100万；其是全美感恩节外的第二大食品消费盛宴，全球下注额超过100亿美元，还是美国最新高科技的试验场，中场秀更是代表全球娱乐文化巅峰的娱乐盛宴。而中国体育产业首次被定位于拉动内需和经济转型升级的"特殊"产业，赋予国家战略性支柱产业地位。

四、从参与人数看，美国有3.05万个健身俱乐部，拥有会员数5290万人，占美国总人口的17%，也就是说每6个美国人中就有1个是俱乐部的会员，其中大约40%的人经常（每年多于100天）去健身俱乐部锻炼。而中国的健身会员目前仅有350万人，占人口比重不到3%，经常参加体育锻炼的人口不到20%，人均消费不到美国的1/50。

五、从制度空间上看，美国职业体育从19世纪初就开始商业化进程，在商业化运作、职业化发展上早已成熟，可谓"点球成金"、"造梦工厂"；而中国体育仍以行政管理为主，尚处于几乎无市场、无产业、无大众基础的"婴儿期"。不过，"46号文"喻示中国体育将从行政化向市场化、产业化转换，必将释放出巨大的制度红利，如"放宽赛事转播权限制"，并将之列为优化市场环境的重要举措，才有乐视、腾讯竞争国际赛事IP，瓦解央视"一家独大"地位。

进一步而言，中国体育产业发展的广阔空间不仅得益于产业红利与制度红利，还在于体育时代本质切换带来的发展机遇。一是从追求成绩到追求体验。中国体育历来奉行的是"金牌战略"，一味地追求比赛成绩，以奖牌数量作为行动指挥棒和政绩硬指标；而现代人更愿意在运动、健身中享受挥汗如雨的过程，感受生命蕴含的爆发力，释放工作生活压力，磨炼意志、舒展灵魂；热衷于欣赏球星的高超技艺、奔跑在运动场上的矫健身姿，被赛场上的澎湃激情昂扬斗志感染，甚至运动员的肌肉与颜值也备受推崇。二是从竞技运动到大众运动。当下竞技运动走向极端，体育总局成为中国体育的唯一玩家，建立起由少体校、体育局、省队、国家队构成的举国体制，采取个别挑选、重点培养的选拔方式，体育成为小部分人的事；还把资金、精力投入到冷门项目（更容易包揽奖牌），而足球、篮球、网球这些更受大众欢迎的体育项目却常年积弱。这与通过运动愉悦身心，提高全民身体素质的大众运动已是背道而驰，体育产业化和市场化其实就是运作那些大众喜欢的、痴迷的、可参与的、可互动的、观赏性强、震撼力大的运动。三是从体育事业到体育产业。中国体育被搞成"光荣的事业"，屡屡高呼"为国争光"，其背后是政府的大量投入，以及"一将功成万骨枯"的悲壮。据估计，培养一个奥运冠军大约需要7亿元财政支出。而走职业化道路——运动员组建自己的团队，训练自主、教练自主、参赛自主，收入大部分归自己的团队所有，只需将商业开发收益的12%和比赛奖金的8%上缴国家——更能遵循体育本身的规律，发挥运动员的能动性。四是从政府经营到商业运作。传统体育依靠行政管理运行，"内定""黑幕""假哨"不断，甚至出现过何智丽不配合"让球"远走日本这样的事件。由市场主导、依靠运动创造商业价值的现代体育模式实现了运动员的自由发展，如过了黄金运动期才脱离体制单飞的李娜，依靠背后的教练和商业团队，参与国际职业体育比赛，反而获得了亚洲人从未染指的网球大满贯冠军。

综上，体育产业要火似乎已"万事俱备"，但未来能否"东风与便"，实现爆炸式增长，成为"风口上飞起来的猪"还取决于诸多客观因素的制约。一是体育改革是大刀阔斧还是虚晃一枪。中国的改革往往是在继承和否定中螺旋式上升，通常"进两步、退一步"，所以作为改革"当头炮"的体育改革能否按规划推进尚待实践检验。二是体育投资是一时兴起还是长远布局。体育产业投资周期长、见效慢，需要打持久战，即使像NBA依托于发达的市场和制度，从乱象丛生、濒临破产到全球瞩目、盆满钵满也花费了30多年时间，进行持续的投入才实现。更何况中国资本往往急功近利，最好今天投，明天见效，不尊重产业自身发展规律，以致浅尝辄止，来去匆匆。如中国足球联赛20多年来，投资过职业俱乐部（包括赞助一年以上）的企业超过150家，其中大部分都已退出，易手率之高大概没有哪个行业可以"媲美"。三是商业化的度如何把握。商业的最大目的是利润，而体育有自身的发展规律和文化传承，过度商业化容易陷入投机和炒作，反而影响发展。如进行"半调子"改革的中国足球，其商业化就被无限放大，伴随而来的是浮躁、急功近利的心态，将中国足球带入了彻底堕落的深渊。四是社会大众的心理基础是否接纳。由于运动员从少儿开始就扔下课本、离开课堂、脱离社会，进入"金牌制造车间"，社会对于运动员的印象还停留在"头脑简单、四肢发达"、缺少学识和修养的层面；退役后满身病痛，缺乏谋生手段，生计无法保障，甚至沦落到卖艺、乞讨的地步；更何况某些运动员作为公众人物打人、吸毒、涉黑等被曝光，所以家长更愿意让孩子从事更有"钱途"的行业，这还需要从体育的经济价值到社会价值的传导来改观这种认识。即便如此，中国体育产业的大火已被点燃，未来烧起的不只有数万亿的经济价值，更有"生命在于运动"的人生真谛。

足球被顶在杠头上

中国足球与世界足球的现状却判若云泥。一是成绩不断下降，中国足球世界排名逐渐堕落，从球王李惠堂时代的亚洲霸主沦落为亚洲三流、世界排名100+。二是足球人口锐减。据统计，中国足球注册球员数量已经史无前例地下降至3万人，1992年龄段的注册球员甚至只有182人，而近邻日本注册球员数量94万。三是足球"惨案"不断刷新球迷忍耐下限。1∶5惨败泰国，0∶8惨败巴西，32年不胜韩国，被称患有"恐韩症"，14年打不进世界杯亚洲区预选赛等等，中国球迷心灰意冷，最痛苦的事就是"白天炒股票、晚上看足球"。四是比"惨案"更龌龊的中国足球的"假"：踢"默契球""关系球""政治球"，球员年龄造假、滥用兴奋剂；"赌"：与赌球机构沆瀣一气，操纵比赛谋取非法利益，甚至出现球员向自家球门吊球的怪相；"黑"：足协官员伸黑手，队员选拔黑箱操作，裁判吹黑哨，球员竞争依靠黑恶势力。在这样一种假赌黑的环境里，"劣币驱逐良币"，甚至曾出现国足队长被绑架、球员被挑断脚筋，还有人因揭露黑幕而被雪藏、被迫改行。在"如你所愿的盛世"里，大国风度、尧天舜日却被中国足球扒了底裤。

中国足球在屡战屡败、每况愈下中成为国人吐槽的"痰盂"，如果仅把原因归结为亚洲人体质不及欧美国家等客观因素纯属自欺欺人，日韩足球的成功已证伪了这一点，因此，还需要从更深刻的体制和制度上寻找根源。首先，举国体制在足球上的后遗症。举国体制——集中优势兵力各个击破，是冷门体育项目争金夺银的法宝，造就中国在奥运会上的辉煌，但对于职业化程度高的足球、篮球、网球、拳击等项目，举国体制却难以奏效。一方面，足球是世界各国调集资源争夺的焦点，而非冷门项目，难以达到"田忌赛马"的效果；另一方面，足球参与队员众多，决定成绩的不只是一两个明星队员，而是团队的实力与协作能力，显见足球天然拒绝举国体制。而中国为追求足球短期效益的"形象工程"，试图通过行政之手挑选球员封闭训练，引进"空降"教练，学习世界"豪强"，实现成绩突破，今日学巴西，明日学东欧，却敌不过拥有大众基础和良性选拔体系的世界职业球队，终因漠视足球运动规律而屡屡吃瘪，成为东施效颦的笑柄。其次，足球乱局是"伪改革"的花结出来的果。从中国足球职业化改革的20多年进程来看，无论是1994年开始的甲A联赛，还是2002年改旗易帜后中超联赛，不过仅有体育职业化之形，而无其神——专业化的队伍、制度化的监管和明晰化的权责，以及自主经营、自由流动的资本和自发的个体行为，甚至还有意无意将职业化"走偏"，异化成简单的商业化。而作为当时的足球管理机构，也是中国足球的掌控者、操盘者，足球运动管理中心与足协"两块牌子、一套班子"，集行政、事业、社团、企业职能于一身，政社不分、管办一体、权责不清，直接参与足球市场运作，甚至是足球联赛资金分配，牢牢把控联赛广告经营、电视转播这两大块经营权。同时，作为足球的主体——职业俱乐部，无法从职业联赛中获取发展的资金和效益，能掌控的仅是联赛的门票收入，不得不向地方政府寻求依靠与支持，"找市场不如找市长"，主动向行政权力投怀送抱。再者，中国足球严重缺乏社会大众运动的基因。中国足球沦为贵族化、小众化、面子化、政治化，而非平民化、大众化、娱乐化、生活化，一是应试教育与体育运动背离，连中小学体育课都无法保障，何谈驰骋球场；另一方面是基础建设与体育设施脱节，常见摩天大楼拔地而起，政府大楼宏伟壮观，难见足球场绿草如茵，一点城市绿地还被插上牌子"禁止入内"，据央视数据统计，上海近12万人才拥有一块足球场，成都每1万人还享受不到1平方米的足球场，南京拥有的500多座足球场中对公众开放的不足10%。反观只有10.3万平方公里国土面积（遍布100多座火山）和33万人口总数，足球排名曾比中国还落后，却在本届欧洲杯上完美逆袭的北欧小国冰岛，持续开展了16年的足球振兴计划，拥有11个"足球之家"（大帐篷结构的足球场），179个标准足球场和166个小型足球场，供国民免费使用，培养了600名注册足球教练、2.15万名注册球员，平均120个注册球员就有一个正规足球场，971个国民就拥有一个足球场，硬是在这片不适宜修建球场的土壤上生长出足球的种子。

纵然中国足球丑恶百端，但是作为一个拥有14亿人口、世界第二大经济体的大国，要实现从体育大国到体育强国的蜕变绕不开作为世界第一运动的足球，而且足球展现出的魅力和对于国民精神面貌的升华作用也超越了运动范畴。1. 足球素来被称为"绿茵场上的战争"，虽然没有硝烟与炮火，但是流血流汗的拼搏，斗智斗勇的对抗，一点也不比战场上少。2. 自由与协调的完美平衡。足球需要球员自由的想象和创造，既不能单打独斗也不能忽视个人，团队创造英雄个人，英雄个人成就团队，如梅西之于巴萨和巴萨之于梅西二者缺一不可。3. 足球是最具悬念的比赛。足球是圆的，恰恰表明它的不可预知性和颠覆性。在足球的世界里，屌丝逆袭、以弱克强的戏码屡屡上演。任何偶然、微小的因素都可能改变比赛结果，所有经典的比赛都是悬念丛生、荡气回肠的史诗对决。4. 充分释放的激情。足球进球频率低，进球前酝酿了足够的情绪，当进球的时候群体的情绪就像火山一样喷发。故而在足球场上会出现多种极端情绪快速切换，热血沸腾、大喜大悲、铁骨柔情，几万人同喜同悲。甚至这种激情延续到场下会演变为球迷对垒的骚乱。5. 足球艺术展现民族风骨。如融桑巴和激情于足球的巴西、化探戈与悲情于足球的阿根廷、技术细腻如蝴蝶穿花的西班牙、严谨团结如二战装甲师的德国等等。而中国足球场上展现出的却是散漫、粗糙、急躁、懈怠。习近平年轻时曾在上海观看比赛，看到中国队被打得毫无还手之力，愤然离场。6. 足球运动的经济价值。足球的影响力和经济价值都是绝对的世界第一。据国际足联统计，全球有150万支球队，2.4亿名球员及3000万相关工作人员，占全球人口的4%。足球产业的总产值高达5000亿美元，占体育产业总产值的43%，超过比利时、瑞士等国家，被称作"世界第17大经济体"。

正是因为足球超凡脱俗的魅力，以及中国足球与经济负相关的惨淡现实，足坛打黑反腐已不足以改变足球现状，足球改革被顶在杠头上。2015年2月，中央深改组把足球作为重大的改革突破口，审议通过了《足球改革发展总体方案》，这在新中国的历史上还是首次专门针对一个体育单项运动制定一份国家层面的改革纲领性文件；紧跟着《中国足球中长期发展规划（2016—2050年）》和《全国足球场地设施建设规划（2016—2020年）》相继发布。1. 改革"管办不分、政企不分"这一体制"祸首"。撤销"足球运动管理中心"，中国足协与国家体育总局"脱钩"，成为独立的社团法人，中超比赛由中超公司市场化运营。2. 遏制足球过度商业化。2016年1月10日后，中国足协不再批准俱乐部跨注册协会转让，打造中国俱乐部的"百年老店"。3. 培育社会整体发展足球的氛围，扩大足球人口，建设足球场地，发展校园足球，积淀足球历史文化。这一系列举措与规划让社会感受到中国足球重回正途的势头。但引发争议的是，《方案》明确提出"举国体制和市场机制相结合","蹚出一条深化体育管理体制改革的新路来",作为中国竞技体育创造辉煌的源动力之一,举国体制在中国足球改革与振兴的新蓝图中,仍被赋予了一席之地。不过,这种"既要……又要……"的表述,从一定程度上可以理解为举国体制的版本升级,找到举国体制与市场体制的契合点、平衡点才是问题的关键所在,否则中国足球还将在举国体制和职业化道路的纠结中徘徊不前,重蹈规划变"鬼话"的覆辙。事实上,新版举国体制更应体现推动足球成为大众运动,足球人口达到量变,在行政权力为足球改革开创道路之后,及时收手,大胆放手。

综上,如果说通过举国体制培养运动员和伪职业化改革是中国足球1.0版的话,那么如今开启新版本举国体制,通过硬件大干快上,财政资金堆砌、资源摊大饼的方式发展足球运动就是中国足球的2.0版,这种方式有机会在未来5—10年建设2—3个类似于广州恒大的亚洲一流俱乐部,整体实力迈上一个台阶,达到亚洲二流水平。而中国足球的3.0版将是到2030年中国经济迈过中等收入陷阱、进入高收入国家行列的时候,成为世界杯的常客,达到亚洲一流、世界优秀水平,实现中国足球事业的市场化、产业化、大众化。中国足球的终极目标4.0版,也就是在2050年,中国经济、文化、制度全面引领世界,足球强国与经济强国相匹配,足球与中国经济的发展水平比翼双飞,中国足球实现全面发展,引领世界足球运动发展潮流,最终实现"中国世界杯出线、举办世界杯比赛及获得世界杯冠军"的三个愿望,也是中华民族共同的"足球梦"。

第十三章　医疗技术的革命时代

一方面的行业遏制、政策性洗牌，另一方面的行业释放、去专利化繁荣，两厢对冲无疑让医药行业"进退两难"，于是就出现了审批致死与兼并重组的"两重天"。医疗领域的重大突破小到超微、大到超宏，不仅手术机器人大行其道，伴随智能化与生物化的两股历史潮流合拢，医疗也将由盲打转为精准。

医药的矛盾与突破

中国经济刚崛起，中国人就患上了健康危机。据德勤报告称，中国高血压人口1.6亿～1.7亿，高血脂1亿多，平均每30秒就有1人罹患癌症。社科院《人才发展报告》亦提示7成白领有过劳死的危险，若再不注意业健康，或许这些人中的2/3将死于心血管疾病，而当前中国一年用于心脑血管疾病的治疗经费已达3000亿元。从1991年—2013年中国人均医疗费年均增长17.49%，其中最多就是药费，占比超过40%。从常识看生病就要吃药，药价自然关乎民生，可即便政府强行压低药价也挡不住其节节攀升，中国人已然病不起。高药价成了众矢之的，可药企也是"哑巴吃黄连",且不说反腐、资质评定等都来"找茬",如今新药研发如此之难、审批如此漫长,就是"以药养医"也让其无辜躺枪,药企已是"百口莫辩"。那么高药价究竟能否如愿降下来?面对一团乱麻的医药行业,剪不断、理还乱中巨变的机关已被触发,笔者将从矛盾出发层层剥笋:

首先是"一致性评价"的收与"专利放开"的放。前者在于2016年3月国务院正式要求全部化学药均需通过仿制药一致性评价,这对于95%是仿制药的中国药界无疑是个重磅炸弹。中国早期药品审批太松,如今重拳突击"一致性评价"实际是对医药审批猛进、仿制药粗制滥造"历史欠账"的整顿与回摆。但问题是,当年申报的新药都未做过严格的BE(生物等效性)试验,如今不但找不到原先的参照物,即便找到,如何获取、谁来认定都很难,更何况200万~500万的临床试验成本,无疑将压垮中小药企。如此看来,一致性评价是行业整体性的重新格式化。后者则在于外资原研药的"专利悬崖"到来,相比2012年—2015年第一波631个专利药到期,如今第二波到2020年约有2590亿美元的药品面临专利失效,尤其2017年、2018年伴随全球畅销药的逐步到期,大量新的仿制药将纷纷涌出,中国亦将因专利放开迎来仿制药的春天。如此,一方面的行业遏制、政策性洗牌,另一方面的行业释放、去专利化繁荣,两厢对冲无疑让医药行业"进退两难"。

于是就出现了审批致死与兼并重组的"两重天"。其实,医药行业的特殊性决定面对刚需并不迫切的去产能,即由市场供求导致的去产能在医药行业不显现,反而是行业性整肃将导致许多企业玩不下去。因为不止于一致性评价,2011年CFDA(国家食品药品监督管理总局)就要求药企达到新版GMP(药品生产质量管理规范)标准(业内称之为史上最严GMP)。但截止2016年1月13日全国7179家药企1/4未通过而面临停产。药企本还指望着国家"网开一面",未料2015年8月CFDA还发动了史上最严临床数据自查,以致约83.4%的品种被撤回或不批准。中药企业更成了"收证"的重灾区,据专家预估,2016年中成药企业将集中换证（占比高达95.8%），新版GMP或大浪淘沙近2/3。更何况，如今飞检的常态化已让GMP并非"一证保天下"，加之，高药价占据舆论制高点，以致政策以打压药价为主。可见，方方面面的压力都导致近年药价总体往下走，有些药企因此将难以为继。

如果说今天国家统一与外资药企谈判压低药价，那是因为原研药尚有垄断利润可砍，那么对于本就是低成本仿制的国产药来说，再挤压药价不但将导致"劣药驱逐良药"，更逼得药企只能以出让批文资质等"用脚投票"。这就不难预见中小药企被淘汰的悲惨命运，但另一方面，正因企业生存压力增大以及创新投入的巨大，在世界范围内将出现药企兼并重组的高潮。虽然辉瑞与艾尔建的全球医药最大并购案终因美国财政部新政而"流产"，但毕竟新药研发越来越难，已非药企单打独斗可以支撑，再加上，外资药企以专利药为主的经营模式无以为继，就是中国药企也在行业洗牌中出现马太效应，因此，未来药企合作是大势所趋，2015年A股医药上市公司并购增长近4成（271起），即为明证。

其实说到底，医药关乎人命，其特殊性导致审批严重滞后，非其他任何行业能比。在中国，一个新药往往得历经10年才能投胎转世，20年专利期产品面市就已消耗掉12年，转入市场销售等医保市场准入又需5年，医保后3年产品刚进入销量成熟稳定期又马上面临"专利悬崖"。即便是国外审批过的新药进入中国平均也得等6—8年，可见新药若非财力、精力、耐力支撑很难熬住如此漫漫征途。美国是医药审批走邪入魔的另一极端——受20世纪八九十年代艾滋病治疗的迫切性，美国FDA建立了重大疾病的快速审批机制，但这种技术性审批马上就被滥用，不少不是"救命药"的新药都"鱼目混珠"通过该流程快速上市，而所谓的新药也成为制药巨头维持专利垄断的工具罢了。因此，伴随多个明星药的"皇帝新装"被戳穿，美国医药审批同样遭遇诟病。中美医药审批可谓"殊途同归"，却都无法抵挡科技进步带来的技术颠覆，未来超级计算机、量子计算机对药物的创新将极大地替代临床实验（类似核爆由计算机完成），或许届时医药审批也就不会这样旷日持久与艰难了!

由此,不难发现全球医药行业现实存在两大垄断:一是规模垄断,这在任何商业社会都存在。二是创新垄断,随着新药问世的趋小以及重大疾病与疑难杂症的针对性,使得新药价格奇贵无比。这种新药暴利又因为"10年10亿美元"的高门槛让大部分药企难以企及,进而形成事实上的"创新垄断"。而正是这两大垄断,导致医药行业天生"嫌贫爱富","强者恒强",甚至为攻克癌症不得不摒弃私利牵手共进。人类基因图谱就是靠六国千名科学家之力才成功,打开了人类真正探索DNA的奇妙世界,却也恰恰意味着从化学药到生物药的革命。一方面,化学制剂都有毒性,没有一个西药是没有副作用的,比如阿司匹林就容易伤害肠胃甚至引发脑充血。正因当前化学药物的副作用日益凸显,以致原本治病的良药反而变成了毒药。《千手观音》23位主演中就有19位因药物不良反应导致聋哑,中国医疗数据亦显示1/3的病人死于药物的不良反应。另一方面,生物基因技术突飞猛进,CRISPR-Cas9基因编辑技术就试图以打开或关闭基因甚至是对整个生物回路进行基因编辑了解细胞系统和疾病,进而从基因编辑配对角度掀起医疗与药物的突破,不管是修改DNA产生抗体,还是遗传改造酵母制造阿片类止痛药等,都将带来医药革命性的转变。但鉴于人类对DNA认知有限,一旦触碰生物基因的核心,无疑也打开了潘多拉魔盒,就看人类如何平衡利弊,在发展与克制中适应环境了。

最后回到药价到底贵不贵问题。可以说既贵也不贵,因为若这药能减少住院次数,避免手术或器官移植,那无疑是便宜了。那么一粒药的成本只有0.5元,为何要卖50元甚至更高?因为第一粒药的成本高达5亿。对此,若被道德绑架一味降药价,哪个药企还愿意砸十几亿花费十多年时间去研发新药(90%的临床试验都是失败的)?因此,从趋势看,未来药价将有升有降,一方面,随着近两年"以药养医"的政策调整以及低端竞争加剧,传统药价将呈现下降态势;另一方面,新药研发越来越难,在极大人力、财力、技术与时间投入下,新药问世势必高价，尤其在仿生药的新领域，大量资本的沉淀，都将导致相当多的药价陡峭般的畸高。其实再换个角度看，不管贵不贵，是药三分毒，可偏偏中国人"药到病除"的观念根深蒂固，殊不知，生命系统自有其修复力，过度吃药反而糟蹋了身体。更何况，当前的医疗知识对生命的认知还极其有限，因此，与其一味盲目地依赖看病吃药，还不如预防为先，注重平时运动、养生，将健康掌握在自己手中！

被倒逼的医改

不可否认，医改已成为世界性难题，不管是老牌发达国家，还是发展中国家，在医改问题上都面临严峻的挑战，在化解医改矛盾方面都倍感举步维艰、一筹莫展。由于问题缠身，在一些国家医改"三五年一小改，七八年一大改"已成为常态，并成了政治经济生活的"一门必修课"。美国就是受困医改的一个典型。当年初任美国总统的奥巴马雄心勃勃地开启被舆论视为"美国社会保障体系45年来最大变革"的"奥巴马医改"，并在众议院脱西装、挽袖子疾呼呐喊，说服参众两院通过其议案。然而，临近8年任期结束，奥巴马医改虽小有成就却饱受争议，主要是他就医改法案提出的五项承诺都没有达到及格标准，美国医疗积弊分毫未改，医疗成本依旧居高不下，卫生总费用占GDP比例高达17.6%，超出发达国家平均水平近8成。这也落下口实，成为被攻击的靶子，竞选总统的特朗普就宣称将"废除和取代奥巴马医改计划"。

事实上，从世界范围来看，医疗体系的两条路线都深陷泥淖：一条是以美国为代表的市场主导的医疗体系。作为发达国家中唯一没有提供某种程度的全民医疗保险的国家，美国医疗资源高度商业化且定价缺乏透明度，造成医疗费用过高且医疗收费持续上涨，让普通民众"病不起"的局面。据统计，美国人均医疗费用8600美元，是其他发达国家的2倍左右。兰德公司统计，过去10年，美国家庭平均月收入增加近2000美元，其中40%用于日益昂贵的医疗花费。由于医疗收费持续上涨，保险公司要么增加保费，要么削减保险覆盖内容，增加自费项目，民众愈发缺乏稳定的医疗保障。哈佛大学的一项研究表明，78%的个人破产是因为付不起医疗账单。而奥巴马的"廉价医疗法案"虽然让之前三分之二的无医保民众获得了医保，但该方案正被财政压垮。

一条是以英国为代表的政府主导的医疗体系。1948年英国建立了英国国家医疗服务体系（NHS），为英国全体国民提供免费医疗服务，该体系被世界卫生组织认为是欧洲最大的公费医疗机构和世界最好的医疗服务体系之一。不过，由于缺乏竞争，医疗机构活力早已丧失，机构臃肿，官僚盛行，与民众对健康服务需求的提高已经严重不对称，再加上人口不断增加，NHS负荷过重，该医疗体系低下的效率已成为民怨的焦点。同时，持续膨胀的医疗开支也让政府不堪重负。其实，不只是英国，德国、法国等欧洲国家以及提供免费医疗的加拿大，都已在暴涨的医疗开支和供求矛盾中日益捉襟见肘，难以为继。显然这两条路线都不是化解医疗矛盾的有效解。

正因为如此，近年来，"用中国式办法解决世界性医改难题"已成为中国医改共识。然而，即便是从2009年新医改算起，历经七年多还未实现"有效减轻居民就医费用负担，切实缓解'看病难、看病贵'"的近期目标，医患矛盾持续加剧，杀医事件接二连三。而医改久拖未决，主要纠缠于六大问题：一是政府到底发挥什么作用。虽然历经10多年医改，但"政府派"与"市场派"之争始终影响着医改的推进，政府在医疗体系中的作用迟迟没有理清并得到清晰的界定，以至于政府越位和政府缺位长期存在。二是医院到底是走公益路线还是市场路线。新医改以回归医疗机构公益性为目标，弱化市场路线，铺开了一条靠财政投入拉动的医改之路。但在供需矛盾尖锐、医患矛盾有增无减的背景下，新医改一度停滞，随后又意图通过鼓励社会办医来化解其中的矛盾。然而，这种把公益化与市场化对立起来的结果是，医疗体系因公立医院的非市场化及垄断根本无法形成充分竞争，民营医院不同程度、不同形式地"寄生"在公立医院体系，导致医疗服务供给畸形化发展。三是到底如何看待医生的价值。无论是"以药养医"还是"以检养医"，根本上是医疗服务价格被扭曲，医生的服务价值没有没体现出来，在把医生过度拔高、渲染为白衣天使的"荣誉"下，医生的职业特性和技术服务价值被抹杀，医生的医疗技术在医疗费用中的占比不足一半。2007年的一份调查数据显示，医疗技术占比甚至低至不足6%。四是医药如何定价。表象上看，药价高似乎是"看病贵"的症结。2013年，中国的医院收入中，药占比高达39%，在医院收入中占大头，而挂号费用及手术收入分别只占0.3%和4%，挂号费、诊疗费、服务费、床位费、护理和手术的收入全部加在一起也不过30%，依旧不敌药品一项的收入。因此，近年来医改都把控药价、降药价作为突破口。然而，以药养医的症结不除，医改怎么可能靠控药价、降药价单点突破？更何况多年来以整治药价为核心的医改已经被证明适得其反。五是如何引导社会资本。单靠政府财政显然无法满足社会对医疗服务的需求，但如今引入社会资本又面临两方面的矛盾：一方面引入社会资本似乎与医院的公益性相悖，莆田系被揭穿所暴露出的民营医院唯利是图，非但没有改善医疗服务供给，反而制造了不少医疗丑闻似乎也印证了这一点。另一方面，政府对社会资本办医的"玻璃门""弹簧门"等各种隐性障碍往往导致社会资本以变形、变异的方式进入到医疗领域，放大医疗市场的扭曲。六是如何引导社会的医疗需求。尽管医院有分级，但分流患者的能力和效果很差，在普通患者眼中几乎只有三甲医院和非三甲医院的差别，大量病人涌向优质资源，造成大医院长期超负荷运作，服务质量和服务态度难以保证，而基层医生虽然绝对数量和比例都严重不足，却也无人问津。虽然社会一直有声音呼吁感冒发烧等小病到社区医院、基层医院就可以解决，但患者普遍还是不管大病小病都蜂拥到大医院，医院分级诊疗以便让患者少花钱少排队少折腾的初衷沦为"纸上谈兵"。上述六大问题分别牵涉政府、医院、医生、医药、资本、社会，各问题间彼此勾连纠缠，犹如医改面临的六面魔方，始终难以理顺。

那么，如何在纷繁复杂中找到医改"出口"？玩魔方有一个基本原则，即中心块相对位置永远不变，一定是红橙相对，蓝绿相对，黄白相对，也就是相近的颜色相对。同理，破解医改难题也有一个"中心"，即切实落实十八届三中全会提出的"使市场在资源配置中起决定性作用和更好发挥政府作用"。莆田系问题横行的根本原因就是政府有关部门只适应以往的医疗模式，在医疗引入社会资本后不知道或者没有找到政府发挥作用的位置。进一步而言，医改迟迟难以突破，问题越改越多，症结就在于从中央有关部门到地方政府，都没有很好地把握和落实十八届三中全会的基调。然而，莆田系问题的爆发，将倒逼相关政府部门回到医改的"中心"。而"使市场在资源配置中起决定性作用和更好发挥政府作用"，首要的就是让公立医院回归公益属性，并进行市场化运作，以此来化解当下医疗体系中的上述六大矛盾。公益性和市场化并不矛盾，在这方面，中国台湾王永庆创办的台北长庚医院就是一个成功的范例。同时，医疗资源配置的公开透明不可或缺，既然改进工作作风的八项规定已经严厉推行，事关医疗公开、公正、公平的医疗红卡也没有道理被置于八项规定的覆盖之外。总体而言，在问题倒逼下，当政府部门实质性地调摆到十八届三中全会的基调上，"用中国式办法解决世界性医改难题"也将真正得以兑现。

精准医疗

"以药养医"尚未堵住，"以技养医"就已风行。当前医生的标配从听诊器变成一堆检验单，要看病先检查，即便是同种病，跑不同医院也得重新检查，这让提出四年的"医检互认"形同虚设。一来，国家取消药品加成等降低了医院药品收入，以致毛利高达5成的医检就成了医院创收工具。二来，只要收回仪器成本,超出的可就是医生的绩效工资,这一机制激励医生多开检验单以求收入补贴。"以技养医"由此甚嚣尘上,这是医生劳动价值未得到市场确认下的一种"扭曲",但不可否认,小到日常用的血糖仪,大到医院配备的CT、生化设备,医疗器械已呈现爆炸式发展。

据欧盟医疗器械委员会统计,全球医疗器械市场销售总额已从2002年的2100亿美元升至2013年的4690亿美元,年复合增长7.58%,亚太地区增速更快,2015年是世界平均水平的两倍。中国医疗器械虽然起步晚,但近年年均增速始终保持20%以上,销售规模13年增长10.84倍,2015年高达3080亿元,相比2014年2556亿元增长20.05%。而伴随医疗器械飞入寻常百姓家,不单青光眼患者可在家中自测眼压,从可穿戴设备到智能药店、远程医疗等都让病人不用上医院,医生就能开药看病。医院更是从医用机器人到医疗大数据全部武装,就连科技大佬都积极布局,从三星"SAMI"平台到"百度健康云",马云甚至语出惊人:"阿里想干的是健康和快乐两个产业,若投资做对,30年后医生找不到工作,医院、药厂越来越少。"那么医疗技术究竟发生了怎样的革命?未来真将颠覆医生?

就技术本身看,医疗领域的重大突破小到超微、大到超宏,前者在于纳米级应用开启,比如纳米药丸,植入血液找到癌症发病处,就能定点破裂撒出抗癌剂,从而实现定向化疗之效;再如纳米机器人,不仅能探测多种疾病的化学信号,在症状出现时发出警报,还可以在医生无法触及的情况下诊断疾病,甚至直接完成微创外科手术。后者如光子刀、重子、质子等大型医疗设备,其中光子刀精准定位肿瘤,利用γ-光子瞬间杀灭癌细胞,并通过免疫系统吞噬消化,无需开刀就能切除肿瘤,可谓20世纪90年美国FDA(食品药品监督管理局)通过的最高科技成果之一。而后伴随质子、重离子治疗等纷纷进入临床,仅从治疗中心数量看,全球在运营的质子中心57个,远多于重离子中心(只有10个),单国内筹备及在建的质子项目就达20个。加之,TOMO刀代表当前调强适形放疗的最高水平,速锋刀等问世不久的新兴技术,百花齐放之势显而易见。再就是,手术机器人大行其道，自1999年直觉外科研制出"达·芬奇"并通过FDA审批快速投放市场，近乎独霸天下，累计销量2008年超千台，2014年已达3266台，在美国由"达·芬奇"完成的手术比例高达90%，中国自2006年引进以来也累计完成手术22917例。"达·芬奇"越来越受医院青睐，未来或将催生一个庞大的机器人医生队伍，届时只要吞咽一个胶囊，手术就能在体内完成，未来或许成千上万的"微型机器医生"将在血脉中穿梭、调整机能、治疗疾病。

医疗显然搭上了高科技的快车。医院不单配备手术机器人替代医生，还有原本护士护工等诸多职能都被机器化，比如自动送药的运输机器人，帮助患者复健的机械外套等。单以中药房为例，传统人工抓药需20分钟，但利用智能机器手，抓一服中药平均只要3秒，节省9成人力。医疗器械的信息化、智能化、物联网化如火如荼。从Google智能隐形眼镜通过眼泪测血糖，到苹果专为医生和科研者设计"ResearchKit"系统，再到基于云计算的人体数字地图，科技巨头们都试图从传感器研发—可穿戴设备—检测工具—大数据存储—诊疗分析，打造智能化的个人疾病诊断及远程医疗方式。于是，患者治病早已不局限于医院，更在人工智能、工业4.0、生物经济上颠覆传统医疗诊治。不单检测个性化、便捷化，比如可诊断多种疾病的生物芯片，而且伴随生物技术发展，只需2ml唾液就能掌握自己的基因密码，未来脑机接口技术甚至能实现大脑与机器的直接交流，进而输入知识、复制记忆。医疗无疑变成了IT、网络、机械、生物等多技术的系统集成，曾由医生"望闻问切"决定一切，也转为网络、程序、标准。不管是网上挂号、分诊系统等医疗的互联网化，还是移动医疗、互联网医院的模式创新，抑或是微软HoleLens在医学领域的应用，都已预示未来医疗将面目全非，医疗技术的革命时代已经到来。

这就不难预料，医疗版的"机器换人"运动已然战鼓雷鸣，不单医疗设备将在智能化和联网化中越来越聪明，而且在3D打印器官等技术发展之下，人与机器的融合或将开启人工合成生命时代。尤其各国竞相开启"大脑计划"，一旦脑科学与基因组学进一步突破，未来新新人类将打破自然人寿命等生理限制，在芯片植入、机械增强中变成人机"混血"，届时将出现"半人半机器"，或是基因优化的超级人种，而医疗也将不止于人的生老病死，更在于机器维修、基因选择等。其实，从直观医学的1.0时代（即以望闻问切、面对面地靠医生经验来诊断）到循证医学的2.0时代（即靠医生判断、病理检测来验证），几千年的医疗史大多是循证诊疗形成经验教训的沉淀、累积，同时也隐含医生个人初诊的误判，当下1/3的病人死于药物的不良反应，普通疾病的误诊率高达27%左右，即为明证。毕竟，大多数疾病的发生是自身遗传密码和外界环境共同作用的结果，而传统的循证医学却对相同症状的病人使用相同剂量的同种药物，殊不知个体差异下"彼之蜜糖，吾之砒霜"，治疗效果自然千差万别。于是，伴随人类打开基因密码，智能化与生物化的两股历史潮流合拢，医疗也将由盲打转为精准（如同炸弹与导弹在GPS催化下的革命），从循证医疗与经验为主的医疗1.0、2.0时代进入以基因检测、大数据分析下的精准诊疗、个性化给药，定制健康管理的医疗3.0时代。尤其在基因剪辑、生物改造与机械共生等可预期前景下，医疗4.0时代或将上演自然人与生物人的大战，届时，人类不单能活到200岁，甚至因虚拟世界的记忆复制而"永生"。

而就目前看，当下仍处于医疗3.0时代的前夜。未来不管是工业4.0还是生物经济，都在勾勒一张从医院到家庭、从万物到网络、从基因到身体的生物物联网，但就目前的医疗技术看，机器尚不足以颠覆医生。马云当时豪语"30年后没医生"，遵循的仍是循证医学，而循证基本都可标准化、机器化，可现实是不单循证医学进入了个性化的精准医疗，而且机器再怎么说也是人设计的，一旦程序故障，放在医疗上那就可能致命。更何况，人类自以为揭秘DNA的"生命天书"就能对生老病死了如指掌，可迄今人类仍未真正参透。加之，病毒细菌仍在变异、个体差异等太多的不确定，以致人类对生命与疾病的认知依然有限，而将此局限的认知程序化，光靠机器岂能诊断和治疗所有疾病？

因此，医生不会消失，只不过相较于机器人医生（或护士）干标准化工作，人类医生或将借助医疗技术进步真正解决疑难杂症，至于医院也将从曾经封闭的中心转为"平台+集成+网络"，届时，利用生物物联网，人人都是医生，遑论那些久病成医、网络成医者！只不过在当下，机器人靠不住，医生也不能全信。德国医生尤格·布莱克在《无效的医疗》中就直言，从整形外科的神话到心脏手术的误导再到痛苦化疗，医疗的谎言欺骗了生命，更多时候是自欺欺人！殊不知，人体有自愈能力，病症更倾向于自我消退，可大量的手术吃药不单破坏人体内在平衡，更在药物副作用甚至错误治疗中"顾此失彼"。说到底，医疗对人的健康只起8%的作用，相反，自我保健占比高达60%。与其把钱和命交给医生，还不如将钱用于养生健身，将命把握在自己手中。而这需要摆脱对医学的绝对依靠，松开生死之结，更多理解并借助生命自身的规律和力量，才能真正保护自己。

▶▶ ▶▶▶▶▷▶▷▷ ▷ ▶▶▶▷ ▶▶▷ 社会篇 ▷▶▶ ▶ ▷▶▶

第十四章　企业动向

> 不管是什么战略，企业似乎都进入物极必反的失效区域，如坠迷宫般失去方向，因为这已不是企业战略的问题，而是时代系统切换的问题。

企业战略迷航

企业家的时代之惑

企业难做。且不说"去产能"去掉了产业链底端的众多"虾米"，就是业内"老大们"都陷入非生即死的尴尬境地。香港首富李嘉诚以为"逃往国外"资产就安全了，未料还是在英国脱欧的"剪羊毛"中损失惨重。华为正当业绩"如日中天"，可任正非突然坦言"华为正逐步攻入行业的无人区：无人领航，无既定规则，无人跟随。华为已感到前途茫茫，找不到方向"。李嘉诚、任正非尚且如此，迷茫已成为互联网浪潮下全球性的集体"症状"，国内尤甚，就是BAT等都忽然异口同声"没方向"。似乎所有企业一夜间都被复杂形势迷了眼，看不见前路，只能驻足思考失败，如此一致性的背后究竟隐藏着怎样的时代之惑与企业家"心魔"？

因为当下大多数的企业战略都进入"上天入地"的两个极端，不是被外部诱惑，就是被内部束缚，以致在十字路口怎么选择都是"错"。单是专业化还是多元化这对矛盾就如追兔子游戏那样举棋不定。华为坚定不移28年只追通信领域的大兔子，因为专注的工匠精神而做到了极致，可它再怎么努力也只是通信领域的"王者"，就怕哪个旮旯角落里来个小野狼就把大兔子咬死，这也正是任正非担心的。因此，谷歌、苹果纷纷另辟疆土，就意在跨界创新突围。可同时追N个兔子也终将因分散精力以致一个都追不上，因多元化而败北者从娃哈哈到联想不在少数。毕竟，外面的世界好精彩，房地产、金融等都是暴利，难道明知制度红利而错失此等良机？加之，如今风口遍地黄金，炒个概念就能让猪上天，而只要如金融"拆东墙、补西墙、墙墙不倒"就可"麻雀变凤凰"，何乐而不为？可说到底，麻雀即便披上凤凰的羽毛也仍是麻雀，若只是概念做秀，那么现回原形就是迟早的事。任正非排斥上市就是怕被资本劫持，想当初摩托罗拉投资50亿美元的铱星计划失败，资本市场用脚投票以致其开始走向衰败，即是前车之鉴。如此看来，不管是什么战略，企业似乎都进入物极必反的失效区域，如坠迷宫般失去方向。

当初索尼CEO就在员工大会上黯然神伤：我们没犯错，但这个时代已不属于我们！这显然已不是企业战略的问题，而是时代系统切换的问题。在这个拐点上，一切经典理论都将失效。因为经典是基于线性思维的历史递延，但恰恰当前整个系统处于洗牌与格局重塑，旧理论自然无法解释新时代。尤其在新老经济交替之时，突变是常态、思维是跳跃的、格局是混沌的，一切都在酝酿中，企业在黎明前的黑暗中又岂能看得清？即便是生态集成等新战略，也只是照葫芦画瓢，无怪乎企业只能被迫"滚地雷"。因为企业早已习惯了旧时代的赚钱逻辑，却将时代的机会当作企业战略的成功，这恰恰是种战略失误。比如，过去10多年所有的互联网、IT企业能赚到钱背后遵循的是摩尔定律，但伴随摩尔定律的极限，中关村电子城注定没落，正如上个时代义乌小商品走向衰败一样。万科同样自以为是管理层的功劳，恰恰忽视了本质——土地红利才造就了房地产崛起。如今万科做到行业数一数二，谁管理已不重要，可"宝万之争"却还对管理权争个你死我活。殊不知，问题反而在于，一旦制度红利消减，房企的好日子无疑将到头了。这显然印证了"没有成功的企业，只有时代的企业"！

用新战略适应时代变化

就此而言，华为无疑站在当下时代的顶峰。华为不靠国家一分钱，居然能实现70%收入来自国外，由此戴上中国品牌的桂冠。可当下追捧华为的异常让任正非不寒而栗，毕竟通信本就是个对数据流动最敏感的行当，而华为擅长融入当地，联合各国创新，一旦涉及国家安全，外国抵制不说，国内若再找麻烦，那无疑是"釜底抽薪"。华为已感到"高处不胜寒"，却也尚未拿到下个时代的"船票"。因为亚马逊、Facebook等公司已开始自己做服务器、路由器、交换机甚至拉光缆，就连德国电信都加入Facebook主导的电信基础设施项目。这意味设备商、运营商的传统商业模式正在失效，可华为迄今未形成一个可汇聚和直接掌控全球10亿级用户的平台，一旦苹果、谷歌等设备都自己来，被边缘化的华为又怎能跻身下个10年高科技的第一阵营？更何况，未来20年的科技创新前所未有，新技术将创造新需求、造就新商业、新产业，这是个跨界翻墙、打家劫舍、屌丝逆袭的商业新海盗时代，企业命运要么跨越，要么被颠覆。以此观之，任正非嘴上喊迷茫，其实心如明镜，既有征服新大陆（走出去）的野心，又对新大陆（未来科技）的未知迷惑，试图撕掉旧世界的荣耀，抵抗旧磁场的引力，却受困于两者的拉扯。

其实，不管企业如何选择战略，时代就在那里，不转不移，企业的迷航说到底是人类欲望的心魔在作祟，往往以终极思维论英雄。虽然树立远大目标无可厚非，可企业做大了想做强，做强了想上市，上市了就想多元化，在赚钱"一条道上走到黑"，结果企业越做越大，忘了初心，企业家岂能不空虚，结果一遇到危机就分崩离析，一承受不住就钻牛角尖，甚至连政策风来了都能吹得心乱了。这种个人的焦虑，说白了是欲望所惑，若非将战略当成目标，将目标终极化，又岂会如此较真？尤其在缺乏战略新思维、市场心智混乱的当下，企业家面对诸多诱惑、坎坷与选择，一要有方向，不忘初心，因为急功近利出不了"李安"，聪明人或许能抓住风口，却也正因不断追着风口跑而错失良机，恰恰是马云、任正非等这类有定力的人，方能在持之以恒的奔跑中成就大业。二要抓规则，看透本质，因为企业家精神贵在创新与胆识，兼具智慧的眼光与系统思考能力，方能在企业创造价值的过程中"有理、有利、有节"。毕竟中国很多企业的成功不是战略的成功，而是机会的成功，而抓住机会就要看穿规则、洞悉未来，才能在预见未来中创造未来。三要随姻缘，水到渠成。这并不意味战略无为，而是在等待天时、地利、人和等条件成熟，虽不强求却尽力创造、做好准备，一旦缘分所至就能顺其自然开花结果。

　　由此，时代急剧变化更需要"战略"。拐点期的战略能成功，往往是非典型、跨越时代、引领未来的，方能出奇制胜。正如马云所言，今天很残酷，明天更残酷，后天很美好。但很多人死在明天晚上，看不到后天的太阳，输就输在对于新兴事物，第一看不见，第二看不起，第三看不懂，第四来不及。因此，面对前所未有的颠覆，新时代的企业或将幻化出一种适合创新、机制灵活的新模式：既有化繁为简的模块化，在各模块独立运作下彼此兼容，并能迅速复制进而高效衍生；又如八爪鱼张开触角链接一切，自身平台化的同时也将形成一个生态系统；还能彼此嫁接与嵌入，以业务对接形成战略联盟，或在跨界混搭中掌握入口"无孔不入"；更能内外整合与再造，在行业洗牌中攻城略地，在内外创新下重整旗鼓，以达到资源配置极大优化。由此，未来的时代企业或将凭借"模块+链接+嵌入+整合"的新玩法，不单顺势而为，打出新战略，更将玩出新高度，造势前行。

问鼎世界的三大台阶

对于中国的人、财富、资本外流乃至企业走出去，社会普遍有种担忧情绪，认为这会"掏空中国"，一些企业的不成熟或冒进导致大量海外投资打水漂更是招致各种非议。然而，这种忧惧更多是把中国人及企业走向海外视为单向输出，某种程度上潜藏着"肥水不流外人田"的"小家子气"。然而，如今中国已经走到了需要从外部入手来化解国内问题的时点，而海外新大陆的展现也给中国提供了这样的机遇。进一步而言，中国人特别是中国企业走向海外，更是一个双向循环的回路，将把中国及中国企业推向一个崭新的更高台阶。

当下，决定中国发展进程，绕不开的一个关键就是改革。然而，某种程度上，近年来改革已经进入了呆滞、相持阶段。尽管高层不断释放出强化改革的信号，但落实到具体实践层面，普遍而言，要么过于细碎，于事无补，要么"但闻楼梯响，不见人下来"。改革久突不破貌似在一盘死局中"转悠"。出现这种状况，根本上是改革格局与30多年前相比，已然发生翻天覆地的变化，改革所面临的问题以及需要平衡的利益关系空前复杂。毕竟，当下改革不仅要满足自由市场经济的诉求，还要满足不断提升的国家市场经济、全球市场经济、平民市场经济和社会市场经济的要求。实际上，世易时移，改革面临模式切换，而不能刻舟求剑。用习近平在小岗村调研时所强调的话来说，"雄关漫道真如铁，而今迈步从头越"。换言之，通过改革模式版本升级，打破改革僵局、走出活棋已势在必行。

而在中国愈来愈倚重通过外部来破解国内困局的背景下，改革模式的切换主要表现在以下三个方面：

从解放思想向探索创新切换。当年，在相对封闭的计划经济体系下，改革开放首要的任务就是打破人们的思想禁锢，接受市场经济观念及其洗礼。如今，经过30多年市场经济的发展，思想封闭、落后已经不是主要问题。而随着经济危机的爆发，西方经典市场经济也被证明难以为继，全世界都走到了探索创新经济、社会发展模式的当口。特别是中国，不但面临深化市场经济的要求，而且在中国走向世界的过程中，还要平衡好企业、国家与世界的利益关系，更要为民生与社会协调发展闯出新路子，避免欧洲福利国家的陷阱。

从放权让利向利益磨合切换。在各种大小权力都集中于政府手中的计划经济年代，放权让利的操作空间大，其效果立竿见影。然而，如今"肉吃掉了，只剩难啃的骨头"，很多政府部门权力放无可放，再放权让利就等于"革"自己的命，哪里肯"乖乖就范"？这也是改革进展滞缓的重要原因。与其"杠"在这里，不如变通转道，让各方通过利益磨合找寻到出路。比如，随着大量中国企业走出海外，如何既确保企业市场化运作的利益，又要维护国家利益，显然要通过不断的利益磨合来界定相关的规则和边界；特别是对于国企而言，要在企业自身、国家利益与海外利益之间进行平衡，显然也不是简单地放权让利就能够解决得了的。

从对外开放向融入世界切换。对外开放是通过引入外部力量，打破国内封闭状态，激活国内的要素、市场和生产力。在当年特定的历史条件下，这是中国改革的利器。但时至今日，对外开放已经不足以推动进一步的改革，尤其是随着中国日益广泛地参与国际事务，中国人及企业不断涌向世界各个角落，如何理解和适应海外的政治、经济、社会环境，减少或者避免矛盾、冲突，也不是对外开放覆盖得了的，更需要有融入世界的态度和理念。

事实上，伴随着中国走向世界，并逐渐融入世界，外部力量在推动后续改革、促进中国变化中的权重将会日益放大。中国企业走向世界势必要接受国际规则以及法治成熟国家的"格式化"或者"洗礼"，引入成熟的管理架构和法治文化，比如，华为花了28年时间向西方公司学习管理，每年花上亿美元请IBM顾问团队来帮助管理企业，在走出国门、走向世界的过程中更是借助世界各国的工程顾问公司把公司打造成"国际范"。过去，中国企业普遍野蛮生长，浑身是病，但随着30多年市场经济的摸爬滚打，中国企业本身已经在不断进化，未来随着更多的企业走上如华为、吉利、中兴、海尔、光明等这些企业的持续国际化道路，中国企业的管理架构以及法治化运营能力将更大范围、程度地得到提升，这反过来必然会带动国内法治建设。同时，伴随着中国企业走向世界，法律服务需求的膨胀也将推动中国法律服务行业的发展，进而惠及中国的法治化建设，全球法律服务业过去100年来的发展历程也表明，美国法律服务行业的强大实力与华尔街投行的综合优势以及美国企业的全球扩张密切相关。

在此进程中，中国商业文明也将逐渐被重构。脱胎于农耕文明和计划经济的中国企业，在急速市场化过程中，既缺乏对中国传统商业文明的传承，又没有西方商业文明的沉淀，在野蛮甚至血腥的成长中往往呈现出急功近利、投机钻营等特征，在经营中只讲利润不讲规则，近年来接二连三爆出的假冒伪劣、问题食品、毒奶粉、毒工厂等事件就是这种状况的反映。这显然与现代商业文明格格不入，而越来越多的中国人涌入海外购物、海淘，在很大程度上也是对中国当下"恶劣"的商业文明"用脚投票"。这种状况在国内难以为继，在海外更将遭遇越来越大的阻击。所以，中国企业深入海外，特别是要"入侵"发达国家的市场，不可避免地要用现代商业文明"武装"自己，习惯于用法律和商业伦理约束自己，把自己打造成负责任、有担当的企业。如此也将"反哺"国内商业文明，促进中国商业文明的进化。

如此来看，后续改革的推进在很大程度上可谓"出口转内销"，即走出去的企业在全球化后"反身"推动国内法治和商业文明的进步。这其实已经初露端倪。毕竟，中国作为走向世界的企业的"大本营"，没有国内法治和商业文明的支撑与对接，中国企业的全球化之路难以走好、走远。而在国内改革某种程度上陷入呆滞、法治化建设依然游走在边缘的境况下，单靠国内已经难以改变、突破，中国企业走向世界对企业自身发展是个突破口，对于中国改革来说更意味着打开一扇窗，推开一道门，以"飞去来器"的形式别开生面。所以，如果说前30

年由于中国走到了崩溃边缘、经济落后，改革动力在内部，那么后30年，由于中国的发展空间拓向世界，在融入世界的过程中接受全球规则，改革的动力已转向外部。

在此背景下，中国企业将兑现登上世界级的三大台阶的历史进程。第一个台阶就是在国内通过红利完成资本积累。第二个台阶则是通过新大陆的空间，完成国际渠道的建设、打造国际化的法律背景，乃至实现国际化的产业规模。第三个台阶则是开发第二个新大陆，即在在世界范围逐鹿新经济，部分企业将在开发第一个新大陆的过程中构筑起在新经济领域的竞争优势，并进而跃升到全球新经济领域的第一集团，引领未来全球新经济的发展。而攀登这三大台阶的过程，也是中国一代企业家实现其历史使命的过程。经历国内改革开放二三十年，转向海外圈地又将历经10年，进入世界第一组团再"熬"10年，伴随着企业开疆拓土，参与这一进程的企业家们也将"戎马"半个世纪一个人生。中国企业家可谓生而逢时，不断实现生命的提升，充分地兑现了人生价值。

三元经济与三类企业

中国企业的模仿困境

到底谁挺过了危机？德国企业还是美国企业？比较普遍的看法是，德国企业是大赢家。危机爆发后，西班牙、英国、爱尔兰等在国际金融领域大展拳脚的国家深陷债务泥潭，一蹶不振，而以往被他们讥笑为"呆板阿伯"的德国却一枝独秀，逆势飞扬，尽显英雄本色。长期坚守实业，追求品质与附加值，是德国企业脱颖而出的法宝，作为其核心要义的工匠精神与工业4.0更是备受追捧，一时风靡。德国企业多数默默耕耘于某个细分市场，往往偏安一隅，主要是小公司、慢公司，甚至是"笨公司"，没什么值得大书特书的故事可以传扬，却能稳扎稳打、屹立不倒。

另外一个普遍看法是，美国企业走下了神坛。过去数十年，美国企业管理理论与商业模式创新层出不穷，成就无数传奇，为世人所津津乐道，始终引领世界经济潮流，成为各国企业竞相效仿、学习的神话，中国更是有样学样的翘楚。美国企业大多急功近利，热衷于赚快钱、热钱，追求短期利益，危机一来，裸泳者立马显形，作为本轮危机的罪魁祸首，自然损失惨重，沦为被唾弃的负面典型。然而，《哈佛商业评论》对创建于1900年后、市值1000亿美元以上、非行政垄断型企业的研究发现，如从1900年开始划分，绝大多数欧洲顶尖企业都消失了，而美国绝大多数顶尖企业却依然留在伟大企业榜单上，美国企业基业长青的概率更大，依然值得学习。

这几年，一贯善巧方便、苦于缺乏核心竞争力的中国企业饱受危机摧残，对于该以谁为榜样，业界分为两派，要么竭力推崇德国企业，言必称工匠精神、工业4.0，要么对美国模式顶礼膜拜，认为其代表未来。那么，没有故事却屹立不倒的德国企业、急功近利却基业长青的美国企业，中国企业究竟学谁？

事实上，形成不同企业模式，除了经常被提及的国民特性，如德国人科学严谨，美国人爱创新冒险外，背后有着不同理由。为何1900年后欧洲顶尖企业从伟大企业榜单中消失？原因在于市场规模。自19世纪末以来，美国超过欧洲，成长为全球规模最大市场。而立足于这个全球最大本土市场，新兴行业优秀企业能够通过规模优势，轻易地战胜其他地区的竞争者，获得了成长为全球顶尖企业的优先入场券。而欧洲企业，在全球产业革命的大浪潮中，渐渐地被边缘化。此外，行业与领域也相当重要。过去50年来，再没孕育出一家顶尖的汽车、飞机、机械、石油、化工企业，这些科技变革缓慢、市场成熟的行业格局已然固定，新进入企业很难后来居上，因此，在传统工业制造领域，德国企业地位难以撼动，而美国不得不剑走偏锋，在金融与科技创新领域大展宏图，闯出一条新路。当然，科技革命造就的时代拐点更是关键因素。客观上，工业革命一次比一次更具颠覆性，特别是二战之后，IT行业异军突起，传统行业与IT行业加速嫁接融合，使得那些善于适应新变化的企业更加如鱼得水，德、美企业均得益于此。综上，不同企业模式既有个性，亦有共性，共性在于都是卓越企业。可见，企业模式不分高下，不同的土壤与时代孕育不同类型的企业，有时候也不见得是可以随意模仿借鉴的，中国企业大可不必纠结于非此即彼的选择。

二元经济打造新型企业

从更宏观层面上看，目前由美国主导下的全球化产业链分工，是一个三元结构的体系：分别由消费国、生产国、资源国构成。典型的消费国，如美国、南欧的欧猪各国。典型的生产国，是中、德、日、韩等。典型的资源国，则是俄罗斯、中东石油国、巴西、澳大利亚、委内瑞拉等。整个逻辑链条是，以美国为首的消费国，负责向全球输出需求与流动性，以此引导生产国产业，生产国向资源国购买原材料，资源国出售资源，收取美元，间接被美元控制。三元经济势必对应三类企业。事实上，二战后美国凭借强大军力与庞大国力，占据产业链高端，美国企业一方面尽享铸币税好处，把傻大笨粗的脏活累活甩给生产国，用"石油美元"收割资源国，另一方面商业模式由实转虚，大力发展金融与高科技。因此，美国顶尖企业两大特点，一是巨无霸居多，二是科技创新引领。三代生产国，第一代德、日，二战后被"阉割"，不得不沦为美国的打工仔，只能在制造业上励精图治。故而，德、日企业以把工匠精神发挥到极致为己任，以极力提供服务体验为宗旨，重创新与隐忍，中小型企业为主的隐形冠军多出自这两个国家，从而塑造了生产国企业的典范。第二代生产国是亚洲四小龙等，这些国家（地区）体量太小，很快就被第三代生产国中国超越。

中国登上历史舞台，其体量大、人口红利惊人、资源储备相对丰厚，关键是有战略纵深、产业梯度。此外，与德国相比，中国人的特性在于比较能"吃亏"，如为狙击中国崛起，美国想尽一切办法，从不断挑起事端测试中国底线，到千方百计不让中国入世，但中国都能咬着牙挺过来，这也为中国赢得了更大的空间。因此，中国用不着像德、日那样苦哈哈地自我加码，简单粗暴的山寨运动便活得很滋润，且随着工业化原始积累的完成，也不像第二代那样惧怕美元环流的潮涨潮落。如此一来，中国企业普遍大而不强、缺乏核心竞争力，多为泥足巨人。至于资源国，某种意义上属于产业偏态型国家，国内几乎找不到像样的符合市场经济内生性要求的企业，大型企业一般都与资源相关，更多的是寡头垄断性企业，典型的如俄罗斯被能源巨头们控制。综上，每个国家，其在三元结构中的位置，已经决定了其企业类型。

然而，这样的三元结构却并非一成不变的。尽管对大多数国家而言，很难跳出自己的宿命，尤其是资源国，向产业链高端跃迁何其之难？实际上，任何单一的经济模式都是不稳定的，这一点危机后美国已有觉悟，提出再工业化与新能源，试图三元通吃，但以其高昂的要素成本，显然此路不通。而中国却是个特例。当下，凭借13亿人口的市场规模及世界第二大经济体的实力，中国正从生产国切换为消费国与生产国两元并举。这种格局一旦形成，中国将彻底重写既有的由美国主导的全球产业分工体系，世界亦将因变于中国，而中国企业类型也将随之而变，一方面生产国对应的企业类型要版本升级，模板即是德国与日本，另一方面将发展出与消费国特征相对应的企业类型，模板即美国。前者，传统制造业转型升级无法回避，去落后产能，在细分领域做精，同时与高科技加速融合（+互联网、智能化等）。后者，随人民币出海，以规模摊薄成本，以航母战斗群的方式向全球产业链高端进发。

不过，两元并举不仅仅代表中国两类企业通吃，还意味着在此过程中磨合出新的适应两元经济结构的新型企业。就此而言，中国企业其实无所谓学习谁，相反，中国绝无仅有的二元经济并行结构，不仅为企业创造了前所未有的创新空间，也让中国有机会为世界贡献企业新范式。

国企改革新态势

　　种种迹象表明，国企改革开始发力。然而，社会对此却反响寥寥，就连机构渲染多时的国企改革行情，也迟迟难以全面兑现，除个别股票表现亮眼，并未提振整个股市。非但如此，统计数据显示，2015年9月13日至2016年9月8日，国企改革指数下跌13.9%，大幅跑输沪深股指同期涨幅。如此反差背后，是国企改革又到了破釜沉舟的时刻，然而改革姿态却让人感觉云山雾罩，甚至引发各种失望。原本，社会普遍认为，当下国企的种种问题就是以往市场化改革不到位造成的，新一轮国企改革理应来个"了断"，但是2015年9月份出台的《关于深化国有企业改革的指导意见》本身就与这种预期有偏差。如今国企改革具体推进过程中更多表现为通过合并重组壮大身形，在"做强做优做大"上着力。围绕国企改革，担心国有资产流失和"国进民退"变本加厉的两种情绪同时笼罩。

　　虽然从社会和市场情绪来看，更多流露出对本次改革的不认可、不看好，但不可否认，此次国企改革确实存在有别以往的亮点，主要体现在以下三个方面：1.央企改革大刀阔斧。针对央企战线过长，涉足领域"多而不专""主业不主、副业不副""哪儿有钱赚就奔哪儿"等问题，此次改革的一个重头就是央企功能再定位，并直指剩下的硬骨头，以前所未有的力度推动企业兼并重组。此外，针对当前一些央企远不止"四世同堂"，100多户央企中30多家央企管理层级超过5级，有的甚至达到"十世同堂"，直奔问题，推动去机关化，减少层级，以提高管理效率。2.从整体上市到再上市，比如覆盖66家上海国企上市公司、首募金额达到152.2亿元的上海国企交易型开放式指数基金ETF，就变幻了"脸谱"，为国企在股市上募集发展资金，推动国企改革拓宽了渠道。3.政策倾斜从给生产订单到成立各类基金，比如广东省在二级市场之外，先后成立各类基金近10只，募集700亿资金支持国企改革。整体而言，此次国企改革在动用行政之力的同时，更多运用了市场化的手段，推动国企向更加市场化的方向运行，以更加市场化的方式运作。

不过，某些人特别是一些秉持自由市场经济原教旨主义的专家学者认为，国企就是应该通过改革给民企"腾地方"，让民企成为真正的市场主体，而不是借助背后的资源把自己搞得越来越强势，越来越咄咄逼人。但当下把国企"做强做优做大"显然是搞颠倒了，势必将陷中国经济于大麻烦之中。然而，这种改革理念根本上是囿于价值取向和终极目标，无法想通透国企改革难以超越当下。实际上，理直气壮搞好国企有其无法回避的时代理由，而不是单纯出于任何人的理想、情怀。

首先，"去WTO，回归国家经济"的国际背景是搞好国企的外在动力。在去全球化的历史逆流下，全球化的自由市场经济竞争愈来愈多的被国家竞争所替代。在这种背景下，单靠企业难以抵挡得住国家间竞争的各种"明刀暗枪"，更何况，除了华为等少数民营企业具备了一定的国际竞争能力，量大面广的中国民营企业尚难以与发达国家的企业匹敌。从世界500强企业来看，在利润方面，虽然中国（大陆）世界500强企业占全部世界500强利润总额已从1996年的0.3%提高到2013年的15.3%，但在行业布局方面，尽管2013年中国企业在世界500强分布的50个行业中，已经从1996年的两个上升到27个行业，但在23个行业中处于"空白地带"，与美国一国就独占了46个行业还不能相提并论。此外，从具体的行业集中度来看，与美欧日的世界500强企业相比，中国世界500强企业的市场集中度水平仍存在较大的差距，按行业世界500强企业营业收入与各国行业总产值的比值计算，中国在炼油、电信、能源、金属和企业行业的集中度水平显著低于美国、欧盟和日本的世界500强企业。显然，中国企业与已经有上百年积累的欧美日企业还存在较大落差，无论是应对企业间的竞争，还是基于国家竞争和国家战略的考量，都离不开集国家之力的国企来开疆拓土。

其次，国内央企功能混乱是搞好国企的内在动力。国企功能不清晰，定位不明确，发展同质化、伪市场化等问题，使得其难以很好地落实和兑现国家的意志和战略。2016年上半年在200多宗单宗超过10亿元的高总价地块中，央企、国企拿到多达106宗，占比高达54%。与此相关联，国企公司制建设滞后，尚未建立健全现代企业制度，内部管理缺乏监督约束，内部人控制、利益输送等问题严重。化解这些问题也需要通过搞好国企来解决。此外，应对百年一遇危机也把搞好国企顶在了杠头上。产能过剩、全球性大洗牌，天然地衍生了企业兼并重组的需求，但民营企业因为多实力不足，难以顺势推动企业间的兼并重组，而国企背靠国家，财大气粗，不但有能力在全球"扫货"，趁势"吃"下国际上的优势企业、资源，也可借机整合国内的产业和资源，从而让中国企业的国际竞争力借此跃升一个台阶。显然，当下有充足的动力和要求把国企搞好，而不是削弱国企。

在这种格局下，国企改革的实质其实就是落实国家意志、融入市场经济。过去30多年，中国改革有一条明确而清晰的主线，即市场化。但如今市场化已经不足以破解当下面临的所有难题。就国企而言，比如，如何让国企既有担当、有效地贯彻落实国家的战略安排，又能按照市场规则出牌，不断提升市场竞争力，这显然是难以通过市场化这一根弦就可以调摆的。事实上，面对前所未有的产能过剩和大量的僵尸企业，简单地任由市场自发清理，难免引发市场和社会动荡。就拿僵尸企业来说，根据媒体披露的数据，目前全国工业部门中僵尸企业数量约占工业企业总数的7.51%。按企业规模所作的不完全统计，大型、中型和小型企业中僵尸企业数量分别约1万家、5万家和13万家。而这些僵尸企业背负着大量的负债和就业，单纯通过市场进行"清盘"，必然会对银行和就业产生冲击。而通过政府之手进行统筹安排，推动大兼并、大整顿，则可有效地"减震"。

此外，某些产业的发展仍要仰仗国家之力，比如，在诸如航发等尖端技术领域，只能靠国家之力来突破；即便在航运这样的领域，国家兜底依然不可或缺。最近，全球排名第七的韩国第一大海运公司韩进海运说倒就倒，无疑会给韩国经济及海运产业的发展造成巨大冲击。而中国在政府主导下推动重组整合，不但有助于企业熬过危机，也将为危机过后中国相关企业开拓国际市场做好铺垫。因此，与以往国企改革重在市场化不同，本次改革也前所未有地凸显了国家的战略和意志。然而，国企做大做优做强，仅靠政府之力或者说政府订单是不够的，国企的发展无法凌驾于市场经济之上，必须融入市场经济，而融入市场经济的根本就是公司制，融入市场经济的战略则是混合经济，这在本次改革中也有鲜明的体现。鉴此，当下国企改革实际上存在落实国家意志和融入市场经济两条主线，是一次再国家化和再市场化并重的改革，这看似矛盾悖论，却是国内外形势发展的必然。

社会之所以看不懂新一轮国企改革，主要是只适应以往单一的主线，而无法理解矛盾和悖论。也正是在单一逻辑下，有的人只看到新一轮国企改革的市场化部分，有的人只看到其中的国家意志，就此推导出国企改革的晦暗前景。但是，关于国企前景的争论就如同中国崩溃论，虽然唱衰国企改革的声音从未停止，但国企在每一轮改革后都会脱胎换骨。从国企改革发展历程看，从承包制到抓大放小、公司制、国资委再到再国家化与再市场化，每次改革都是一次应对当时社会要求的继往开来的变革。在再国家和再市场化的改革驱动下，今后国企改革方向并非简单的国进民退，而是融入市场经济。一旦国企变身为充分按照公司制运作的市场化主体，混合经济得以铺展开来，国企改革也将沿着市场经济的大方向更细更深地推进，趋近国企、民企协调共进。如此一来，究竟是国进民退还是国退民进，将逐渐失去争执的前提。

当然，每一次改革都不可能一蹴而就地化解所有难题，这一轮国企改革也有其难以规避的难点。一是阶段性解决问题同时也埋下了下一阶段所必须解决的问题。比如，强化党委地位虽然是对以往党组织虚化、功能瘫痪的纠偏，但也将种下国企在党政不分的道路上越走越远的恶果；此外如此大规模的兼并重组造就的超大型国企或将埋下超级垄断的"祸根"。二是国企不能吃偏饭。既然国企要融入市场经济，就必然要按照市场规则来，而不能再享受超国民待遇，更何况中国要坚持自由贸易，国企的超国民待遇必将成为他国"狙击"、"清算"的对象。

苹果公司就因为享受了爱尔兰给予的税收优惠政策而被欧盟裁决应向爱尔兰政府补缴130亿欧元税款，国企未来难以幸免。三是国企不仅要融入市场经济，更要迎接兼容新经济。国企的组织架构更适应传统的工业经济，而对新经济有心无力，这很可能导致国企在滚滚的新经济浪潮下被越甩越远。由于当下尚未为这些难点做出安排，随着形势的变化，这也将成为后续改革的"槽点"。

社会化企业崛起

BAT也面临颠覆？

　　2015年可谓互联网的并购之年，不但死对头合并或结盟，滴滴与快的、美团和点评都在握手言和中上演从相杀到相爱的逆转，而且BAT（百度、阿里、腾讯）也从O2O（线上到线下）烧钱大战到布局文娱健康等，加快了攻城略地的步伐。据不完全统计过去3年内BAT用于外部投资和收购的资金累计超千亿元。BAT的战略居然如出一辙地从内部增长、阻击竞争对手转向了外部投资、平台化的开放生态模式，猴年春晚的红包大战就上演了BAT角力互拼、势均力敌的生态系统争夺战。进一步从布局思路看，阿里巴巴做加法，围绕交易核心在电子商务、金融、本地生活O2O和泛文娱四大支柱构筑全新商业生态圈；腾讯近年更多在做减法，尤其在电商、搜索卖掉之后更加聚焦"连接+内容"，一边拓展微信的商业应用，一边打造文娱帝国作为内容支撑；就连搜索出身的百度都从长期的"连接人与信息"转向"连接人与服务"，深耕O2O的同时进入医疗、旅游、教育、金融。显然，三巨头早已跳出单纯的近身肉搏战，以全方位的生态建设开启了"三分天下"的争霸赛，以致中国互联网随之进入战乱纷飞的"三国时代"。

　　只不过，BAT的"三国"既不以规模论英雄，也不以资本为王，因为互联网所谓的"护城河战争"即以增加外部增长动力避免潜在颠覆者的威胁（投资比亲自参与更能让BAT避免错失移动互联网带来的碎片化机会），已演变成了移动互联网时代的"连接权大战"。对此BAT侧重点不同，三寡头错位竞争的生态基本成型：百度自喻"冰山"，海面上是手机百度和百度地图两大入口，中部是核心业务搜索，海底则是O2O的360行；腾讯要做"亚马逊森林"，森林中央是腾讯自己的线上内容，以微信和手Q两大社交平台输血投资领地，最终实现连接一切"树木"；阿里则做商业社会的"水电煤"，打通云和端，控制各条战线，最终落地金融支付和数据变现，形成闭环的移动电商生态体系。

BAT无疑都在做"连接"，内在逻辑却大不相同，分别以搜索（连接人与信息及服务）、电商（连接人与商品）和社交（连接人与人）巩固各自生态圈，但彼此间并不开放，而是通过并购重组走向更高层级的闭环与成熟，这不单折射资本追逐利益最大化的霸道逻辑，更暴露出中国互联网新经济天生爱垄断的本性，尤其是BAT的业务逻辑，无论是百度竞价排名还是微信支付收手续费，本质上还是"过桥收费"的广告模式，如此以工业时代"留下买路钱"的腐朽思想去嫁接互联网新经济，又岂能真正吻合新时代？因此，如今BAT在颠覆实体垄断的同时又将自己变成新的垄断者，这有违互联网互联互通、开放平等精神，照此逻辑下去，BAT似乎也难逃被颠覆的宿命。因为这是个颠覆的拐点时代，BAT再怎么眼观六路、紧跟时代乃至引领潮流，也可能对外部或边缘的突袭者防不胜防。至少从目前看BAT存在两种颠覆。

一是技术颠覆，短期在于移动互联网到物联网的延伸，意味着"连接"将无所不在，也非BAT各自封闭的生态所能覆盖，届时在技术上，所有的连接都是开放的、无成本的，BAT又岂能靠垄断来收费？更为关键的是，从长远看，计算机本身将被颠覆，经典比特的计算极限将被量子态取代，不管是量子计算机还是量子通讯都将让互联网改头换面，试问互联网的"皮之不存"，基于其上的BAT"毛将焉附"？

二是模式颠覆，没有一个房间可以开酒店（如Airbnb），没有一辆车也可以开租车公司（如Uber）等就在兑现共享经济的价值。阿里同样没有自己的产品库存，却可以成为世界最大的零售商，但其社会化属性却在越来越封闭中减弱，以致淘宝、天猫上"二八效应"显著、假货横行。因此，BAT所谓的平台并非完全开放，恰恰走向了其初衷的反面，殊不知共享经济、众筹思维等"格式化"将让人脉、闲置物等任何资源都在"共有"中创造价值，BAT若还以邻为壑，无疑将错失下一波社会化行情，一旦用户"用脚投票"，BAT落寞被趋势抛弃也就可能是早晚的事。

连接改变世界

因为不管是物联网的技术颠覆还是共享经济的模式颠覆，无不指向一个社会化商业的"零成本"社会。互联网的连接不单消弭信息不对称让知识获取无成本，而且伴随生产、生活、交易的数字化和自动化，未来人们或许可以直接在物联网上生产、分享能源和实物，并运用大数据和算法提高生产效率，使生产和销售的边际成本降低至接近于零。届时不仅每栋房子都是微型发电厂，实现能源互联与共享，就是个人都能就近取材、知识共享通过3D打印自产自销，一旦人人都参与形成全球性协同共享，那么通过去中心、淘汰中间环节，将使不少行业利润暴跌甚至"消失"。这也难怪里夫金大胆预言，零边际成本社会将在未来30—50年内终结资本主义的经济形态。因为在共享经济模式中，"社会资本"比"金融资本"更重要，"使用"比"拥有"更重要。一旦"随时使用，何必拥有"的价值观被世人接受，不单物品共享将节约资源、缓解环保压力，而且各行各业的垄断利润也将风光不再，比如开放式协同研究就将让基因测序的边际成本10年内降至原有的百万分之一，未来生物制药企业还能单打独斗，以专利壁垒营造高价优势？

显然，伴随协同共享的蓬勃发展，跨边界的组织成本大幅下降，大量自发、自主、快速聚散的柔性共同体与"自组织"出现，致使企业的社会属性开始增强。这不仅表现在股权社会化、社会责任与意识的强化等，更在于商业模式的社会化，因为互联网正兑现"没有薪水却员工无数"的企业，比如维基百科就借助互联网让人人可以并愿意参与到修订知识百科词条中；"知乎"同样让成千上万的业内精英自发自愿地分享知识与经验，更像新媒体一样实时解惑、百家争鸣，已非普通媒体所能比拟。更关键的是，知乎不用组织员工生产内容也不用支付任何薪水，那么为何人们会不计报酬甘之如饴？或因兴趣爱好，或因自我价值实现，说到底人类骨子里往往通过"共同构想一个故事，并让所有人相信这个故事"的方式去联合陌生人，互联网恰恰放大传播让更多人成为了信徒而已。乔布斯、马斯克等就是此类高手，不仅创造客户需求引领潮流，更探索未来推动社会进步，所谓的公司不过是人类实现梦想的载体罢了。因此，特斯拉可以不计公司利润开放所有专利，SpaceX可以让全球最顶尖的火箭工程师与科学家们如得到召唤般集聚一堂为"廉价太空"无私奋斗。社会化企业由此崛起，或许组织架构松散，却有共同价值观与愿景维系；看似商业行为，却肩负社会使命与责任；不再单纯以利润导向，回归社会价值观，并利用社会化工具和思维"武装"自身，无疑颠覆了经典企业的内在逻辑。

就此而言，BAT的各自为政、利益导向，或许还称不上社会化企业，就连凯文·凯利都坚信中国互联网的潜力比美国大得多，BAT的成功只是开始。短期看，BAT的并购重组将推动中国互联网进步，但长期看"三分天下"的局面不会维持很久，或许3—5年后就会有边缘化公司颠覆当前格局，BAT岂能掉以轻心！虽然BAT自身也在进化，腾讯微信释放"弱连接带来的强关系"，百度O2O战略强调"连接创造价值"，阿里的超级大数据正在打通交易各环节，但BAT三者的相互屏蔽若持续下去，那么终有一天会付出代价。因为在笔者的逻辑推导中，未来互联网将演变成物联网，"连接一切"将无所不在，BAT各自领域内的连接最终都将变成一张网不分彼此。这就不难预料，未来BAT可能在相互渗透中"三家归晋",或被"去垄断"肢解(行政拆分),或被技术打乱阵脚而"抱团",或在硝烟弥漫中"一统江湖",更不乏边缘地带的突袭带来意想不到的釜底抽薪,就看谁能率先冲出自己的围城,迎合新经济,顺应乃至引领社会化浪潮!谷歌设立Alphabet母公司、Facebook牵手三星突围VR已是先知先觉的战略调整。

家族企业两次创业

近日,福布斯一篇《中国一半以上家族企业后继乏人》将家族企业这一群体推上了风口浪尖。确实,当下中国家族企业正处于威胁最多、变革最剧烈、死亡率最高的"危险期"。相关资料显示,中国每年新生15万家家族企业,同时每年死亡10万家,有60%的家族企业在5年内破产,85%在10年内死亡,平均寿命只有2.9年。另一数据显示,2014年的福布斯中国富豪榜上,家族企业和非家族企业几乎平分秋色,但家族企业的业绩显著落后于非家族企业:2011—2013年,家族企业的平均净利润率和股本回报率仅为7.2%和10%,而私人持股的非家族企业两项指标分别为12%和13%。家族企业可谓命数多舛,破产悲剧不胜枚举。与此同时,我们也看到,沃尔玛、三星、西门子等都是延续了四代或五代以上的家族企业。冯仑曾撰文喊话"想做企业,就别扯上江湖和家族,缺乏稳定性的组织,倒塌只需一瞬间";柳传志在瞻望联想未来的时候也表示,"希望企业能够做百年老店,做没有家族的家族企业"。那么,中国家族企业到底出了什么问题?未来又将何去何从?

客观上看,中国家族企业遇到了方方面面的挑战,重点表现在:1. 传承无人。数据显示,中国500万家族企业将有300万家从第一代传到第二代,但现在已经有200万的家族企业在第二任传承当中淘汰,传承危机赫然在目。"肥水不流外人田",创一代打拼一辈子,本想将基业传给子嗣,未想却被"坑爹了"。

《中国家族企业传承报告》显示，有接班意愿的二代不到2成，大多数二代对接班不感冒。虽说家族企业可以聘用"空降部队"，但现实中，"外人"（职业经理人）出力不出心，坑害老板、中饱私囊、另立山头等都是血淋淋的教训，甚至出现没有监视器就不能办公的怪象，对这样的"继承者"怎能放心？2. **融资无门**。权威调查显示：中国大陆有80%以上的民营企业属于家族式企业，一方面，银行对"势单力薄"的家族企业贷款大多谨慎，通过银行筹钱"难于上青天"；另一方面，私营企业发行企业债券又被政策束缚，当然一些家族企业可以上市圈钱，但由于"一股独大"、幕后操作性强，常常成为监管部门"死盯"的目标对象。3. **制度无方**。家族企业在很大程度上是通过血缘、亲情等非正式传统家庭伦理道德的自发作用来规范、配置资源和协调各种关系，偶然性、随意性强。有效的正式约束制度在家族企业很难实施，往往会受到来自传统家族伦理的强大侵蚀，难以持续地发挥作用，最终名存实亡。当然，制度的漏洞下，企业的战略、文化等可持续发展能力全都如履薄冰，不堪一击。

更进一步分析，即便家族企业能够如此幸运，培养出理想的"接班人"，开辟出给力的融资渠道，建立起现代企业制度，万重险峰依然在前方，因为威胁家族企业不仅仅是内部矛盾，更重要的是全局性的系统性风险。首先，产能过剩背景下，产业结构剧变。金融危机后，我国外贸增速逐年下滑，同时由于人力、土地等要素价格上涨，使得以低端劳动密集型加工为主业的企业面临着内外挤压的窘境。如浙江、广东等地大量的家族企业几十年如一日的做代工，强路径依赖下，形势一变，企业纷纷倒下。其次，商业模式的持续创新。管理大师德鲁克认为"当今企业之间的竞争，不是产品之间的竞争，而是商业模式之间的竞争"。面对消费者日趋个性化的需求，单一结构链条的商业模式已经不能有效满足顾客而实现企业价值。如Zara、苹果、ARM等均是以另类商业模式脱颖而出。没有最新，只有更新，谁能灵活地适应变化，谁就能在残酷的竞争中制胜。显然，创始人烙印、单一价值观，都决定了家族企业很难在商业模式上破局。最后，互联网颠覆传统商业思维。在移动互联网的普遍应用和飞速发展的动态环境中，链接和共享成为互联网思维的核心（Uber、Airbnb等）。家族企业固守闭门造车的老思维，一味地强调竞争必然会导致企业对商业关系缺乏敏感性而失去拓广市场的机会。由此可见，在行业动荡的大背景下，阵痛是全覆盖的，不转型，就等死，家族企业不可能独善其身。而且，从转型的彻底性来看，其绝不是"从1到n"，而是"从0到1"，颇有白手起家的意味，因而可称之为家族企业的"二次创业"。

如果说系统性风险正倒逼所有企业站在"二次创业"的拐点上，对家族企业而言，"二次创业"的难度更甚。一方面，昔日家族企业野蛮生长所依赖的红利已经被时代釜底抽薪，随着改革不断深化，家族企业"撇油脂"的前提不复存在。另一方面，相比国企、外企、非家族的私营企业，家族企业的管理、信誉和运作完全系于家族领导人一人，内部风险成为一颗连接死亡"因子"的"不定时炸弹"，增大了失败的概率。据中国私营企业研究会课题组的调查显示：私营家族企业中，已婚企业主的配偶60.3%在企业工作。在所有管理人员中，26.7%由投资者担任，16.8%由企业主或投资者的亲属担任，5%是其邻居或同乡，如果范围扩大到同学、朋友、战友等其他关系成员，所占的比重还要大。显而易见，在这种"熟人"管理模式下，拉帮结派、争权夺利都是常态，因为动则"痛"，企业大刀阔斧变革往往心有余而力不足。如朝气蓬勃的中式快餐第一品牌"真功夫"就是在家族管理方式转化为现代化企业管理方式的内讧中断送了大好前程。退一万步讲，就算家族成员"通情达理"，融洽相处，但由于长期以来早已习惯将企业当作私人财产，股权不愿分享、经营不许外人染指，与现代企业制度格格不入，又怎能奢望未来走得长久？

当然，虽然在股权社会化、管理经理人化的现代企业制度下，欧美国家的家族企业至今生机勃勃，但可以肯定的是，纯粹欧美式的现代企业制度并不能再续中国家族企业的"荣光"。这一点俏江南、雷士照明等已经交出高昂的"学费"，"非典型"的中国家族企业很难在"经典"道路上"凤凰涅槃"。未来，家族企业"二次创业"方向还在于：一方面，发展方式从投资驱动向价值驱动转型。家族企业许多突出问题，如自主创新能力不强、运行效率低下等根本上是由于发展方式的滞后，大多数家族企业都走在投资驱动的外延扩张型的发展道路上。眼下，这种不断强化的路径依赖已经成为家族企业转型发展的桎梏。事实上，未来真正有生命力的企业是依靠价值驱动的，通过持续不断的创新，为消费者创造需求，将引领行业一次又一次的变革。另一方面，产业形态由松散的制造业转向集群的新经济。由于历史原因，家族企业的产业形态大多以加工制造为主，处于微笑曲线最薄弱的环节。打破中国制造的低端困境，向智能制造、工业4.0、机器人等新经济转型，提高企业自主创新能力才能迎接未来、拥抱未来。

"不是路已到了尽头，而是该转弯了"，或许这是当下家族企业"二次创业"最现实的写照。但遗憾的是，由于中国特殊的国情和制度，家族企业虽知该"洗心革面"，或将仍"无从下手"：如想优化产业，却没有足够的资本？想上市分散风险，又对野蛮人忧心忡忡？想聚焦于新经济，又着实看不懂？可以预想，在多重困惑之下，未来家族企业二次创业的心态极有可能是"摸着石头过河"，走一步算一步，毕竟前路漫漫，不可预测的因素太多。此外，由于整个中国的现代企业制度体系都备受诟病，家族企业或将"不洋不中"，走出"二次创业"的第三条道路。当然，需要认清的一个现实是，"99%：1%"的创业规律摆在那里，特别是家族企业不仅要与市场竞争，更要与亲情博弈，因而，绝大多数家族企业将在新一轮"创业潮"中充当炮灰。从这一层面来看，家族企业能放手一搏是一种勇气，淡然输赢是一种胸怀，如果意识到自己必然将英勇就义，却依然赴之则绝对算得上是一种境界。毕竟，顺风逆风，都是路途的常态，总要一一体味；繁华落寞，都是缘分和宿命，无需苛责抱怨！

第十五章 中国面临双陷阱

中国存在掉入中等收入陷阱的风险，但其特殊在，即便掉进去，中国也能很快爬出来。未来中国将靠国家力量跨越中等收入陷阱，却无可避免地掉入中产阶级陷阱。

"汤勺阶级"与"低垂的果实"

出身决定命运的"汤勺阶级论"在韩国甚为流行，根据家庭财产被分为"金勺"（20亿韩元，折合约1100万元人民币）、"银勺"（10亿韩元，550万元人民币）、"铜勺"（5亿韩元，275万元人民币）、"土勺"（5000万韩元以下，27.5万人民币）等不同阶级。其意指无论个人多么努力积累财富，永远赶不上那些出生在富裕家庭、继承父母遗产的"金勺"们，韩国社会很难重现"寒门出贵子"、"白手起家"等通过自身努力就能跻身精英阶层、融入主流社会的励志故事，这种日益严峻的社会环境让越来越多的韩国年轻人感到未来希望渺茫，充满挫败感。如果说2012年火热的《江南Style》只是将韩国的贫富差距进行艺术化的表达，如今人们走上街头抗议，则是对其无法忍受愤怒地爆发。

事实上，贫富差距、阶层分化在全世界成为普遍现象。英国BBC纪录片《人生七年（7 Up）》，真实地反映了英国社会的阶级固化，富人的孩子依然是富人，穷人的孩子依然是穷人，绝大部分人没有跳出社会等级的既定魔咒。经济学教授托马斯·皮凯蒂在《21世纪资本论》中指出，财富继承和社会不公等现象在西方急剧增加，美国退回"承袭制资本主义"，摧毁了美国人曾引以为傲的"美国梦"（一个人无论出身于怎样的阶层，只要努力工作，遵守法律和道德，按照社会规则行事，就能获得成功）。《彭博商业周刊》援引皮尤基金会的数据，发现在美国，出生在最贫穷20%家庭的孩子中，有40%的人终其一生也无法脱离父母所属的收入阶层，而出生在最富裕20%家庭的孩子，保持其所在阶层的比例是40%——这一比例是人们普遍预期的两倍。在中国这一现象则被调侃为"投胎是门技术活""有钱任性""学好数理化，不如有个好爸爸""我爸是李刚"则是"拼爹时代"最直白的表述。基于此，贝克汉姆的公主小七可以"出门不带腿"，香港大佬刘銮雄的7岁女儿能坐拥7.54亿港元身家，小布什半开玩笑说："你知道作为总统的儿子最好的地方是什么吗？就是你可以随时见美国总统。"

那么，贫富差距、阶层分化原因在哪里？从表面上看，似乎尽可归咎于政府，体制不公导致垄断、寻租丛生，社会分配与社会保障不到位，导致收入分配不公，如个税制度没有真正起到收入调节作用，资本利得税、遗产税暂未开征……如此，便可满满愤恨与哀怨，在网络上抒发抱怨，在现实中报复社会。既不可否认这些问题的存在，也不能任凭情绪左右思想，客观地从根本而言，贫富差距扩大也是一种宿命。一方面，自由市场经济内置市场竞争的丛林法则，起到边缘化作用。一边推动要素、资源向强者转移，另一边贫弱者被虹吸、被边缘化，并通过代际传递机制，使得收入差距以几何级数速增，进而兑现马太效应——富者愈富，贫者愈贫。另一方面，市场经济发现价值、实现价值，对一切资源进行定价，而资源禀赋是天生的，也是有差别的，在市场化过程中，综合禀赋差异的价值一边被确认，另一边放大差异。因此，只要搞市场经济，就不可避免地出现贫富差距与阶层分化的传导机制。

如果说政治是经济的集中体现，那么社会就是经济的重要表现。从经济角度而言，一个重要的原因是"低垂的果实"已被摘完。以美国为例，其高速发展源于过去300年来一直处在物质财富唾手可得的状态中。至少从17世纪以来，美国经济就享用了无数"低垂的果实"，可以归结为三类：土地——大片闲置的土地，人口——大量的移民劳动者和聪明但未受教育的孩子，科技——强大的新科技。然而，在过去的40年间，这些低垂的果实已经开始逐渐消失。一是改变人类生活的新发明速度减缓，基础创新步伐减慢，引领社会的全面创新艰难，二是创业不能仅从车库开始了，三是人口老龄化趋势，以及种族歧视加剧。尤其是本轮危机后，开启去老大化时代与多极化时代，美国无法再走以往的老路，尽管其金融、货币、技术优势依然还在，但已经成为守成者，因此，出现泰勒·考恩所言的大停滞。中国与美国异曲同工，也出现相同的情形：开放带来全球市场红利，市场化带来制度切换红利，战略纵深带来改革红利，庞大人口带来人口红利，疆域辽阔带来土地红利，粗放式发展带来以破坏环境为代价的环境红利……如今，在去全球化中，外贸沦为个位数甚至负增长；在去产能中，固投不再有昔日光彩；在老龄化中，人口红利竟然来了一个大逆转，走向了反面；土地、资源都亮起了红灯，技术创新依然是举步维艰，改革困难重重，如此等等，意味着中国将告别"低垂的果实"。

双陷阱：中等收入、中产阶级？

中国对世界已举足轻重，因为每年中国对世界经济增长贡献率超过25%，这让全球瞩目中国经济增速下滑。IMF已发出预警，2017年中国经济增速将放缓到

6.2%，2020年预计只有5.9%。国内更是忧心忡忡，不单权威人士明示中国经济未来L型走势，就连社科院也预测明年工业经济增速将放缓至5%，更有甚者认为"2018年中国经济将现雪崩式下滑"。当下市场泛起对中国低增长的恐惧，纠结于能否跨越中等收入陷阱。自去年财政部部长公开表示中国50%以上的可能性会滑入中等收入陷阱后，2016年这一争论更甚。既有人民日报高谈新常态，认为中国经济进入上中等收入阶段；又有乐观派认定中国已不可能重蹈拉美覆辙，预计中国2022—2024年将成为高收入社会；也有谨慎派认为中国落入中等收入陷阱的概率是"对半开"；还有一些专家则以认知上的"概念陷阱"为由否决存在所谓的中等收入陷阱……如是争论，已似哥德巴赫猜想般扑朔迷离。可现实的紧迫性在于，一旦中国陷入中等收入陷阱，"十三五"何谈全面建成小康社会？就是当下"居者有其屋"的美梦就已被高房价扼杀，即便上海方面辟谣楼市新政也难挡离婚买房挤爆民政局，于是"一套房子消灭一个中产"，股市、期市甚至是房产税等政策之变分分秒秒都能打碎中产的发财梦，以致中国中产焦虑不安、甚至"走为上策"。中国显然面临的不止是中等收入陷阱，更是中产阶级的陷阱。这也难怪有专家说接下来5—8年对中国至关重要，"干得好是欧美，干得差就是拉美"。那么，中国到底能否跨越中等收入陷阱？一旦跨越是否意味全面小康、中产就能躲过一劫呢？

要回答这个问题，首先要搞清楚什么是"中等收入陷阱"。2007年世界银行首次提出时，意指中等收入国家在发展成为高收入国家的过程中，往往会因失去动力而长期陷入经济增长的停滞期。按世行人均GDP标准看，中国2001年人均GDP达1020美元，就此挥别"低收入国家"，2010年4361美元，首次进入中等收入区间（即3946～12195美元间）。2014年人均GDP到了7500美元，已算得上中等收入国家的中上阶段，就指望着"临门一脚"，可中国经济就在这关键时刻突然从高增长转向中低增长，恰恰成了这一陷阱的前兆。毕竟，1960年101个中等收入经济体到2008年只有韩国、新加坡等13个成功跨越，而当下世界50多个中等收入国家都深陷中等收入陷阱，拉美尤甚。巴西、阿根廷等都"中等"了42年，加之2008年金融危机爆发，迄今仍看不到一点增长希望。"中等收入陷阱"也由此与国产的"矛盾多发期"合体演变成一个带有宿命感的梦魇，即人均GDP没有达到12000美元前，很多"坏事"似乎都无法避免。单纯以此标准看，中国似乎将陷入中等收入陷阱。毕竟中国33年（1979—2012年）保持GDP年均9.8%的增速发展，在生态环境、资源禀赋等透支下已无法再如此高速增长，GDP增速下滑已是必然，但这并不意味中国将失去增长动力，甚至长期停滞。当下分歧与纠结，正在于此。

正如当初全世界没料到中国如此快速的崛起，如今中国登上世界舞台，对于中等收入陷阱或许同样"非典"。因为如果说苏联解体意味计划经济走不下去，那么2008年金融危机至今"八年抗战"，无疑表明市场经济原有模式走到头了。于是，相较于欧美日牢固的塔尖，塔底和塔身国家都很难突围，如今原有固化体系摇摇欲坠，世界格局开始洗牌，尤其站在新经济、新技术、新时代的同一起跑线，一旦中国这样的巨型国家跻身塔尖，无疑将压扁原有"金字塔"。因此，"中等收入陷阱"也将在某种程度上被釜底抽薪。然而市场对此却守着旧理论恐惧连连，以为跨不过就崩盘，或认为跨过则可高枕无忧。殊不知在这场危机中，跨越该陷阱的美日欧全"露出原形"，不单在马太效应下上演"99%对1%"的激战，中产阶级也出现"空心化"甚至迅速"返贫"。显然，巴西等跨不过也没完全崩盘，日本等跨过了却照样有着迷失20年的痛楚。如今快速崛起的中国行至这一陷阱面前，虽然仅仅36年就实现经济崛起，但科创、制度、生态等方方面面均不完善，加之，当下去产能、调结构、GDP增速放缓，若未来经济真走L型，13亿人口又岂能像当初只有四五千万人口的美英那样身轻如燕般跨越？

就此而论，中国存在掉入"中等收入陷阱"的风险，但其特殊在，即便掉进去，中国也能很快爬出来。因为中国经济再放慢脚步，相对于欧美也算"一枝独秀"，到2015年我国GDP总量已达67.67万亿人民币（约10.42万亿美元），人均

GDP约8016美元（以13亿人口计算）。未来若以6%增长，中国GDP将在2022年达到15.66万亿美元，人均GDP超1.2万美元。即便中国GDP增速跌至4%，也仅需11年就能爬出这一陷阱。更何况，中国政府又岂会放任GDP增速跌破4%？习主席已明确中国不会落入中等收入陷阱，底气就在于"中国特色"。且不说，中国崛起奇迹的背后暗藏着土地收与放的秘密，单就危机看，若按西方市场经济原则，从地方债务到产能过剩，中国早就爆发危机了，可说到底，中国还不是完全市场经济国家，行政力量强大到可以一手托起国家牛市，也可以债务减免解决三角债，甚至一关了之将期货风险扼杀于摇篮中。即便中国市场化已不可逆，可"政府+市场"的"二人转"依然耍得游刃有余。2008年金融危机来时，中国就以4万亿缓解危机爆发，到如今中国在外贸失速、消费乏力下单靠押注投资，以"基建+房产"就足以支撑GDP的飙升，这是其他国家所无法比拟的。加之，军费等上涨都需掩盖在GDP比例之下，中国下一步还将加上"基金+新经济"，如此阵仗，中国GDP总量超美指日可待！照"权威人士"的说法，就算不刺激，经济也跌不到哪儿去，到2050年中国经济增速才会降到世界平均值，那么安然跨越中等收入陷阱也就是迟早的事。

　　不过，中国跨越中等收入陷阱，说到底靠的是国家力量。即便国民经济层面的人均GDP迈过1.2万美元大关，也不能保证老百姓就能幸福美满，反而更严峻的可能是陷入中产阶级陷阱，即微观阶层概念上的中产阶级焦虑、流失甚至"坍塌"。虽然中国中产人数仍在快速增长，从1980年代几乎零增长到今日的2.25亿人，据预测2020年将增至近3亿人，但中产内心的恐慌与日俱增，不但被教育、医疗、房产的"三座大山"压得喘不过气，就是受阻的上升通道、跑不赢的CPI以及财富两极分化，都让中产看不到出头之日。有专家甚至指出，中国经济的"金融空转"将让90%的中产家庭陷入返贫危机。其实不只中国，中产阶级的衰落已是全球现象。麦肯锡调查显示，相比1993—2004年受下滑冲击影响的中产仅1000万，占比2%，2005—2015年全球25个发达经济体70%的中产家庭收入下滑,影响人数暴增到5.4亿。美国中产同样在这场危机中损失惨重,不仅1/4收入化为乌有,中产家庭占比也从1970年的58%降至47%,被视为美国社会本质之变。而其根源就在于贫富差距的拉大,相比美国押注金融+科技,财富快速集中,中国同样押注基建+房产,在剧烈的财富震荡中导致中产高不成、低不就,备受夹心之痛。

其实说到底,市场经济越深化,马太效应越强,最终老百姓只能被边缘化。这是中国跨越市场经济临界绕不过去的,恰恰意味,美国的今天可能是中国的明天。中国势必经历这一中产阵痛,而中国中产"未富先衰",尚未壮大就已备受煎熬,将造成整个社会焦虑,以致中国中产犹如开在沙土上的花朵,盛景难却,奈何虚幻一场!即便中国中产硬件达到欧美标准,但内心修炼未成,也跨越不了该陷阱。就是欧洲的福利模式、美国的自由市场都解决不了中产危机,更何况,中国的特殊性还在于,一亿人像欧洲、两亿人像亚洲、十亿人像非洲,中国还没吃饱饭就得了富人才有的糖尿病。就此而言,中国显然无路可寻,只能靠自己走出"第三条道"。毕竟中产是社会的稳定器,安抚住他们关乎中国未来,或以公平分配治本,或以"断舍离"治心,但归结于当下,关键仍在于如何勾兑新老经济,解决中产阶级扩大的产业基础,同时缓解阶层矛盾、打通晋升通道,让中产心中有梦,挥洒创新而无后顾之忧,那么所谓的"中国梦"也就真有奔头了!

中国中产患上忧郁症

中国拥有全球最庞大的中产阶级。瑞士投行瑞信数据显示,2015年"财富级别在17.63万~176.3万元",凭借知识与脑力、生活小资、收入稳定的中国中产阶级绝对人口达1.09亿人,居全球第一,财富总额达7.34万亿美元,仅次于美国与日本。为此,不仅官媒振臂高呼"中产阶级将是中国经济的伟大救星,这下中国经济有救了"！就连世界经济也对中国中产的消费潜力寄予厚望。可殊不知，中国中产早已血泪斑斑："车奴""房奴""卡奴""墓奴"等"众奴"加身的经济压力未解，新一轮的财富蒸发又接踵而至，仅过去一年，先是千股跌停，60万中产惨遭股灾洗劫；紧接着低利率来敲门，货币、债券、基金等收益率一路下行；待抽身前往P2P理财或原始股金融，却又不幸遭遇跑路，投什么亏什么让中国中产"为钱消得人憔悴"。随后，雷阳死瞬间击碎了中产阶级的优越感，中产者的人身不安全感陡增。而"30岁的脖子60岁的颈椎"更让无数担忧"过劳死"的中国中产，开始为其身体健康忧心忡忡。凡此种种，让中国中产罹患上了忧郁症，北京、上海、深圳、杭州等一线城市甚至成为抗抑郁药卖得最好的城市。由此不难发现，中国中产崛起的假面背后其实深藏着巨大的恐慌和焦虑。

已呈现扩大苗头的中国中产，为何忧郁症愈演愈烈？其实，这是时代转轨与社会大裂变勾兑的产物，是"发展逆转"绑架下的困局。概括起来原因有：1. 经济地位的不可持续。一来大学扩招，"教育产业化"带来教育投资回报率的陡降，知识阶层的优势地位惨遭削弱；二则进入后工业时代后，社会的重心从生产效率向资源和精神溢价方向转移，服务业内蓝领阶层的经济地位大有反超中产之势；三是楼市狂飙猛进，中产阶级被畸高的房价收割，被高额的房贷缠身，行走于"刀尖上"的中产疲于奔命，梦想与激情全部消耗在同残酷现实的搏斗中。2. 就业、创业的不可切换。前有危机不断收缩中产的岗位，比如金融业，银行减员达3.5万人，薪酬也出现不同程度的下滑；后有信息技术和新兴科技的快速革新，逐渐边缘化甚至淘汰掉大批中产阶级，如教育数字化颠覆了教师职业、新媒体又让记者失业即为明证。前后双重挤压，引发中产阶级的空前恐慌。但从就业切换至创业，专业的局限性、极短的窗口周期也将中产踩在科技迭新的脚底，以往"有人、有钱"就能拉动的创业愈发艰难。3. 社会地位的上升通道无法打开。改革开放后，权力与财富、官员与商人纠缠交错，形成日益强大的既得利益阶层，为保护既得利益，设置壁垒，以致中国阶层固化、富者愈富的"马太效应"愈发明显。而中国社会阶层流动的结构性障碍又进一步强化了"先赋性（靠家庭、血缘背景等）"的地位分配机制，更多的中产失去了靠后天努力、公平、有序竞争的阶层跃迁通道，甚至遭遇"龙生龙、凤生凤"的风险。4. 思想意识的自由化冲击了中产阶层话语建构的高地。全球化的兼容并包、互联网的网状链接带来思想自由化的无限膨胀，中产阶级所强调和认可的法制化、全球化和市场化，伴随社会的撕裂、阶层鸿沟的扩大化等反遭草根民众讨伐。更何况，民粹主义长驱直入、反智主义兴起，"读书无用论"大行其道、动不动就"让××内容撤出课本"的言论层出不穷……中产阶层先前垒筑的话语与形象高地顷刻坍塌。维持经济地位的压力、确保稳定就业的艰难、打通社会上升通道的重重壁垒，还有话语与形象高地惨遭摧毁的风险等等，重压之下，中国中产岂能不忧郁？

然而，如果任由中国中产的忧郁症向纵深方向蔓延、渗透，将极有可能诱发国内的经济、政治、社会等方面一系列"质"的恶化。首当其冲的将是加速资本外流，压缩国内消费。中国人海外配置潮不断升温，无论是先前伦敦房价炒高，还是澳大利亚、新西兰的住房市场火热，均反映出部分中产阶级上层对未来不确定性的"恐慌套利"。而资本外流又会从国内经济抽走流动性，甚至存在掏空国内消费的风险，尤其是中国有效供给力不足带来"需求外溢"，2015年国人每天在美国花掉4.9亿元，反而"灭了国内消费的气焰，长了海外消费的志气"。不仅如此，人才精神的萎靡，还将削弱国家的未来战斗力。人是国家的核心竞争力，而精神又是支撑人的动力，"精神散了，没了信心、没了勇气，战斗力也就没了"。况且，中产阶级更多的是知识分子和各行业的精英，忧郁症也会使之丧失影响或参与新制度和新社会改革的积极性。尤其是站在新经济、新技术、新时代的同一起跑线上，中产阶级作为创新的人才储备库，其忧郁症的蔓延势必将削弱中国的未来竞争力。此外，可能强化社会撕裂，进而引发社会动荡。中产是社会矛盾的熨合剂，一旦基数庞大的中国中产对自身健康与公共安全的焦虑、对社会公平正义的不满，以及追求免于生活在恐惧的权利意识强化，无数生活的"小事"都会经过舆论场发酵成"大事件",势必将冲击社会稳定的根基,欧债危机引发的中产游行示威、美国的占领华尔街运动皆为力证。鉴此,忧郁后果的多元叠加极有可能将整个中国推入险境。

种种危局必将倒逼政府在改革和调结构的过程中亦兼顾中产阶级。首先,将确保底层是底线,中产是主流。贫富悬殊必然会激发社会底层戾气,群体性事件在各地频频爆发、维稳经费飙高等均已说明"保障底层稳定"将是永久底线。而无论是"限高、提低、扩中",还是"打造7亿中产",抑或是如今频繁提出的"构建橄榄型社会"也反映出中产阶级将是未来的主流。其次,对于中产阶级不再是导向他们、教育他们,而将是与之保持一种双向的良性互动。毕竟,如今是"多元化社会与自由市场"时代,计划经济时代下的"全能型家长"作风已然失灵,从"降首付、降利率、降税费"以提振中产消费反而压垮他们就已经暴露导向型政府的弊病,逐步内耗了其自身的社会公信力。鉴此,未来放下"权力的傲慢",与中产保持良性互动将是必然趋势。再者,无论是"量"的增长还是外部沟通都只是"打外力",更关键的还将是凝聚中产阶级在"内力"上的精神归位。物质消费有限而精神消费无限,弥合中产的忧郁将更多地在于引导社会需求精神消费的满足。借势当下的泛娱乐浪潮,兼顾效率与公平,不仅将使中国免于跌入美国似得"中等收入陷阱",也将使中产达至"形神一体",因为中产有梦,中国梦才有希望。

而未来,伴随政府外力的推动,以及自身内在精神的重塑,中国中产上升为主流群体后,势必将在实现自身"焕颜"的同时,也将带动整个中国重换新气象。一方面,将更加注重修炼"内功",进而抬升整个社会的幸福感。中国尚未形成具有"独立人文精神"的中产阶级,但中产自身不管怎样被悬置,还得在"上下颠簸"中锤炼出一种品质,靠自身努力形成一种普遍希望。作为社会稳定的弥合阶层,在上下勾连、化解矛盾的同时,抬升整个社会的幸福感。还会将自身的价值观进行普世传递,建构一种"崇尚精神消费"的主流价值观。而另一方面，中产阶级的话语权和社会影响力将不断强化。中国特殊的政治经济环境，造成了大批中产阶级被排斥在国家的话语权之外。但经济基础决定上层建筑，未来，伴随"有头脑、有思想、有责任"的中产阶级不断扩容，将冲垮先前建构的阶层固化堡垒，进而持续加大自身的社会影响力和话语权。不仅如此，在新经济时代，"脱胎换骨"的中国中产一旦升级为主流阶层，还将成为扭转国家经济颓势的功臣。毕竟中国从投资型社会转向消费型社会已是不争的趋势，更何况，在体验经济、生命经济、绿色经济等新消费经济时代，庞大的中产阶级以其对"品质生活"的追求，在掀起中国消费市场"品质革命"的同时，还将成为中国经济突破当前困局的一味"解药"。中产阶级的财富能力和消费意愿，无疑将成为中国新的经济增长点。

世界青年在愤怒？——就业经济

中国农历新年第一天深夜至第二天凌晨，香港旺角突发暴乱，局面"比占领运动糟糕10倍"，举世哗然。事后，警方共拘捕66人，其中40人被控"暴动罪"。这40人中，80%为30岁以下的青年，最小的年仅15岁，而该起事件的骨干召集人也只22岁。几年来香港骚乱持续不断，主体几乎都是年轻人（照国际标准，15～30岁称为年轻人）。不少舆论指责"香港年轻一代是井底之蛙"，更有致香港"回归一代"的三封信，苦口婆心"规劝"香港青年"请回望这片被你无视的土地""放开彼此心中矛盾，理想一起去追！"。期盼化解冲突的初衷没错，但终究隔靴搔痒。实际上，用"街头抗争"表达愤怒与仇恨情绪的，并不只有香港青年。仅过去两年，各国青年上街游行示威、引发骚乱已屡见不鲜，且大有星火燎原之势。2014年台湾"318学运"，亦称"太阳花运动"，愤怒的青年学生"占领"立法院近6天，其"灵魂人物"皆为"90后旗手"。2015年11

月14日，韩国爆发2008年以来最大规模示威游行，7万青年请愿要求总统下台；3天后，全美"百万学生大游行"，抗议快速上涨的大学学费。此外，互联网也正异化为青年宣泄愤怒的"垃圾场"，高房价、高学费、贫富差距等都是槽点，负面情绪一点就着。陈文茜称之为"愤怒的一代"。是什么驱使这些青年推开平静的书桌走向与社会、国家激烈对抗？世界青年们在愤怒什么？表面上，大家诉求各有不同，有的要捍卫所谓的"自由民主"；有的忧国忧民；有的玩叛逆；有的想捞实惠，但仔细分析参与者背后原因不难发现，究其本质，套用1992年克林顿击败老布什赢得大选的口号"笨蛋，是经济！"，无论港台青年，还是韩、美青年，全世界青年怒点一样，"笨蛋，是就业！"。试想，若大家都有干不完的活，挣不完的前程，谁还担心付不起学费？谁还有空滋事？

这一代香港青年，受教育程度普遍高于上一代。1981至2011年30年间，专上学历（非学位）的市民比率，由2.6%增至8.5%，具大学学位的比率，则由2.5%跃升至16%，就业机会却远不如上一代。一方面第一、第二产业不断被转出，产业空心化使得底层就业外迁，另一方面，高端服务业吸纳就业有限，同时，随着全球化分工深化、互联网扁平化世界、人民币国际化等，香港"内地对外窗口"的角色日益淡化，香港地位的滑落必然伴随高端服务就业流失，如2000年后跨企亚洲总部竞相离港迁至新加坡，上海、深圳等国际金融中心日益崛起，暂时虽无法分庭抗礼，但香港作用被分流已是大势所趋。就连特区政府也坦言，参与暴乱的"大多数人士是失业者"。台湾的情况类似。1990年至2014年7月的台湾失业率变化显示，2000年后总失业率上升，专科学历失业率急剧上升，但2004年后大学以上学历失业率开始攀升，甚至超过了专科学历的人群，到2011年后大学以上的失业率甚至超过了总失业率。不仅青年失业率居高不下，薪资还出现负增长。至于韩国，2014年全年就业人口同比增53.3万人，增幅为2002年来最高。然而青年失业率却同比上升1个百分点，达9%。2015年2月，韩国青年人群失业率超过11%，为上世纪90年代后期以来的最高水平。虽然这一比例到10月份时降至7.4%，创造29个月来最低水平，但仍超过整体失业率（3.4%）一倍多。韩国青年群体的就业质量也在下降。在研发、咨询、工程等专门性领域，青年就业比重由2007年的34.5%跌至2015年上半年的22.5%，教育、金融领域青年就业比重也有超5%的下滑。韩国青年正被挤出主流就业领域。青年失业已成世界性普遍现象，而非某个国家或地区所独有。全球有18亿青年，占总人口四分之一。在中等收入国家，处于"三不状态"（不上学、不培训、不工作）的15岁到24岁的年轻人比重高达25%，即便是富裕国家，这一比例仍高达15%。如此大量人口，既缺乏工作岗位、没有社保、坠入绝望、游离于社会主流之外，但同时又精力旺盛、体力充沛，并"配备"了最先进的组织化技术工具（互联网），极易被一丁点的"风吹草动"所捕获。过去数年此起彼伏的局部区域性动荡多与青年无业可就紧密相关，失业问题正逐渐沦为威胁稳定与安全的头号杀手，"阿拉伯之春"、IS肆虐、香港动乱引发恶性循环——支柱产业轰然塌陷、富人"外逃"等，更是活生生的例证。

至少有三大理由导致失业愈演愈烈：一是时代"错误"。20世纪60年代末以来，全球经济经历了一个空前的大繁荣周期，西方国家先后完成工业化，经济虚拟化，产业重心偏向金融与高科技，同时充分利用全球化分工体系将生产制造外包给处于成本洼地的新兴市场，而新兴国家（地区）亦借此兑现要素红利，相继进入起飞期（这也是香港上一代就业机会多的原因）。全球财富整体膨胀，也创造出源源不断的就业。如今，世界经济来了个大反转，不仅原有生产、交易、生活方式被彻底颠覆，后危机时期漫长而寒冷，去产能相当于去就业，因此，某种意义上青年人没工作属时代拐点性变化的表现。二是新科技革命使得就业岗位不增反减。前两次工业革命，尽管提高效率、降低成本，但仍是对人手的延伸，故而新增就业岗位几何级增长，而第三次工业革命，无论是共享经济方兴未艾还是机器换人如火如荼，都意味着对既有就业的整合及未来就业的挤出。三是市场经济原罪。从人类诞生到19世纪初的几百万年间，世界总人口才达10亿人，进入

20世纪，人口增长越来越快，1930年为20亿，1960年30亿、1975年40亿、1987年50亿、1990年60亿，2015年约73亿，呈先加速后减速趋势，但总量绝对值不断膨胀，与此同时，人口寿命与质量与日俱增，"老不死"们大量占据有限甚至日益缩减的岗位，致使青年人很难挤入就业队伍。而更为关键的是，被全世界奉为圭臬的自由市场经济，其原罪便是过剩。换言之，只要搞市场经济，人口相对于需求都是过剩的，且市场经济越发达，过剩越严重。综上，就业不足将是必须被动接受的新常态。因此，无论把就业难的板子打在青年人身上还是政府身上，都有失偏颇。尤其不能否定年轻人，毕竟他们代表着未来。

如果说金融危机证伪了自由市场经济，前苏联解体证伪了纯粹的国家市场经济，全球市场经济现大面积退潮，那么，愤怒的青年将倒逼就业经济加速登堂入室。所谓就业经济，即在满足市场经济原则基础上，不是单纯以盈利为目的，而是侧重于就业岗位创造的经济范式。穷人捆绑社会安宁，就业形势越严峻，政府面临的压力越大。实际上，就业与选票息息相关（西方国家尤甚），是政府眼中最敏感的数据指标，但解决之道往往流于经典：政府要么释放制度红利（简政放权等），要么直接出台诸如减税政策等鼓励措施，通过刺激经济增长来增加就业。然而，如上所述，这种模式一旦遭遇时代拐点与市场经济原罪，短期或许有效，但中长期收效甚微。更可怕的是，当下各国政府被灌水后遗症搞得"焦头烂额"，无处可去的货币把自家的锅烧得滚烫，哪里还顾得上青年的愤怒，殊不知，放水的最大恶果是，未来各国政府都将不得不直面如何安放"愤怒一代"的难题。经典市场经济语境中，企业作为吸纳就业主体，利润最大化的终极诉求决定其只会尽可能地消减人工，因此，就业经济早期将更多地由政府来主导，宏观上营造能激发创造就业的市场氛围，激励有利于吸纳就业的模式创新，但在手段上则需倚仗市场化，一旦经济范式切换的商机为企业家所捕捉，就意味着一轮围绕增加就业的创造性竞赛的开始。当然，对于那些能力有限，终将被市场经济甩出的人口，政府则需予以基本社保，确保其活着。

就业的未来模式重塑社会

就业问题困扰全球,就业数据却似一笔糊涂账。随着经济危机的延续,失业问题已经如鲠在喉,让众多国家难以"安生",比如韩国,据统计,30岁以下人士失业率高达12.5%,远高于全国平均的4.9%,名校毕业生也难免面临毕业就失业的窘境。由于企业资金短缺,因而削减职位,韩国全国家庭债务更高达破纪录的1万亿美元。"三无世代"(无职业、无楼及无婚姻前景)年轻人的不满情绪和怨气充溢社会。而由于全球经济持续低迷,大企业也扛不住了,2016年以来包括雪佛龙、壳牌石油、诺基亚、雅虎、巴克莱银行、摩根士丹利、高盛等在内的众多全球大企业掀起裁员潮,其中,单是在银行这一领域,2015年底已经提前昭告的新年裁员计划显示,全球银行业2016年至少还有12万人即将下岗。这让本就严峻的就业形势雪上加霜。根据国际劳工组织发布的《2016年全球就业与社会展望》报告,2016年与2017年的失业人数还将分别上升230万与110万,其中大部分增长来自于新兴经济体。如果说这个数字还不够"惊骇",另外一组数字则颇让人"心惊"。国际劳工组织的报告还显示,2015年内,全球新增2600万未进入劳动力市场的适龄劳动人口,这一人群总数目前已经超过20亿。换句话说,全球近三分之一的人口可以却并未工作。事实上,早在2015年盖洛普就曾质疑国际劳工组织5.9%的全球失业率数字,认为全球真实的失业率高达32%,而国际劳工组织今年发布的"可以却未工作"的人口数量显然基本与此暗合。而对失业率数字的质疑其实一直存在于各国。比如,著名经济学家罗伯茨就认为美国的失业统计数据"几乎每一处"都大错特错,就连竞选美国总统的唐纳德·特朗普也放话说美国的失业率至少高达20%,而不是5%。中国长期维持在4.0%~4.3%之间的城镇登记失业率也被质疑为"诡异",即便是刚刚开始公布的城镇调查失业率(2016年1月份为4.99%)也被认为不可信。

实际上,暂且不管上述数据谁真谁假,就业问题的严峻性远超出表面上的数字所反映的范畴。首要的原因在于，失业更严重的时刻还未到来。金融过度、产能过剩是这轮全球经济危机爆发的直接原因，然而，历经近8周年，全球非但没有去产能，且产能过剩问题愈演愈烈。而走出经济危机的过程必然是去产能的过程，去产能势必去就业。就拿产能过剩"大户"中国来说，未来两三年去产能、清理"僵尸企业"将裁减500万到600万国企员工。中国人力资源社会保障部2016年最新发布的拟裁员数是180万人，包括130万煤矿系统人员和50万钢铁系统人员。数据也显示，2015年第四季度，能源和矿产行业的就业景气指数排倒数第3，仅为0.57，也就是说100个人争夺该行业里的57个职位，严重供大于求。中国有22个行业产能严重过剩，上述去产能去就业的数字显然只是冰山一角，更何况这只是通过行政手段裁减人员的部分，还不包括市场自发的去就业部分。因此，一旦全球去产能全面实质性开启，大量人口面临被淘汰出现有就业岗位，或将无业可就。更严重的是，即便全球从经济危机的泥潭爬出来，就业问题也无以奢望得到缓解，相反会变本加厉。因为，伴随着新经济全面登上历史舞台，自动化、智能化、机器人化大发展，将有更多的劳动力被替代。英国央行就在去年预测，未来10到20年里英国和美国将约有50%的劳动力被机器人抢走饭碗；日本NRI（野村综研）也推算10～20年后日本国内49%的劳动人口很有可能被人工智能、机器人替代。事实上，如果说过去就业人口被替代还主要体现在生产制造领域，未来包括金融在内的大量服务业人口也面临同样的厄运。目前，机器人在金融领域已经崭露头角，花旗银行数据显示，从2012年到2014年年底，机器人理财顾问管理资产规模实现了从"0"到"140亿美元"的飞跃，花旗银行同时预测，未来10年，机器人理财顾问管理的资产规模将扩至5万亿美元。而截至2015年底，机器人理财领域的领头羊Betterment的资产管理规模已经超过30亿美元，它的对手Wealthfront则超过了29亿美元。而在危机及自动化、数字化、智能化、机器人化的叠加驱动下，现阶段银行裁员基本保持在每年2%左右，预计未来10年银行将会继续减少约30%的员工。

除了就业人口规模将不断被压缩，就业模式也在悄悄发生巨变。传统工业经济下，就业模式相对简单，主流就业模式基本上是全日制、工薪就业，"朝九晚五"是这种就业模式的典型写照。不过，随着科技的发展，一方面大量就业被替代，另一方面，技术的发展也延展了人的劳动能力，比如，借助于网络及相关科技设备，人们可以足不出户就为千万里之外的企业提供劳动服务。同时，科技的发展给经济、商业模式的多样性提供了各种可能，从而带动了对劳动力需求的多元化、灵活化。在这种趋势下，未来就业模式将发生天翻地覆的变化，这种变化将主要体现在两个方面：一是就业时间的变化，即就业时间被缩短和拉长并存。前者主要表现为各种短时就业，如小时工、季节性打工、旅游就业等。从本质上来说，这种就业模式与当下的临时工、合同工并无二致，所不同的是，如今的临时工、合同工主要是就业者的权宜之计，就业者更多还是希望借由此途径转为长期工，这种就业模式还只是就业市场的补充。但未来就业短时化将成为就业市场的一种主流模式。企业用工需求的不确定性以及劳动力本身对享受生活的要求都将推动短时就业的发展。比如，"工作我做主、失业我做主、创业我做主，不怕生活压力，只求自由快乐"的"自由失业族"的兴起，就将让弹性工作时间逐渐风行。而一些热衷旅行的群体边旅行边工作，在旅行中写作或者接活，经费不足或者喜欢某地就停留下来工作一段时间，赚足了钱或者厌倦了再出发奔向下一个目的地，也将使得当下还是个案的旅游就业规模不断放大。后者主要表现为劳动者可提供劳动的年限延长，比如在一些脑力劳动等领域，教授或者专家可以悠然地工作到七八十岁甚至更长。二是就业方式的变化，一种典型的变化就是就业不再以某一个具体的公司为载体，不再以服务公司为目的。比如目前已经出现的"创业式就业"或"微创业""平台型就业"。前者以网络为依托，通过微平台或网络平台进行新项目开发，在创业中实现就业而非择业。后者则是劳动力不在某一个特定的企业工作，而是通过虚拟平台与就业市场连接，为平台或平台上的众多企业而工作，全球最大的自由求职平台Upwork公司就为全球900万名自由职业者提供了无国界的工作平台。

上述变化无疑直接对公司管理提出了新的要求，并将推动企业管理的变革。然而，变化还远不止于此。如果说，就业人口缩减就足以让各国政府焦头烂额，那么，就业模式的变化更加会让政府"方寸大乱"。因为，作为当下社会管理一个重要组成部分的社会保障体系就是基于传统的就业模式而设计的，与今后就业的碎片化、多元化格格不入。比如，如何为游走于世界各个角落的旅游就业从业者提供社会保障？同时，政府的税收体系也面临新的挑战。且不说当大量人口被机器所取代后，政府可征收的劳动所得税将大幅下降，就是劳动者越来越多地在全球范围内提供劳动就足够各国政府头痛。因为这样不但会产生大量税务迁移，且让税务征收复杂化。事实上，就业模式的变化已经对传统的社会管理釜底抽薪。一定意义上，自工业革命以来，工业化国家目前整个社会管理体系是在传统工业组织架构上发展并逐步完善起来的。然而，随着传统工业组织架构被新工业、新经济打破，就业模式发生变革，原来的社会管理建构也因此被肢解，特别是欧洲，从摇篮到坟墓的社会福利体系本就已经成为社会难以承受之重，就业市场的变化更将会对其过去的社会管理形成摧枯拉朽之势。硅谷的科技巨人安迪·格鲁夫曾经针对美国制造业的空心化问题对美国提出警告，"从长期来看，我们需要一个以就业为中心的经济理论，以及一个以就业为中心的政治领导力量"。显然，从就业未来演变的趋势看，这个警告不仅适用于美国，今后各国将不得不在就业问题的倒逼下转变。

第十六章　城市格局大洗牌

当下中国城市普遍缺失吸引力的主要原因就是没有个性，而重塑个性就要告别旧思维，顺应新经济。"十三五"期间，中国城市将在面向未来的创新中迎来个性化浪潮。

区域经济变局的幕后推手

作为一种日益重要的交通工具，高铁的影响力将不断放大，并将彻底颠覆人类的出行方式。以此观之，发展高铁并非是可有可无的选项，也不是简单地从公益角度还是经济角度来评估的问题，而是迎接未来天翻地覆式交通大变革的必然。

虽然目前高铁的颠覆性尚未明显显现出来，但高铁的四通八达已经开始从众多方面深度地影响中国经济。1. 投资巨大，带动GDP。过去"火车一响、黄金万两"，如今"高铁一开，财富就来"。尽管目前世界上大多数高铁公司本身是不赚钱的，但拉动地方经济的作用却相当大。研究发现，1969年—1999年30年间，东海道新干线的乘客数量增长了1倍,沿线城市的GDP增长了3倍。另据有关方面测算,中国每年6000亿元投资可以修建3000公里的铁路,带动1.5%的GDP增长;单是京广高铁,每年对全社会经济的拉动作用就超过300亿元。2. 车站带动新城建设。伴随着高铁的高歌猛进,国内高铁新城建设也掀起浪潮。据不完全统计,目前将要及已经开始规划、建设的高铁新城新区有70余座。各地热衷建新城原本打的如意算盘是,以增量带存量,打造新的经济增长点,打破困顿的旧经济格局,不过,一些新城很可能陷入人气不足而沦为空城的困境。在一轮高铁新城建设高潮后,不可避免地会出现几家欢喜几家忧的局面。3. 提高交通效率,诱惑通行。高铁极大地缩短了城市间的出行时间,比如贵广高铁就让贵阳到广州的铁路旅行时间从21小时骤然缩短为4小时,而国内京津冀城市群、成渝城市群、长三角城市群、长江中游城市群、珠三角城市群五大城市群均已构建一小时高铁圈,城际间的通行时间甚至比城市内还短,说走就走的出行旅游已经成为现实。4. 城际间的联系大大提高。高铁的"瞬间移动"让"远亲"变"近邻","近邻"变"咫尺",在越来越多的人享受"早餐热干面,午餐白切鸡,才饮珠江水,又食武昌鱼"的便捷中,人流、资金流、信息流得以在城际间快速流转,城际间的联系趋于同城化。5. 直接带动产业发展,商业的更新,促进旅游经济、城市功能的提升。就以京沪高铁为例,京沪高铁沿线各城市均以高铁建设为契机,以高铁站为载体,大力发展高铁新区,对城市的产业和功能进行重新规划和定位,旅游、商贸、会展、文娱、零售等第三产业成为沿线城市重点发展的产业,而京津城际的开通对天津旅游增长的贡献率达到35%。武广高铁通车后,"早喝广东茶,午登岳麓山,晚游黄鹤楼"成为沿线各旅行社的宣传口号。6. 通过会展、商务活动客观上加快了全国范围内的产业整合。由于高铁压缩了城市间的时空距离,从而促进要素在城市间的流动和重新配置,比如武广高铁开通就促进了湖南、湖北与广东对接,加快产业转移升级,武广高铁沿线的咸宁已成为湖北承接产业转移的"桥头堡",岳阳则依托武广高铁加快承接产业转移升级,加速推进新型工业化

"千百十"工程。7. 极化经济——城市。高铁在拉近城市间距离的同时，也加剧了城市间的竞争，使得核心城市的吸引力进一步被强化，而弱势地区进一步被边缘化。这在国外早有验证，比如日本东海道新干线开通后，东京和大阪就"锦上添花"，而名古屋都市圈则"雪上加霜"，加速衰退。国内一些了无人气、濒于荒芜的高铁新城也是这种状况的一种反映。8. 形成廊道经济带。依托于高铁网络，高铁各沿线城市对外的经济联系将呈现明显的"廊道效应"，资源、要素在廊道内加快流动和配置，经济发展呈现一体化的趋势。比如，开通高铁后，京广高铁、京沪高铁以及京沈线沿线城市的"廊道效应"就明显增强，而未开通高铁前，这种趋势主要表现在长三角、珠三角等城市群之间。

不过，随着高铁对经济影响权重的上升，也引发了各种争议。1. 全世界高铁只有三条线盈利，即日本新干线、法国巴黎—里昂高铁和中国京沪高铁。高铁网整体亏损是个世界性难题，这也成为一些人反对建高铁的"口实"，这些人认为，高铁就是失败的投资典型，而"亏损"是放之四海皆准的投资决策标准，应该严格执行"亏损"淘汰机制，马上停建止损或者立刻资产重组。而支持高铁者则认为，高铁既是战略性产业，又属于国家基础设施建设，还带有公共交通运输的公益事业色彩，所以不能单纯用财务指标来衡量高铁，更何况高铁对经济和社会发展具有拉动作用。2. 城市均等化投资"陷阱"。所谓均等化投资，就是在经济发达、人口密集的地区与经济欠发达，人口稀少的地区建设同样密度的高铁，但后者注定投资打水漂，建得越多亏得越多。站在交通部立场，当然是希望前者多建，后者少建。然而，站在地方特别是地级县级市立场，出于拉动本地经济发展或政绩的目的，往往会竭力争取高铁项目，比如湖北两地级市为争抢高铁落户，民间组织万人签名，河南邓州、新野两地争抢郑渝高铁，竟然发起了保路运动。在这种抢建高铁背景下，很容易搞均等化投资，结果盈利难以覆盖亏损。其实这种状况不仅会发生在中国，当年日本政客们为了争取选票，就要求新干线修到他们所代表的市县，结果在不适合建高铁的地方硬上马，导致线路亏损，甚至出现一条线路只服务极少的乘客的交通浪费。3. 同城化还是差距扩大化。一方面，高铁实现了商务活动的"当日往返"、在城际间"喝下午茶"成为可能，同城化的商业繁荣成为高铁的亮点；但另一方面，由于相对落后的城市的资源、人才、商贸物流更方便地流向发达城市，城际间的鸿沟也因此被拉大。4. 马太效应与虹吸效应导致落后地区的逆差经济。规模大、实力强的城市本身对要素、资源就有较强的吸附能力，高铁的开通更使其如虎添翼。比如，随着南昌到上海缩短为3个小时，上海不但会把江西的旅游、消费人群吸引过来，还可能会凭借其资金、人才优势挤压江西的新兴产业。5. 高铁给中西部以及云贵高原等带来了短期旅游人流，却带走了长期的人才。由于就业机会、环境及薪资报酬都难以与发达地区匹敌，大量人才加快向发达地区流动，有些地方百名大学生返乡只有几个人，人才的流失必然导致发展能力的进一步衰竭。

给高铁算账，不能只考虑可量化的数字，还要考虑上述不可估量的"账外账"。而在高铁效应下，区域经济变局将日益显现，主要表现在以下三个方面：1. 区域将呈现快速经济。以速度取胜的高铁快速发展，在改变中国交通运输版图，缩短通行时间的同时，也将改变中国经济运行的方式。试想，随着邻近城市公交化，京广高铁让环渤海经济圈、中原经济区、武汉城市圈、长株潭城市群、珠三角经济圈等南北五大经济区沿线28个城市进入8小时经济圈，人员、资源、资金、产业、技术、文化的流动势必都将全方位提速，"中国速度"在滚滚的车轮中更加如虎添翼。这可从一组数据中得到印证，比如，合福高铁开通首月就发送旅客177万人次，沿线受益的40多个景区客流量平均增长20%，这样的增长规模明显高于其他景区，高铁旅游效应深显其中。2. 将出现超级区域经济。交通方式的高速化、网络化天然地就会促进区域间聚集效应的形成，高铁网络的构建更将在四通八达中放大区域间的聚焦效应。就以长三角为例，随着以上海为中心的两小时经济圈不断扩大，该区域辐射的范围和强度不断提升，区域内的经济联系日益紧密。1990年，长三角两小时经济圈只能辐射无锡、常州、苏州、杭州、嘉兴等少数紧邻上海的城市，随着高速公路和跨海大桥的建设，2010年长三角两小时经济圈已向北跨过长江纳入苏中的南通、扬州、泰州三市，向南跨过杭州湾以宁波为节点，辐射浙东沿海。至2020年，高速铁路和城际轨道交通网络将使该经济圈的范围扩大为覆盖上海、江苏、浙江全境以及安徽除亳州以外的总共40个地级以上城市。届时，沪苏浙皖一市三省将实现"当日经济"，其规模和能量很可能比肩甚至超过大纽约、大东京、大巴黎、大伦敦等几大世界顶级经济区。此外，珠三角和首都经济圈也都有可能形成超级区域经济。3. 新经济并不集中在城市。鉴于产销的经济性、便利性和便捷性，传统经济多集中在城市。不过，随着互联网经济打破时空界限，高铁急剧压缩空间距离，再加上工业4.0的推进将使得生产、制造、消费信息数据化、智能化，传统的集中式产销切换为分散式产销，在传统工业经济中被边缘化的村镇将在新经济中"重见天日"，焕发活力。这也就意味着，在区域经济新格局中，不仅城市在区域网络中的位置、权重会发生变化，某些村镇也可能脱颖而出，成为区域经济中的新增长极。

鉴此，需要特别强调的是，高铁只是推动区域经济变局的一个变量。事实上，高速公路、互联网、新经济将和高铁协同作用，重新勾兑区域经济。1. 高速公路塑造中国的工业格局以及工业园区的地位。高速公路通行能力大、运行效率高、安全可靠性好，在综合交通网络中具有骨干作用，是交通现代化的重要标志。它的建设不仅满足了物流运输的需求，而且促进沿线工业化，带动生产力布局的调整以及沿线工业园区的建设。比如，中国大陆第一条全线通车的高速公路"沪嘉高速公路"通车后的两年，上海市十几个科研单位和大专院校在嘉定建立了基地或分支机构，几十个中外企业在该县落户，使得嘉定升格为上海名副其实的卫星城；京津塘高速公路通车的头五年，沿线的十个经济技术开发区吸引投资数百亿元，高速公路产业带逐步形成，该路沿线和两端成为华北地区的经济增长点。事实上，世界高速公路的发展都显示出工业布局与高速公路的分布有紧密联系，如加拿大401号高速公路建成以后吸引生产要素不断向北部地区发展，工业布局北移，逐步形成以401号高速公路为轴线，南北辐射50千米的"温莎—魁北克工业走廊"，"及时性送达"在北美的出现，更加强化了高速公路对现代工业的吸引力和影响力。而中国已形成便捷连通的城际高速公路网络的长三角、珠三角也是中国的主要工业经济区。未来，随着中国7条首都放射线、9条南北纵线、18条东西横线（简称"7918"网）组成的、总规模约8.5万公里的国家高速公路网建设的推进及至成型，中国产业布局的"北上西进"也将逐步落地生根。2. 高铁实现了区域经济的要素禀赋的交流。高速公路加强了地区间的经济联系，而高铁则在急剧压缩地区间时空距离，"飞一般"的时空穿梭中让新疆不再是边疆，而成为连接欧洲的"西大门"，在更广泛的区域内更进一步推动要素资源的交互流通。3. 互联网将各行各业一网打尽，重新洗牌。与高速公路和高铁压缩时空距离相比，互联网干脆抹平时空距离和界限，让咫尺天涯浓缩到一张网上。这也就意味着产业原来赖以存在的地域优势在互联网的扫荡下不再像从前那样重要，各行各业的经营模式和理念也因而被颠覆，以往因为地域劣势而处于边缘的地区也可能因为搭上了互联网经济的便车而一跃翻身，最典型的就是全国各地淘宝村的崛起，在电子商务的发展大潮中，淘宝村已经从2009年最初的3个发展到2015年底的780个，江西一个穷山沟蹦出10亿元级"淘宝村"，在只有821户人家的红星村，从事羽绒加工的企业多达420家，羽绒产业年销售额达25亿元，其中通过电子商务平台的销售额达10亿元以上，与羽绒业相配套的许多产业都被带动起来。4. 新经济催化作用。无论是高速公路还是高铁，都具有较强的资源聚集效应，促使资源向中心城市或优势地区集聚，难免会产生边缘地区进一步被边缘化的雪上加霜的负面效应。不过，新经济对地域依赖的减弱将会肢解原来的区域格局，把中心地区与边缘地区的落差"扯平"，甚至变边缘地区的不利为有利，"反客为主"，成为区域经济发展中的新亮点，比如一些边缘地区发展别具特色的体验经济，而在这方面其实已有先例，例如法国格拉斯小镇以农业产业化而闻名，并已成为探访香水之路的旅行者们争相拜访的圣地之一；法国依云小镇以旅游疗养取胜；德国蒙绍市则发展为城乡地带科技型小城镇。随着新经济在中国的发展，中国区域经济格局也将发生新的裂变。需要强调的是，以上四个因素对区域经济格局的影响是相辅相成的，无非是各因素在不同区域发挥作用的权重会有所不同，从而使各区域呈现不同的形式和样貌。

城市将迎来个性化浪潮

中央城市工作会议时隔37年后再次召开，"城市工作"上升到中央层面进行专题研究，城市向何处去引发关注。自20世纪50年代以来，中国在城市化的道路上一路狂奔，今后10年将有8.7亿中国人生活在城市。但与城市"大跃进"相伴相生的却是城市乱象丛生，人们对中国城市普遍感到失望。这一点在旅游业上已表现得相当明显。一方面是居民出境旅游增长迅猛，但另一方面，外国人来华旅游却逐年减少，旅游服务的贸易逆差不断加大。据相关调查显示，2014年到华外国游客仅2636万人，而未来3年外国民众来华旅游意愿也很低。个中缘由，恰如一位美国规划专家在游览了青岛、珠海等众多旅游城市后所感叹的那样，"这些城市除了名字不同，已经分辨不出哪个城市是哪个城市了，这样的城市我不想再来第二趟"。那么为何中国的城市失去了吸引力？

不可否认，这些年伴随中国经济崛起，前所未有的造城运动让诸多农村褪去"沧海桑田"，新城"遍地开花"，城市进入大发展、大跃进，却也留下阵痛伤疤、弊病重生。一方面是城市过度膨胀，因为城市建设盲目攀比，比"高"比"大"，在"单中心、摊大饼"之下，城市与郊区的边界不断被突破，城市发展规模不断扩大，导致许多地区新城过剩，"鬼城"遍布；另一方面是城市病日趋严重，且不说钢筋水泥森林中少了人情味，就是伴随城市的居住点、工作点、活动点分离，人们早上往中间走，晚上向外走，大量人流每天在城郊之间奔波，饱受"钟摆式"流动之苦,人为增加了活动的时间成本和经济成本,也加重了对交通和资源环境的压力,城市活力又岂能不大打折扣?更为严重的是城市建设的同质化。走在中国许多城市的街道上,会让人产生一种不知身在何处的错觉,因为大部分城市的高层建筑、主要道路似乎都是一母所生,千城一面的景象已然成为视觉灾难。有的城市一边拆掉真正古老、有价值的东西,一边却又加大投资搞仿古的假"古董",不知如此大费周章地拆建意欲为何?甚至,多达数十个城市争创"国际大都市",结果"与国际没接上轨",倒是搞出很多奇奇怪怪的建筑,比如苏州的伦敦桥、杭州的天都城等拷贝走了样,反而让城市在"不伦不类"中没了自我。

即便是上海这样的国际化城市,也难逃大城市发展的阵痛,既挡不住人口膨胀、交通拥堵,又无法遏制高楼林立带来的能源压力、城市污染,这已是城市发展到特定阶段的必然,谁都无法置身其外,因为就连上海都无一例外地陷入"千城一面"之中,而这恰恰与上海的城市功能演变密切相关。自1843年开埠以来,上海历经三次重大的城市转型:1. 20世纪上半叶,上海虽然处于都市发展蛮荒期,但黄浦江、苏州河带来巨量的人流、物流、信息等,极大地发挥了城市的交易功能,以致上海不单成商品贸易、批发的集散地,更成冒险家的乐园,一举成为世界闻名的"魔都""东方巴黎"。2. 建国以后,伴随计划经济的"格式化",上海迅速由消费型城市转变成生产型城市,成为全国最重要的工业中心。此后,围绕工业化不断改建、扩建城市,上海的城市规模随着工业化的扩张而急速膨胀,基本奠定了目前的城市雏形。3. 改革开放以后,尤以1990年浦东开发为标志,上海的城市化进入加速阶段,不单在国家政策支持下大兴建城,如陆家嘴、金桥、张江等园区拔地而起,而且在国内外大规模投资涌入下出现各种要素集聚,这让上海成为地方规划师及各国建筑师的试验场,城市功能又岂能不分裂、迷失?因为大多数建筑设计理念和方案直接拷贝西方国家"高楼、高密度、大广场"的模式,本质上缺乏上海特点,以致当前诸多城市建设基本就如上海一样,是"小区+城市综合体"模式,这种工业化模块套用在城市发展上不仅将人们的生活、交易等分离,而且也在小区"格式化"中导致城市空间极大地雷同。因此,虽然人们表面上生活在不同城市,却都生活在一样的"小区+城市综合体"之中,又有何城市差异?上海尚且如此,以此看中国城市,在功能迷失中乱了方寸,以致缺乏个性,已是中国城市发展至今的无奈!

而城市个性之所以缺失,根源就在于时代变了,城市发展的固有思维和路径却没变。因为我国长期以工业化思维、摊大饼模式主导城市建设,再加上地方经营城市的旧有路径,以致城市规划不是在复制西方经典中成为"四不像",就是在长官意志格式化中"变成鬼话",有些地方甚至变本加厉导致新城一哄而上,结果变成"鬼城"。殊不知,当下的互联网新思维已对传统城市的发展思路釜底抽薪。因为互联网以前所未有的广度和深度扁平化所有产业,无论是产业还是地域的物理空间已然去边界化,这无疑消解了城市的地缘优势,互联网的去中心化已然让总部经济"皮之不存",那些摩天大楼之"毛又将焉附"?更为重要的是,以体验经济为代表的新经济悄然崛起,需要更多个性化空间,还能依靠曾经固化的城市格局?毕竟体验经济强调满足人精神的、社会的、多元化的需要,其活动针对场景消费,这将极大改变城市居民的生活、消费方式,也意味着城市将经营人的欲望,极大释放个性化需求,与之匹配的商业、建筑空间等都将很大程度上改变城市。未来城市将挣脱固有束缚,带上性格特征和脾气,由此迎来了个性化浪潮。

然而,当下不少城市错把个性化当成对国外模式的简单嫁接,结果"画虎不成反类犬",沦为了"伪个性"。上海的"一城九镇"本欲营造异域风情来创造个性,结果南橘北枳、缺乏人气,即为明证。更有不少城市错把个性当成一种固定的终极状态,以为一旦实现便不会失去。殊不知,个性化是相对特定时空而言的,随着时代坐标的切换,曾经的个性会慢慢沦为共性,城市综合体的"一哄而上",就在过剩中失去了原有的个性魅力。其实,未来真正的城市个性需吻合三大要素：一是城市不可复制的烙印，它基于一个城市的独特"禀赋"，或是地缘的，或是文化的，甚至也可以是"无中生有"的，比如拉斯维加斯在贫瘠沙漠中用赌博与创意迎来全球人随心所欲的"灯红酒绿"。二是有生命力地进化，通过创新来展现性格特征。比如西班牙的毕尔巴鄂通过斥巨资兴建古根海姆博物馆，实施都市创新计划，成功实现了由工业城市向旅游城市的转型，使其几乎一夜间成为欧洲家喻户晓之城、一个新的旅游热点。三是面向未来的，意味着要吻合未来的发展趋势。中国即将进入科创时代，新科技、新经济、新业态层出不穷，智慧城市、海绵城市建设已经展开，城市将在这种大趋势找到自己的个性定位。

当下，中国城市发展进入拐点，城市即将迎来大洗牌，能否找到自己的个性，无疑将成为其在激烈竞争中脱颖而出的关键。在城市个性化竞争过程中，市场主导城市发展的力量会逐渐上升，而政府行政力量的权重将会减少，未来将由政府搭台，而让市场唱戏。那些善于在城市建设中留白，引导市场、社会的力量去填充的政府将在城市发展问题上取得优势。"十三五"期间，随着网状城市群的大规模出现，地区开始崛起，地区崛起会改变其中各个城市的角色定位，从而有利于各个城市有差别的个性的形成。原来的"单中心"模式正在向"多中心"转化，一、二线城市和周边三、四线城市的发展被赋予新内涵。从区位大格局来看，一些要素集中的一线城市会形成一些大而全的个性，而成为领袖城市，一些三、四线城市也可以针对自身特点形成小而专的个性，成为地区中有特色的节点城市。未来，在城市迎接个性化浪潮的过程中，企业也需要转变思路，才能摆脱路径依赖，避开发展陷阱。比如当下中国许多城市综合体、总部大楼已然过剩，过多投入得不偿失，而小型的社区性商业却相对稀缺，在这方面企业有不少文章可做。而那些能敏感捕捉新兴消费人群动向，主动对接体验经济、智能经济这些新经济、新业态，推出创新商业模式的企业将会取得巨大成功。

特色小镇

仿佛一夜之间，在传统的经济开发区、高新技术园区等大平台之外，"特色小镇"成了江浙沪三地招商引资共同的新名片，如雨后春笋般冒了出来。6月1日，浙江出台《关于公布第一批省级特色小镇创建名单的通知》，37个特色小镇入选。随着这份"榜单"刷爆地方政府"朋友圈"，揭开了又一场城市化浪潮席卷而来的"面纱"。事实上，除了浙江，上海、江苏特色小镇试验也悄然拉开序幕，如上海率先启动了"科创小镇"——与浙江相邻的金山枫泾镇；江苏计划"到2020年全省形成100个左右富有活力的重点中心镇和100个左右地域特色鲜明的特色镇"。长三角似乎成了特色小镇发源地、主战场，大有燎原全国之势。特色小镇在中国经济最发达的长三角破茧，并非仅仅缘于浙江去年初将"加快规划建设一批特色小镇"列入《政府工作报告》的"2015重点工作"，其他地方不甘落后而竞相效仿、追赶；也不仅仅是由于2016年2月国务院公布《关于深入推进新型城镇化建设的若干意见》，提出"加快特色镇发展……"（最近住建部进一步细化为"到2020年将培育1000个左右特色小镇"），各地将发展特色小镇就地城镇化作为响应号召的重要抓手；更重要的原因在于，"小镇经济"是对上一轮城市化中最终难以为继的工业园区经济的版本升级，强调"产城融合"。借用浙江自己的说法，是"西方经验的启发、国家新型城镇化的要求和浙江产城融合的需求"共同作用的结果。听起来，本轮特色小镇热潮，是各地充分汲取了上一轮城市化的经验教训，痛定思痛后彻悟的结果。然而，通过行政手段，运动化方式加以推进的特色小镇是否真能避免重蹈覆辙？

客观上看，为了规避行政化推进，浙江在特色小镇制度供给方面下了很大功夫，如放弃审批制，采用"宽进严定"的创建式方式，给企业为主体、市场化运作留足了空间，但实际上，初选名单仍来自于省府政研室，且需通过政府考核后方能获得土地或财税支持，归根结蒂，风筝的线还是捏在政府而非市场手中。更何况，浙江特色小镇缘起于省内有关领导一手强力助推，直接跳开市县层面，与以往基层自己"小打小闹"不同，一开始就是全局性的大手笔。更高的统筹能级，一方面意味着在土地、资金、税收优惠、大项目引进等方面能得到更高层次的支持，另一方面也预示着政府主导的权重较上一轮城市化只会有过之而无不及。浙江的目标是未来三年内重点培育100个特色小镇，在首批公布的创建名单中，除舟山暂时无缘外，其它设区市均有2~5个特色小镇入选。虽然浙江强调特色小镇"非镇非区"、超越传统行政区划的创新特性，但无论从政治正确还是概念炒作、招商引资的角度，各地又怎能坐失此等良机？一旦特色小镇全面铺开，难免会出现倾一地之力集中打造某一小镇的现象，但显然该路径无法依赖，不可复制、推广，至少在财力上无法支撑。若"十三五"末打造1000个特色小镇的规划真正兑现，则每个省市平均有30个左右，而目前仅江浙两省规划中的至少就有200多家。浙江省特色小镇已多达100个，各种名目的类小镇、泛小镇、准小镇、伪小镇和微小镇是前者的3~4倍，不难预见，重复大城市摊大饼式扩张模式，围绕核心城市铺开的特色小镇遍地开花（如杭州地区即有9家上榜的特色小镇），特色小镇"产能过剩"，其功能不死也得半身不遂。

事实上，无论是城还是镇，在于经济发展绵延不绝的活力，没有内在活力，无论城市化还是城镇化都将在不伦不类的道路上"殊途同归"。同理，无论城、镇，产业发展也要有"横到边纵到底"的逻辑，缺乏产业支撑，或产业链条单一，城市（镇）化终究难为"无米之炊"。而当前特色小镇面临的悖论在于，一方面必须与当地经济生态相兼容、相依托，而另一方面，所谓原有当地的特色——产业生态（小系统）都面临更大范围（大系统）釜底抽薪般的调整。浙江省此次唯一被降格的奉化滨海养生小镇，作为宁波后花园，虽自然环境、发展理念均打动了外资及国内资方，但终因国际大环境不景气使得投资意愿弱化而撤资，以至于创建一年后各项指标均为零。可见，在市场经济背景下，没有大型产业集团介入布局，小镇可以有特色，但难以有经济价值与社会意义。奉化滨海养生小镇最后不得不将项目分拆，还是引进了大型央企，方才留下一条活路。

综上，要规避特色小镇可能面临的误区，化解特色小镇当下的悖论，尤其是对于有条件因地制宜发展特色小镇的地区，单一维度显然无法回答问题的全部。结合过去数年为诸多省市提供"新型城镇化"战略规划的经验（如2014年为浙江省做"十三五规划前期思路研究"中提出"小城镇大发展"），笔者认为，模块化机制，即六大模块排列组合及其相互融合，将引领特色小镇发展。第一个模块是区域经济生态系统。特色小镇之所以在浙江迅速铺开，与其原生性区域经济生态紧密相关。浙江经济三大特点：民营经济、块状经济与县域经济发达，特色小镇所追求的"小而美""特而强""聚而合"，既吻合上述三大特点，又有延伸与版本升级，自然坐享天时地利人和。对比河北辛集皮革城与浙江海宁皮革城，后者更擅长营造区域经济产业生态，对外有游走四方的浙商展示平台，对内有强大的地推，生态链完备，两者高下立现。第二个模块是周边大系统经济生态的调整。长三角工业经济登峰造极之后产业转型升级的倒逼压力远超过其他地区，制造业去产能日趋白热化，外向型经济面临前所未有的回调，经济增长只能向创新要效益。特色小镇产业、文化、旅游"三位一体"，生产、生活、生态"三生融合"，工业化、信息化、城镇化"三化驱动"则为创新提供了肥田沃土。换言之，创建特色小镇也需适应大系统生态变化。第三个模块是区域经济相关产业——横到边、纵到底的大拐点。特色小镇发展什么产业直接关系生死存亡，"一镇一品"，一旦选错，则万劫不复。不仅要选与区域经济结构调整与产业升级方向一致的相关产业，更要从纵横坐标上看这个产业是否代表着未来经济的大趋势、大拐点，如笔者提出的8+X新经济所涵盖的产业，皆可作为选项。第四个模块是规划、法规等政策的激励环境。特色小镇建构过程中，来自政府的制度供给不可或缺。目前而言，大多数激励环境的营造要么是站在政府角度替企业操心，往往隔靴搔痒，不接地气，政府吃力不讨好，企业也没落着好处，要么招来一群"伪创新"，特色小镇再次沦为开发商的天堂。俗话说，师夷长技以制夷，政府营造环境的努力落到实处，关键还是要懂行。如纽约为鼓励创新创业，不仅有注册、税收优惠，更在用电指标上予以补贴，原因在于IT类企业运转起来用电成本奇高（阿尔法狗大战李世石一局用电成本3000美金），补贴高用电量创业企业，既实操性强，便于监控，又能让企业获得真正的好处。第五个模块是支点与杠杆的撬动。即发挥由政府背书的产业引导基金的作用，政府由演员变身导演，组织社会资本共享红利。第六个模块是N个大型企业集团的谋篇布局。杭州西湖区云栖小镇闻名遐迩，有个名誉镇长叫王坚，是阿里巴巴首席技术官，中国云计算领域领军人物，显然，背靠阿里巴巴，很快聚集了300多家相关产业链上的优质企业，其中不乏阿里云、富士康、英特尔等行业巨擘，仅一年时间，涉云产值30亿元，财政收入2.1亿元，还创办了世界级的云栖大会，中国未来创新第一镇的大旗已然迎风招展。首先是几个实力派企业集团搭起特色小镇的产业框架，然后吸引各类中小微企业来"溜边填缝"，通过互动逐渐生成物种丰富、多元的经济生态，特色小镇事半功倍。

开发区的问题与出路

各个省市发布"十三五"规划，首推交通基建、着力打造产业园区，园区将成"十三五"的发展抓手，可问题是，"十二五"去产能也恰恰集中在工业园区，单是搁在桌面上的问题就一箩筐，最严峻的就是"一哄而上"导致的园区过剩，仅北上广等10个城市，近年光动漫创意产业类园区就有300个，半均一个城市30个，有些地方甚至5公里内建了4个文化园区。如此同质化竞争自然不择手段招商，结果不单忽视环保，成了环境污染"重灾区"，低端企业入驻、"鱼龙混杂"交织更让园区没了方向，只能在产业碎片化、离散化中"苟延残喘"，更有甚者连企业都招不进来，以致园区空置乃至抛荒，就连苏锡常地区商务园区的空置率都一度高达6成,出现"鬼城"不足为奇。说到底,深刻性问题在于两大思维:一是土地开发思维,二是工业经济思维。前者源于地方经营城市的旧习,政府有的是土地,开发早期只要靠卖地就能"吃饱",但伴随开发饱和、土地越卖越少,土地出让金的急剧缩水已让土地财政无以为继。后者在于让"地主"来搞工业,模块化、机械化地"按图索骥""招之即安",全然不顾生态环境、产城融合,加之,地方早已习惯行政规划,结果政府搭台自拉自唱,可舞台上若没有演员,地方手里的土地靠谁开发?"地主"手里再有房又靠谁来租?显然,开发区经营陷入了行政主导的线性窠臼。

于是,从早年"腾笼换鸟"到如今"凤凰涅槃",开发区试图以"两只鸟"翻越"两座山"即"金山银山"与"绿水青山"。只可惜,笼子腾出来了,新鸟却没换进来,不仅得不偿失。问题更在于,那些石油化工等行业的高耗能、高污染企业往往是地方税收和GDP的支柱,一旦转移出去那无疑是断了地方的"财源",因此,一旦经济发展与生态保护冲突,园区也没有很大动力去遵循所谓的"宁要绿水青山、不要金山银山","两只鸟""两座山"无疑都沦为喊喊口号、装装门面的"鸟人鸟事"。更何况,园区早已非地方说了算,以前还能靠税收返还等优惠政策,可如今虽然25号文暂缓了优惠政策清理(62号文),但企业往往"捡了便宜"而来,却在优惠政策到期后"溜之大吉",加之,各个园区都优惠就等于没优惠,园区再靠政策显然"孤立难支"。毕竟,如今的企业选址已不再紧盯着"优惠",更看重商务环境、资源要素、服务质量等各方面的综合水平。园区已从政策竞争转为模式竞争、要素竞争,又岂是单一要素就能"一分高下"?诸此种种悖论与问题可见,工业园区及各类开发区已经走过了靠政策的时代,也走过了靠圈地就能开园(土地财政)的黄金期,更走过了生产就能销售的红利叠加期。那么未来它又将走向哪里?

从大格局看,园区经济恰好处于一个拐点时代。不单,当前经济形势正处于"后危机时代",或在未来两三年最艰难的"折腾"中进入新一轮洗牌;就是,

"十三五"规划也面临"中期变局",若不吸取"十二五"规划的教训或将陷入"以人口指标代替GDP指标、以消费替代生产"等更大的陷阱。如此,新老交替将在中国甚嚣尘上,一是传统经济去产能、去杠杆的"下"与新经济"呼之欲出"的"上",二是税收优惠、土地财政等老政策"走向末路"与科创、自贸区等新政策的"欣欣向荣"。由此,"十三五"园区在这两大背景与两条"鱼尾曲线"下将出现两大新危机:一是经济增长的新危机,不仅体现在后危机时代的"增长乏力",尤其在新经济不足以替代旧经济的"缺档"下,可能出现增幅急剧减小的态势;更在于,机器人、工业4.0等新经济的破土而出,或通过科技改变经济成本,当前开发区纷纷转型高科技,就意味着未来科创园区的过剩,但一哄而上引发的危机,也将在逼迫园区寻找差异性中让一切谁真谁假"水落石出";二是商业模式的断崖式危机,因为原有"土地批租+房屋出租+产业投资"的"三驾马车"都玩不下去了,不单资源要素要进行重新整合,就是商业模式也将进行重组(详见2015年第21期《商业模式再造》),而这将决定园区未来的发展路径,至少曾经路径依赖的惯性将趋缓,更多将从随机到随缘,从细致入微到留有余地,从而体现精准投资、模糊战略的辩证之道。

由此,"十三五"开发区将处于变局,集中于"五化":一是生态化,不单是指自然的生态,更在于产业生态环境的形成,既有参天大树、又有灌木丛,并在基因进化的随机漫步中形成企业的多样化,从而物竞天择形成完善的创新生态。二是链接化,因为世界早已处于一个混沌无边界的时代,在互联网"链接一切"之下,产业融合、跨界嫁接等如火如荼。毕竟,有链接才会碰撞产生火光,未来园区的重要功能就是以尽可能多的"链接"来尝试不同的火花。三是独特化,比如硅谷的灵魂在于自由与连接,硅谷可以供全世界模仿,但它的独一无二性却无法完全复制,因此,未来伴随园区过剩,若想脱颖而出还得凭借差异化的个性,形成园区难以替代的核心竞争力。四是综合化,区别于以前"拉进篮子就是菜",如今园区更注重要素集聚、产业匹配,将自己变成一个资源高地、综合平台，进而做到"形散神不散"，从而让各元素产生积极地化学反应。五是引领化，不是在某些产业的"点"上走在了世界前沿，就是在园区的"块"上成为了引领的标杆，比如苏州工业园区就将成为国与国之间开放型高地的典范。基于以上"五化"，不难预见开发区的产业格局，往往从智能制造、医药生物等某个产业出发，呈现"顶级（产业内做到极致）—递延（产业外横向与纵向延伸）—引领（产业趋势上创造需求）—跨界（元素嫁接进行产业融合）"的路径，进而凭借产业升级，打造标杆性企业、引领性产业、协调性管理、整体性高水平，从而形成难以替代的核心竞争力。

这就意味着，园区战略规划不能再只盯着自己的一亩三分地，而是要以未来引领今天的视角在三大维度中正确地认识自己、看清形势，进而塑造自己。一是把握新经济新特征，因为新老交替必然伴随传统经济"断崖"与新兴产业"小荷才露尖尖角"，虽然新经济一开始"犹抱琵琶半遮面"，却将在各种要素跨越、混搭中不断实现"外行颠覆内行"，因而，未来园区在规划上尽可能与新经济关联，才能在未来趋势上不失先机，进而顺势而为。二是营造自身难以替代的比较优势，不是"横到边"，有方向地囊括尽可能多的资源要素，就是"纵到底"，成为某一产业或领域的"顶尖"，抑或是在空间上有其地缘、概念等典型性，比如中新关系之于苏州工业园区，粤港融合之于前海。三是在竞争模式上，既要"方向引领"，让规划有目标可引领；又要"盲打留白"，在机缘过程中以模糊应对不确定（因为若什么都按部就班那无异于计划经济）；还要"支点杠杆"，一手抓组织，一手抓资本；更要"更新桩基"，在多个新亮点盲打中进行"腾笼换鸟"，切实可行地"凤凰涅槃"。以此观之，苏州工业园区一张规划图管了20年（未来还将继续"管下去"）已是走在前沿，未来园区若吃透这三大维度，战略规划的精髓也就了然于胸了。